Jürgen Meier

KARMA UND CHRISTENTUM

Wege zu einem christlichen Schicksalsverständnis

VERLAG AM GOETHEANUM

Einbandgestaltung von Gabriela de Carvalho

Satz: Heiko Hanekop
Druck und Bindung: Freiburger Graphische Betriebe

ISBN 3-7235-1104-X

Es ist die Lehre nicht für jeden,
Doch keiner sei verworfen drum.

Gottfried Benn: Ach, das Erhabene

Inhalt

EINLEITUNG

I.

A. Das Problem

In der westlichen Welt gibt es immer mehr Menschen, die von Reinkarnationen, wiederholten Leben auf der Erde überzeugt sind. Ob sie diese Überzeugung als eine Selbstverständlichkeit von Kindheit an in sich tragen oder durch besondere Erlebnisse dazu veranlaßt werden, braucht nicht untersucht zu werden. Aus dem Ergebnis von entsprechenden Umfragen ist zu entnehmen, daß zwischen zwanzig und dreißig Prozent der Bevölkerung Mitteleuropas mit dieser Überzeugung leben. Da Kirchen aus ihrer Tradition nur feststellen können, daß dies keine christliche Überzeugung sei, wenden sich viele vom Christentum ab und dem «Karmaglauben» zu. Unter den christlichen Kirchen ist die Christengemeinschaft die einzige, die sich mit Hilfe ihres anthroposophischen Hintergrundes darum bemüht, ein christliches Karmaverständnis zu entwickeln.

Immer mehr Psychotherapeuten werden bekannt, die unlösbar scheinende Konflikte behandeln, indem sie aus den Tiefen des Unterbewußtseins ihrer Patienten Bilder heraufholen, die den Eindruck von Erinnerungen an vergangene Erdenleben machen. Und es gibt genügend seriöse und halb oder ganz unseriöse Stellen, an denen man Auskunft über die eigene Vergangenheit und das Karma erhalten könnte. Reinkarnation war eine östliche Überlieferung, eine faszinierende Idee. Jetzt beginnt die positive Überzeugung davon auch im Westen selbstverständliche Gewißheit und Erfahrung zu werden.

Das Gespräch über Reinkarnation und Karma und ihr Verhältnis zum Christentum ist in vollem Gange. Man könnte seine ganze Zeit damit zubringen, wichtige neue Bücher zu dem Thema zu lesen. Von kirchlich-theologischer Seite erscheinen Auseinandersetzungen, die von den gewohnten kraß ablehnenden Stellungnahmen abweichen. Im Jahr 1996 erschienen zwei Dissertationen zum Thema westliche Reinkarnationsvorstellungen, 1998 die Habilitationsschrift von Klaus Bannach: «Anthroposophie und Christentum»[1]. Jetzt liegt auch der Vortrag gedruckt vor, den Klaus von Stieglitz 1997 zu diesem Thema gehalten hat.[2]

Diese Veröffentlichungen machen das Gespräch auf einer neuen Ebene möglich.

Seit zweihundert Jahren oder länger haben sich Theologen mit der Frage beschäftigt und immer wieder festgestellt, daß man diese Vorstellungen als Christ ablehnen müsse. Wie aber, wenn es sich dabei nicht um Vorstellungen handelt, sondern um *Tatsachen*? Dann stellen sich viele Fragen völlig neu.

Reinhart Hummel beschrieb die Lage vor zehn Jahren[3]:

«Je länger desto weniger wird die Akzeptanz der Reinkarnationsvorstellungen von der kirchlichen Zustimmung abhängen. Die zunehmende religiöse Pluralisierung wird dazu führen, daß christliche Vorstellungen sich vermehrt mit außerchristlichen Alternativen werden auseinandersetzen müssen. Dabei wird man Gemeinsames und Trennendes entdecken ... Zur Frage der religiösen kommt die der kulturellen Akzeptanz. In diesem Bereich zeichnen sich die deutlichsten Änderungen ab. Das wachsende Interesse am Reinkarnationsglauben signalisiert wohl kaum eine tiefgreifende Änderung in der religiösen Landschaft und einen dauerhaften Wechsel religiöser Überzeugungen. Wohl aber läßt sich daran feststellen, daß Karma und Reinkarnation immer weniger als kulturell fremd empfunden werden, und daß sie darum gleichsam in die engere religiöse Wahl kommen. Die Zeit, in der man diese Vorstellungen als östlich, asiatisch und damit als fremd und unverpflanzbar erklären konnte, scheint vorüberzugehen. Der Prozeß der Interkulturation religiöser Vorstellungen, die nicht auf christlichem Boden gewachsen sind, schreitet fort.»

Den Formulierungen Hummels ist die Abwehrposition anzumerken, indem er vom Reinkarnationsglauben spricht, so, als wolle er nicht zulassen, daß es sich um die Anerkennung von bestehenden Tatsachen handeln könnte. Auch darin liegt eine immer wieder zu beobachtende Abwehrhaltung, daß man diese Überzeugungen als fremden Kulturkreisen zugehörig klassifiziert. Für die Verständigung über diese Frage gab es schon bessere Voraussetzungen, als Ernst Benz 1957 schrieb[4]:

«Die Grundlage des Verständnisses der Reinkarnation, wie sie hier vorliegt, ist nicht die hinduistische Seelenwanderungslehre oder gar die buddhistische Karma-Lehre, sondern die christliche Auffassung und Bewertung des menschlichen Personseins, eine Auffassung, hinter der letzthin der Gedanke vom Menschen als der Imago dei, dem Bilde Gottes steht … Christliches Erbe an dieser Deutung ist auch die Blickrichtung nach vorwärts, nach dem Endziel der Vollkommenheit hin und nicht die Blickrichtung nach rückwärts, der lähmende Blick auf den Kreislauf der Geburten.»

Wir werden später sehen, wie wichtig dieser auf die Zukunft gerichtete Gesichtspunkt für ein christliches Karmaverständnis ist.

Nach Jahren der konsequenten Abgrenzung und Ablehnung haben erst die Schriften von Sachau, Bischofberger und Bannach neue Gesprächsmöglichkeiten eröffnet, indem sie die Auffassungen von Reinkarnation und Karma, die originär abendländisch sind, der Betrachtung zugrunde gelegt haben.

Seit 1932 gibt es das Buch von Emil Bock: «Die Idee der wiederholten Erdenleben in der deutschen Geistesgeschichte», in dem der Nachweis geführt wird, daß es diese Idee nicht nur in der indischen Form gibt, sondern daß sie originale und individuelle Ursprünge im Abendland hat. Es dauerte fast sechzig Jahre, bis diese Tatsache ernsthaft von Theologen zur Kenntnis genommen wurde. Das Buch von Bock war in Neuauflagen immer erhältlich. Inzwischen kann man wohl der Meinung sein, daß es sich nicht um eine «vorübergehende Erscheinung» handelt, sondern um einen grundsätzlichen Wandel. Um so dringender wird es notwendig, eine christliche Anschauung von wiederholten Erdenleben und Schicksal zu entwickeln. In der Anthroposophie werden solche Anschauungen gepflegt. Seit 1931 erschienen Bücher über dieses Thema, außer dem genannten Werk von Bock: Friedrich Rittelmeyer: «Wiederverkörperung im Lichte des Denkens, der Religion, der Moral» (1931) und Rudolf Frieling: «Christentum und Wiederverkörperung» (1974).[5] Sie lieferten Beiträge zu einem Gespräch, das von seiten der Kirchen nur in Form von Ablehnungen aufgegriffen wurde.

So muß festgestellt werden: Es ist bisher nicht gelungen, ein christliches Schicksalsverständnis unter Einbeziehung von Karma und wiederholten Erdenleben so darzustellen, daß es für Theologen akzeptabel wird. Wesentliche Fragen sind offen geblieben. Rüdiger Sachau hat sie zusammengefaßt.[6] (Vollständiger Text in Anhang 1, S. 205.)

Sie lauten kurz gefaßt:

- Das Sprechen über Reinkarnation und Karma ist oft sehr rational. Leiden werden erklärbar. Dem Leidenden wird auch noch die Schuld an seinem Zustand aufgebürdet. Das Christentum hingegen stellt sich auf die Seite der Opfer und fragt nicht nach den Ursachen.
- Wie verhalten sich die Eigenverantwortlichkeit des Menschen und die Gnade Gottes zueinander? «Die Reinkarnationsvorstellungen müssen nicht auf Selbsterlösung hinauslaufen, wie manchmal fälschlich unterstellt wird, aber sie sind synergistisch: Gnade und menschliche Leistung sollen zusammenwirken ... Nach christlicher Auffassung bliebe auch nach vielen Leben immer noch ein unendlicher Abstand zwischen Mensch und Gott, der allein in Christus aufgehoben ist ... Der christliche Glaube stellt das Vertrauen auf Gott in den Mittelpunkt.»
- Wo bleibt bei den Reinkarnationsvorstellungen die Wahrheit, daß der Mensch von Gott geschaffen ist? Was vom Menschen reinkarniert sich?
- Man kann sich nicht damit zufriedengeben, daß Gott hinter einem unpersönlichen Schicksalsgesetz sozusagen verschwindet.
- Wie verhält sich der zyklische Zeitbegriff des karmischen Gesetzes zu dem linearen Zeitbegriff der Bibel mit Anfang, Mitte und Ende der Zeit?

Diese Fragen müssen ernst genommen, die ausgesprochenen Probleme bewegt und einer Antwort nähergebracht werden. Der Umfang der Aufgabenstellung ist damit skizziert. Zu einigen dieser Fragestellungen gibt es wesentliche Beiträge, die nicht so gewürdigt wurden, wie sie es verdienten.

Das grundlegende Problem wird deutlich in dem ersten Gespräch, das Friedrich Rittelmeyer mit Rudolf Steiner 1911 führte. Er berichtet:[7] «Wir kamen auf die Wiederverkörperungslehre zu sprechen. Ich sagte, es sei mir gar kein Zweifel, daß der Mensch nach dem Tode weiterlebe und sich weiterentwickele; aber ob er dazu auf die Erde kommen müsse, sei mir mindestens recht fraglich. Auch finde ich in der Bibel jedenfalls nichts davon. ‹Nein›, sagte Rudolf Steiner, ‹eine Lehre des Christentums ist die Wiederverkörperung nicht. Sie ist eine Tatsache, die sich der okkulten Forschung ergibt. Das muß man hinnehmen, wie es ist.›»

Aber damit kann es nicht sein Bewenden haben. Im Christentum sind viele Wahrheiten überliefert unter der Gestalt, daß man nur einmal auf der Erde lebt. Und: das traditionelle Karmaverständnis ist nicht von christlichem Geiste geprägt. Jetzt beginnen beide Bereiche sich zu durchdringen – in jedem Menschen, der mit beiden Vorstellungen als Wahrheit lebt, und in der religiösen Landschaft insgesamt.

Ich gehe von der Voraussetzung aus, daß beide, Christentum und wiederholte Leben auf der Erde mit karmischer Verknüpfung, Tatsachen sind und möchte auf dieser Basis die genannten Fragen bedenken. Es gibt immer mehr Menschen, die so denken, sich aber nicht klar sind über die eben genannten Fragen.

Friedrich Rittelmeyer setzt seinem Bericht erläuternd hinzu[8]: «Ich hatte eben einen Aufsatz in den ‹Süddeutschen Monatsheften› geschrieben, worin ich ausführte, daß dieser Gedanke – ich kannte ihn nur in der indisch-theosophischen Form – den christlichen Jenseitsvorstellungen gegenüber in seiner Konkretheit und Anschaulichkeit zwar manchen Vorzug habe, aber doch mit dem Christentum unvereinbar sei und nur in seinen Tendenzen manche Bedürfnisse der Seele zum Ausdruck bringe, auf die geachtet werden müsse. Nun tauchte aber die Grundfrage neu auf. Und ich mußte mir gestehen, daß gegenüber der Wiederverkörperungslehre in der Form Dr. Steiners meine christlichen Widersprüche nicht aufrecht zu erhalten waren.»

Die Grundfrage lautet:

Wenn wir es mit zwei Wahrheiten zu tun haben, wie verhalten sie sich zueinander? Schließen sie sich gegenseitig aus, oder ist es auch denkbar, daß sie sich ergänzen?

Damit sind dann die weiteren Fragen verbunden:

Wie verändert sich das Christentum, wenn es wiederholte Leben auf der Erde einbezieht,und wie verändert sich die Lehre vom Karma, wenn sie von christlichem Geiste durchdrungen wird?

B. Eine methodische Schwierigkeit

Zu der sachlichen Schwierigkeit, die in dem Problem selbst liegt, kommt eine methodische hinzu. Theologische und anthroposophische Aussagen haben unterschiedlichen Stellenwert. Jede einzelne «Angabe» Steiners oder Schilderung in begrifflicher Form gibt eine Annäherung an geistige Wirklichkeiten, die der Ergänzung bedarf. Dies ist ein methodisches Grundprinzip der Anthroposophie. Die Wirklichkeit geistiger Tatsachen ist vielgestaltig und vielschichtig. Der Geist und die Wahrheit sind klar, zusammenhängend und lebendig, das menschliche Auffassungsvermögen erkennt immer nur Bruchstücke, erfaßt immer nur einzelne Aspekte. Das gilt selbstverständlich auch für Aussagen Steiners, auch nach seiner eigenen Darstellung.[9]

In theologischen Untersuchungen herrscht die Neigung vor, Aussagen klar herauszuarbeiten, immer feiner abzugrenzen, um so zu Sätzen zu kommen, die eindeutig sind. Nach anthroposophischem Verständnis führt das zur Abstraktion und entfernt von der Wirklichkeit. Da gilt aus genanntem Grund das Prinzip der gegenseitigen Ergänzung. Außerdem gilt es als theologisch anrüchig, Tatsachen geistiger Art auszusagen. Man meint, es könne mit einiger Sicherheit nur von Überzeugungen, Glaubensaussagen die Rede sein. Man scheut die Behauptung von objektiven Tatsachen.

Das ist einer von mehreren Gründen dafür, daß es Theologen schwerfällt, ein positives Verhältnis zur Anthroposophie zu gewinnen, in der alle einzelnen Darstellungen zwar als ergänzungsbedürftig, aber eben doch als Tatsachenbehauptungen auftreten.

Es ist verständlich, daß andere Theologen nicht so schnell zu derselben Einsicht gekommen sind wie Friedrich Rittelmeyer, daß in der anthroposophischen Darstellung die Widersprüche aufgehoben sind.

Die Untersuchung geht von der Voraussetzung aus, daß Reinkarnation und Karma ebenso wie das Christentum, wie es sich historisch entwickelt hat, Tatsachen sind. Jetzt beginnen die beiden bisher einander fremden Lebensdeutungen sich zu durchdringen, allgemein in unserem Kulturraum und in jedem einzelnen, der an dieser Durchdringung Anteil hat. Wenn die innere Wahrhaftigkeit nicht leiden soll, können sie sich aber nicht vermischen, ohne sich gegenseitig zu verwandeln.

Zunächst sollen der klassische Karma-Begriff und das religiöse Lebensgefühl, wie es in der Bibel geschildert wird, beschrieben werden. Aus der Gegenüberstellung ergeben sich die konkreten Fragestellungen.

II. Die Ausgangslage

A. Karma

Zu der Überlieferung der Menschheit aus der Frühzeit gehört die allgemein verbreitete Überzeugung, daß das irdische Dasein von geistigen Mächten durchdrungen ist. Alle Naturerscheinungen, jeder Mensch und die ganze menschliche Gemeinschaft sind Teil einer größeren Gemeinschaft, zu der Wesen, Götter, Dämonen gehören. Ihre Kraft, ihr Charakter, ihr Wille formen und führen die Geschicke der Menschen, das Leben der Natur. Vielerorts gehören auch die Ahnen des Volkes oder Stammes zu den verehrten Führern. Man muß sich ihren Schutz und ihre Führung durch rituelle Verehrung und durch rechten Wandel erhalten. Viele Kulturen haben Überlieferungen «vom Anfang», von Urzeiten und von der Schöpfung, in denen aus rätselhaften Zuständen Götter hervortreten, die die Welt bilden als «Kosmos» im Sinne von: sichtbarem Schmuck und Ausdruck unsichtbarer Welten. Welt, Mensch und Kultur sind Ergebnisse ihrer Taten. Die Götter sind ewig, und ihre Taten haben Vollmacht und Geltung. Vor ihnen hat man sich als Mensch für sein Tun und Lassen zu verantworten. Der einzelne Mensch hat wenig Bedeutung. In der Frühzeit findet man Völker, Stämme, Sippen, die den Charakter von Großpersönlichkeiten haben. Ihren Lebensordnungen, ihrem Schicksal ist der Einzelne unter- und eingeordnet. Er gilt nur etwas im Zusammenhang mit der Gemeinschaft, zu der er gehört. Wenige heben sich in der Frühzeit mit individuellem Namen heraus, und die werden als Söhne der Götter, Halbgott oder, wie Gilgamesch, «zu zwei Dritteln Gott, zu einem Drittel Mensch», als übermenschlich charakterisiert. Übermächtig, ja allmächtig sind die Gewalten, denen der Mensch unterworfen ist, und groß die Weltgegensätze, die auf ihn einwirken. Furcht vor diesen Gewalten ist eine Grundstimmung der Religionen.

Dieses Urwissen ist so allgemein und verbreitet in der Menschheit, daß allein durch diese Tatsache die Atheistenfrage aus dem neunzehnten Jahrhundert: wie denn die Religion entstanden sei, wer die wohl erfunden habe, zurückgewiesen wird. Auf diese Frage gibt es keine Antwort, weil sie nicht sachgerecht gestellt ist. Die sachgerechte Frage müßte vielmehr lauten: Wie es denn hat geschehen können, daß Religion als Wissen von Verbundenheit mit höheren Wirklichkeiten, mächtigeren Wesen, ihre Verehrung und Einbeziehung in die Lebensführung, hat abnehmen oder gar verschwinden können.

Zu diesem Urwissen gehört in vielen Kulturen, daß Menschen nach dem Tod zu neuem Leben auf die Erde wiederkehren. Letzteres ist nicht überall nachweisbar, wo wir Kenntnis von früheren Lebensanschauungen haben, aber doch in erstaunlich vielen Kulturen. C.G. Jung zählte dieses Wissen zu den «Uraussagen der Menschheit».[10] Zu allbeherrschender Mächtigkeit ist dieses Wissen – und die damit verbundene Überzeugung, daß die Taten eines Lebens zu Ursachen werden, die ein nächstes gestalten – in Asien ausgebildet. Die Zeit kreist seit Ewigkeiten in großen Runden, in die vielfältige kleinere Kreisläufe eingegliedert sind wie der Tag in das Jahr. Ewigkeit und ihre Runden, zyklische Zeitenwiederholung drückt das vorherrschende Zeiterleben aus, ohne Anfang und ohne Ende.

Verbreitet ist aber auch die Ahnung von längst vergangenen goldenen Zeiten, in denen die Menschen in Harmonie mit dem All und der Schöpfung lebten. Aber es haben Verführungen durch eigenwillige Wesen stattgefunden, an deren Folgen die Menschen gebunden werden, ein Element der Dauer in der Vergänglichkeit. So begann Schicksal. Karma hat sich gebildet aus dem Verhalten der Menschen, je nach den Beziehungen, die sie zu den unterschiedlichen Weltenkräften eingegangen sind. Der einzelne Mensch als Person hat so wenig Bedeutung, daß es in einigen indischen Traditionen schwerfällt, überhaupt zu finden, *was* vom Menschen denn wiederkehrt zu neuem Dasein. Die einzige Wirklichkeit von Belang ist das Karma, das sich auslebt.

Michael von Brück schreibt[11]: «Allen asiatischen Religionsvorstellungen liegt die Theorie vom Karman zugrunde. Karman ist der Grundglaube der asiatischen Kulturen und verbreiteter als jede andere Anschauung. Schon im Rig-Veda ist die spätere Karman-Lehre im Begriff der kosmischen Ordnung (rta) vorbereitet. Karman ist keineswegs eine spätere Erfindung, die Teil des plötzlichen Einbruchs einer pessimistischen Grundstimmung in der indischen Kultur wäre. Ein wesentlicher Wandel hat sich zur Zeit des Buddha und der Upanishaden vollzogen ... In den Upanishaden ist Karman das kosmische Gesetz der Erhaltung der Energie, einschließlich und vor allem des menschlichen physisch-psychisch-mentalen Handelns. Der Mensch formt demnach durch seine Aktivität nicht nur individuelle Charakterstrukturen, die ihn als Gewohnheiten zunehmend determinieren, sondern Formen, die den universalen Zusammenhang verändern. Dies ist die Grundeinsicht von Karman: das menschliche Handeln hat ontologische Bedeutung. Was man denkt, wird man; so wie man handelt, gestaltet man sich selbst, und dies hat Auswirkungen auf das Ganze. Besonders in der Meditation wird das unmittelbares Erlebnis. Die totale Interrelationalität[12] der Wirklichkeit ist die ontologische Grundstruktur. Karman ist somit das Gesetz der Ordnung, die sich aus den geronnenen Formen (Gewohnheiten) vergangener Prozesse geformt hat, wobei die gegenwärtigen Formen alle zukünftigen beeinflussen. Dieses gilt für alle Bereiche der Wirklichkeit, so daß z.B. auch die Gesetze der Natur als gewordene karmische ‹Gewohnheiten› aufzufassen wären. Die Wiederholung einer Handlung oder einer bestimmten Form verstärkt die Tendenz, daß sie sich beständig wiederholt und schließlich in kohärente Stabilität übergeht, wie das beim menschlichen Handeln zu beobachten ist und im moralischen Bereich kaum einem Zweifel unterliegt, für den physikalischen und biologischen Bereich immerhin diskussionswürdig ist.»

Das Gesetz und die Kraft des Karma als Spezialfall des Gesetzes von der Erhaltung der Energie: Das wird alle überraschen, deren Weltsicht von dem herrschenden Dualismus bestimmt ist, der die materielle und die geistige Welt trennt und für die verschiedenen Bereiche unterschiedliche Gesetzmäßigkeiten voraussetzt. Ein spiritueller Monismus, der auch die materiellen Gegebenheiten auf spirituelle Gesetzmäßigkeiten zurückzuführen sucht, wird diese Fassung des Karmagesetzes als sachgerecht akzeptieren können.[13] Sie hat eine ähnliche Weite wie der griechische Begriff «moira» (= Gesetz, Geschick) als Gesetzmäßigkeit, der auch die Götter unterworfen sind. Karma wird hier aufgefaßt als universelles Wesen der Konstanz, des Zusammenhaltes der Welt, eine ewige Kraft, die in der Zeit wirkt und dem vergänglichen Denken und Handeln Dauer verleiht. Wer denkt dabei nicht an das Wort Jesu Christi, daß ohne Wissen und Wollen des Vaters nicht die kleinste Veränderung geschehen kann? «Kauft man nicht zwei Sperlinge für einen Groschen? Dennoch fällt keiner von ihnen auf die Erde ohne euren Vater. Nun aber sind auch eure Haare auf dem Haupte alle gezählt.»[14]

Hinter dem menschlichen Denken und Handeln ist «Karman» geheimnisvoll gegenwärtig genauso wie die Gesetze der Natur in und hinter den Naturerscheinungen. Der Begriff gibt wieder, wie der Mensch durch sein Handeln mit der Welt einerseits gesetzmäßig zusammenhängt, und das Handeln der Menschen erscheint andererseits nur wie ein Spezialfall der Weltengesetzmäßigkeit überhaupt. Man überzieht die Grundlage nicht, wenn man folgert: Durch Karma schafft der Mensch sich selbst, aber die Kraft, die das möglich macht, die den vergänglichen und vergehenden Taten, Gedanken, Gesinnungen Dauer verleiht, ist übermenschlicher, göttlicher Wille

Aber ebensowenig, wie dem Menschen in dieser Anschauung eine ewige Individualität zugesprochen wird, erscheint ein Gott, dessen Wille im Karma seinen Ausdruck finden könnte. Karma ist eine unpersönliche Macht, die in die Zeit und in die Menschen hereinwirkt. Im einzelnen lebt sie sich aus in Handlungen anderer Menschen, die uns betreffen, aber auch zum Beispiel in Naturkatastrophen, in Ereignissen, die allgemein als Zufall bezeichnet werden und die doch so oft als genau und absichtlich gezielt erlebt werden. Deshalb erscheint die Verwandtschaft von Karma und Naturgesetz, die von Brück andeutet, sachgerecht. Der klassische Begriff von Karma kennt kein Erbarmen. Der Mensch ist ihm unterworfen und kann altes Verschulden nur durch Leiden tilgen, neue Leidensursachen nur durch Erkenntnis der Wahrheit und rechtes Verhalten vermeiden.

Vor diesem objektiven, unpersönlichen Charakter des Karmagesetzes schreckt das religiöse Gefühl zurück und sucht das Gespräch mit dem Gegenüber, sucht den «barmherzigen Gott».

B. Religiöses Lebensgefühl in der Bibel

Zu diesem Thema ist Vieles und Tiefes gesagt und geschrieben worden. In einer kurzen Skizze kann jetzt nur an einiges erinnert werden, was im Zusammenhang mit dem Anliegen dieser Schrift wichtig ist.

1. Altes Testament

In diese polytheistische Welt tritt um 2000 vor Christus oder etwas später ein neuer Impuls. Abraham wird ergriffen und bestimmt von einem Gott, der sich von allen anderen Göttern unterscheidet. Von dieser Frühzeit wissen wir nur durch das, was durch Moses (um 1200) vermittelt ist und was dann in der Geschichte des Volkes Israel seine weitere Ausgestaltung erfahren hat. – Da ist die Rede von einem Gott, der sich absolut setzt, in dem die Kräfte und Wirksamkeiten aller Himmel zusammengefaßt sind. Die ganze geistige Welt hat *ein* Zentrum, den «*einen* allmächtigen Gott, der Himmel und Erde gemacht hat». Zwar spricht der Schöpfungsbericht von «Elohim», einem Plural, aber die Verben, die die Tätigkeiten bezeichnen, stehen in der Einzahl: Die Gottheit sprach, schuf, trennte. Es ist allerdings auffällig, daß da, wo es um den Menschen geht, die Mehrzahl hervortritt: «Lasset uns Menschen machen» (1. Mose 1,26) und «Siehe, der Mensch ist geworden wie unsereiner» (1. Mose 3, 22). Durch die große Eins schimmert ein wenig davon durch, daß sie auch eine Vielheit in sich enthalten kann. Auch der Name «Herr der Heerscharen», der «Herr Zebaoth» deutet himmlische Vielfalt an, betont wird aber das *eine* Zentrum. Von Gott ist alles ausgegangen. Er erhält alles, und zu ihm wird alles zurückkehren:

> «Aller Augen warten auf Dich, Herre,
> und Du gibest ihnen ihre Speise zu seiner Zeit.
> Du tust Deine milde Hand auf
> und sättigest alles was da lebet mit Wohlgefallen.
> Verbirgst Du Dein Angesicht, so erschrecken sie;

nimmst Du weg ihren Odem,
so vergehen sie und kehren zurück zum Staub.
Du sendest aus Deinen Odem,
so werden sie geschaffen
und Du erneuest die Gestalt der Erde.»[15]

Für das Verhältnis zwischen Mensch und Gott ist wichtig, daß Gott in der Schöpfung unbeschränkt und allmächtig agiert, daß er aber vom Sündenfall an vorwiegend reagiert.

Der Mensch wird aus der Nähe Gottes vertrieben, zum Herrn der Erde eingesetzt und unter Belastungen (Tod, Arbeit, Schmerz) auf die Erde entlassen. Die «Tat» Adams und Evas, daß sie der Verführung der Schlange gefolgt sind, hat ungeahnte konkrete und dauerhafte Folgen, die von Gott verhängt werden. Mit der ersten grundlegenden Versuchung im Paradies hatte es nicht sein Bewenden. Kain erschlägt seinen Bruder Abel. Er setzt sich über die Gottesstimme hinweg, die von außen zu ihm spricht, die Stimme des Gewissens, das im Innern spricht, vorwegnehmend: «Warum ergrimmst du? Und warum senkst du deinen Blick? Ist's nicht also: wenn du fromm bist, kannst du frei den Blick erheben. Bist du aber nicht fromm, lauert die Sünde vor der Tür und nach dir hat sie Verlangen; du aber herrsche über sie.»[16] Und da er dieser Gottesstimme nicht folgt, wird er heimatlos auf Erden. Auch wenn hier nicht von Karma die Rede ist, fällt doch auf, daß Gott den Menschen Folgen der Taten auferlegt.

Gotteswesen und Menschenwelt sind fortan zwei verschiedene Tatsachen. Eine gewisse Selbständigkeit der Menschen, ein Gegenüber zu Gott wird veranlagt. Die Menschen werden durch direkte Weisungen (Noah, Abraham), später durch das Gesetz und durch Künder in Gottes Auftrag geführt. Wie verändern sich die Menschen unter der Führung einer solchen absoluten Zentralkraft? Die vielen verschiedenen Götter der anderen Völker konnten Menschen erfüllen mit ihrer Kraft, setzten sie in Beziehung zu verschiedensten Kräften. Anders der eine Gott Israels: Der Gott, der das Zentrum der Welt im Geiste darstellt, der alles Tun und Lassen der Menschen sieht und bewahrt, läßt als Abbild in der Seele die Zentralkraft, das individuelle Gewissen entstehen, veranlagt Individualität. Das ist der Sinn und die Wahrheit des Monotheismus.[17] (Dazu Anhang 2, S. 207.)

Aus anderer Perspektive formuliert Martin Buber[18]: «Wenn ich ... ausnahmsweise in die Sprache eines Philosophen, die Spinozas, übersetzen wollte, müßte ich sagen, von Gottes unendlich vielen Attributen seien uns Menschen nicht zwei, wie Spinoza meint, sondern drei bekannt: zu Geisthaftigkeit – in der das seinen Ursprung nennt, was wir Geist nennen – und Naturhaftigkeit, die sich darin darstellt, was uns als Natur bekannt ist – als drittes das Attribut der Personhaftigkeit. Von ihm, von diesem Attribut stamme mein und aller Menschen Personsein, wie von jenem mein und aller Menschen Geistsein und Natursein stammt.» (Man möchte zu den Attributen Gottes auch das Schöpferische und die Freiheit hinzufügen.)

Von der Verkündigung der Gebote an kommt zu dieser Gottesverehrung das andere Element hinzu: das der unmittelbaren Verantwortung für alles Tun und Lassen, ja sogar für das Begehren der Seele, und Gott wird vergelten, «Die Rache ist mein».[19] Das Gericht kann im Leben geschehen, wie vielfach in den Geschichten des Alten Testaments berichtet wird, es wird in jedem Falle nach dem Tode kommen. Der Brief an die Hebräer setzt dies voraus: «Wie uns gesetzt ist, einmal zu sterben, danach aber das Gericht ...»[20]

Aus Gottes Absichten und seinen Reaktionen auf die Taten der Menschen kommt ein Element von Konsequenz in die Geschichte und damit Folge und Entwicklung. Das Volk Israel hat einen Ursprung, eine Geschichte und ein Ziel auf der Erde. Das Ziel ist der Messias, der Gottes Willen auf Erden verwirklicht. Es entsteht das «lineare» Zeitgefühl. Damit treten die Menschen erst eigentlich aus der Ewigkeit heraus und in die Zeit herein. Diese erweist sich als gerichtet und begrenzt. So ist denn der Tod als Bild vom Ende der zur Verfügung stehenden Zeit zunehmend Rätsel und Bedrängnis. «Herr, lehre uns bedenken, daß wir sterben müssen, auf daß wir klug werden» (90. Psalm, V. 12).

Religion wird zum Dialog zwischen Mensch und Gott. Man tut gut daran, in der Betrachtung ein wenig innezuhalten und dieses Wunder zu bestaunen. Abstand zwischen Gott und Mensch ist notwendige Voraussetzung dafür und eigene Erfahrung des Menschen. Die Seele fängt an, zu Gott zu sprechen, dem Herrn der Welt. Was gibt dem Menschen diese Kraft? Das Gespräch kann sich steigern zum preisenden Hymnus, verinnerlichen zum Gebet, wie es urbildlich für Jahrtausende in den Psalmen ausgedrückt ist. Alles kommt in ihnen zur Sprache: Nähe und Ferne Gottes, gnadevolles höheres Leben und strenges Gericht, Elend, Einsamkeit, Not und Größe des Menschen, die Prüfungen in der Zeit und die Hoffnungen auf Ewigkeit.

Ein Dokument des religiösen Lebensgefühls von tiefster Eindrücklichkeit ist «Das Buch Hiob». Es stellt an einem ins Prinzipielle zugespitzten Beispiel die Frage nach dem Sinn des Leidens und nach dem Ursprung des Unglücks. Hiob wird von Unglück überfallen, «obwohl» er objektiv und subjektiv frei von Schuld ist. Sein großer Reichtum verschwindet, seine Kinder kommen um. Hiob antwortet: «Der Herr hat es gegeben, der Herr hat es genommen, gelobt sei sein Name» (1,21). Dann wird er mit ekelerregender Krankheit geschlagen, sitzt ausgestoßen «in der Asche». Seine Frau ist den Prüfungen nicht gewachsen: «Hältst du immer noch fest an deiner Frömmigkeit? Sage Gott ab und stirb. Hiob sprach zu ihr: Du redest, wie törichte Weiber reden. Haben wir Gutes empfangen von Gott und sollten das Böse nicht auch annehmen?» (2; 9,10)

Er wird von Freunden besucht, die ihn in seinem Leide trösten wollen. Aber sie «saßen mit ihm auf der Erde sieben Tage und sieben Nächte und redeten nichts mit ihm; denn sie sahen, daß der Schmerz sehr groß war» (2,13). Dann tut er den Mund auf und – verflucht den Tag seiner Geburt. Dieses Schicksal ist zu gewaltig, es überfordert ihn. Er stellt die Forderung an Gott, daß er erfahre, *warum* er solches erleiden muß. Er könnte alles ertragen, wenn Gott ihm sagte, warum. Er fragt nach einem Zusammenhang, in dem auch seine Lebensumstände, so wie sie sind, Teil eines sinnvollen Ganzen sind. Er fragt nach dem Geist – und *Gott schweigt.* Hiob ist in einen leeren Raum versetzt: «Unter Tränen blickt mein Auge zu Gott auf, daß er Recht schaffe dem Mann bei Gott, dem Menschen, vor seinem Freund» (16; 20,21).

Die Frage nach dem Grund für die Macht des Bösen in der Menschheit und über die Menschen angesichts der Allmacht Gottes wird grundsätzlich und unübersehbar gestellt. Die Geschichte hat einen Rahmen: Gott hat Hiob, den Gottesfürchtigen und Gerechten, dem Satan zur Erprobung übergeben, ohne daß Hiob es wissen kann. Satan handelt also gewissermaßen im Auftrage Gottes. (Handelte die Schlange im Paradies etwa ebenso?) Und das Ungehörige, das Unrecht, das darin liegt, bleibt in der ganzen Erzählung offen. In Hiob keimt eine Ahnung davon auf, daß die Lage des Menschen nicht so bleiben kann, nicht so bleiben wird. «Aber ich weiß, daß mir ein Erlöser lebt, und als der Letzte wird er aus dem Staub sich erheben.»[21] C. G. Jung, der im übrigen das Buch Hiob nur psychologisch deutet[22], kam zu der Überzeugung, daß auch Gott die Fragen, die Hiob stellt, nicht beantworten kann. Deshalb muß Gott Mensch werden. Christus ist Gottes Antwort auf Hiob: Christus, der als Mensch auf Erden erscheint. In ihm erleidet Gott das Böse, das in seinem Auftrag die Menschen quält, und er überwindet es. Christus sühnt durch sein Leiden und seinen Tod die Schuld Gottes, die darin besteht, daß er die Menschen dem Zugriff des Bösen ausgesetzt hat. Und er hat uns die Aufgabe hinterlassen und die Kraft dazu verheißen, Ihm in dieser Überwindung nachzufolgen – ein kühner und tiefer Gedanke von C. G. Jung, fast von ketzerischer Art.

Das Problem der Macht des Bösen gilt in der ganzen abendländischen Tradition als unlösbar. In der Theologie hat es den Namen «Theodizee» bekommen: Rechtfertigung Gottes. «Die seit Hiob und Epikur immer wieder gesuchte Antwort auf die Frage, wie das physische und moralische Übel, das ‹Böse› in der Welt mit Gottes Allmacht, Allweisheit und Allgüte in Einklang zu bringen sei.»[23]

Eine andere Frage wird aber im Buche Hiob beantwortet: die nach der Sinngebung des Leidens unabhängig von der Frage nach der Ursache: Am Ende wird Hiob, da Gott schließlich und endlich doch anfängt zu sprechen, zum Zeugen der Schöpfungsvollmacht und der Taten Gottes. Aus dem durchgetragenen Leid wird tiefere Erkenntnis. Der Sinn des Leidens, jeden Leidens ist Vertiefung und Weitung der Seele. «Weisheit ist vielfach mit Schmerz erkauft», heißt es bei Rudolf Steiner.[24] Hiob erkennt, daß Gott Vollmacht hat, die Weltenkräfte zu ordnen und auch den Mächten der Zerstörung ihren Ort zuzuweisen, eine Vollmacht, die Hiob nicht besitzt. Die Botschaft heißt: Aus Leiden kann tiefere Erkenntnis werden, und: Gott hat Vollmacht auch über das Böse, die den Menschen fehlt. Hiob wird durch Leid zum Zeugen Gottes – wahrhaftig eine tiefe Antwort. Aber in der Geschichte der Menschheit sind viele an diesem Problem zu Atheisten geworden. Die offensichtliche Macht des Bösen, Erfahrungen von Sinnlosigkeit, von Leid ohne erkennbare Ursache und Perspektive haben das Gottesbild verdunkelt oder gar vernichtet.

Die Last dieser Frage ist groß. Man hüte sich vor schnellen Antworten, etwa von der Art, daß das Böse als nur scheinbar böse verharmlost wird. Das Wort, daß das Böse «stets das Gute schafft», ist von zweifelhaftem Wert und nur eingeschränkt gültig, es ist ein Wort Mephistos.

In der gesamten Bibel wird – von wenigen Ausnahmen abgesehen – nur von *einem* Leben gesprochen. Es entsteht das Lebensgefühl: Ich habe nur dieses eine Leben und bin vor der höchsten Autorität dafür verantwortlich, was ich daraus mache. Alle Zukunft, Seligkeit oder Verdammnis hängen davon ab, was ich jetzt tue oder lasse. Man denke einmal an die Zeit in der Menschheitsgeschichte, als diese Anschauung neu war. Auch wenn die Bibel sie von Anfang an voraussetzt, wissen wir doch, daß diese Anschauung die jüngere ist. Gegenüber dem vorigen Lebensgefühl, näher an der Ewigkeit, ist dies eine Verwandlung von allergrößter Kraft. Alle Energie richtet sich auf die mir zur Verfügung stehende Zeit, als ob es keine andere gäbe, auf meine Bewährung in der Spannung von Gut und Böse, Gebot und Versuchung hier und jetzt. Diese Veränderung des Lebensgefühls bringt eine starke Konzentration auf dieses eine Leben, in diesen konkreten Gegebenheiten. Verantwortung für alles Tun und Lassen muß gelernt werden. Ein wesentlicher Schritt in die irdischen Verhältnisse – das ist eine Seite dieser Veränderung. Die andere ist, daß unter diesen Bedingungen als autonome Kraft das Gewissen entsteht als Zentrum der eigenen moralischen Existenz – nicht mehr als Stimme aus dem Himmel, wie bei Kain, sondern im Inneren der Seele.[25] Dem einen Gott in der Welt entspricht das Zentrum im Menschen. In diesem Sinne ist es gehört und verstanden worden, daß «Ich bin» der wahre Name Gottes ist. Mit dieser Selbstbezeugung beginnen die «Zehn Gebote».

2. Neues Testament

Das Christentum bringt wesentliche Veränderungen. Der Abgrund zwischen Gott und Menschheit war so groß geworden, daß Gott in Israel kaum noch als der Führende, Schützende, Tröstende erlebt werden konnte, sondern nur noch als der Ferne, Strafende. Die Elemente der Welt, der Versuchung und Verführung wurden zu stark. Diesen Abgrund zu schließen, kam Christus, Gottes Sohn, der in Jesus erschien. Das Besondere des Christentums im Vergleich zu anderen Religionen ist, daß in der Mitte ein Mensch steht, der gotterfüllte Mensch. Die Evangelien machen deutlich, daß alle seine Lehren und Taten vorbereitenden Charakter haben. Sein eigentliches Werk, sein Eintritt in die Menschheit, in die Erdenwelt, geschah zwischen Palmsonntag und Ostersonntag, als «seine Zeit gekommen» war (Joh 12,23). In der ersten Verkündigung des Christentums an Pfingsten steht nicht eine neue Lehre, nicht die Verkündigung des ewigen Gottes im Mittelpunkt, sondern Gottes Handeln in und an Jesus Christus, wie es in der Auferstehung und Erhöhung offenbar wird. «Diesen Jesus, den ihr gekreuzigt habt, hat Gott zum Herrn und Heilbringer (Messias, Christus) gemacht.» (Petrus in der Pfingstrede, Apg 2,36.) Dabei überträgt Petrus den Gottesnamen «Herr» auf Jesus. Die christlichen Bekenntnisse, die in der Folgezeit entstehen, enthalten ein solches Bekenntnis als Hinweis auf eine Tatsache: Er ist auferstanden. Er ist Gottes Sohn.[26]

Er war vollständig Mensch, «in allem versucht wie wir, aber er blieb frei von der Sünde»[27] – und in ihm lebt unmittelbar die Kraft Gottes. Er kommt als Heiler und Vergebender. «Darin ist erschienen die Liebe Gottes unter uns, daß Gott seinen eingeborenen Sohn in die Welt gesandt hat, damit wir durch ihn leben sollen.»[28] Er erneuert das Gespräch mit Gott: «Wie gewaltig, bis zur Überwältigung, ist das Ichsagen Jesu, und wie rechtmäßig bis zur Selbstverständlichkeit! Denn es ist das Ich der unbedingten Beziehung, darin der Mensch sein Du so Vater nennt, daß er selbst nur noch Sohn und nichts anderes mehr als Sohn ist. Wann immer er ich sagt, er kann nur noch das Ich des heiligen Grundwortes meinen, das sich ihm ins Unbedingte hob. Rührt ihn je die Abgelöstheit [Trennung, Einsamkeit – J. M.] an, die Verbundenheit ist größer; und nur aus ihr redet er zu den anderen … Es bleiben Ich und Du, jeder kann Du sprechen und ist das Ich, jeder kann Vater sprechen und ist der Sohn, die Wirklichkeit bleibt.»[29]

In evangelischen Kirchen und Gemeinschaften ist die Überzeugung verbreitet, daß es Erfüllung des christlichen Ideals sei, mit einer solchen Sicherheit, einem solchen Vertrauen an Gott zu glauben «wie Jesus». Ich wurde einmal gefragt: Glaubt ihr wie Jesus oder glaubt ihr an Jesus? – eine Alternative, die ich mit dem Hinweis auf den ersten *und* den zweiten Artikel des christlichen Bekenntnisses ablehnen mußte. Es ist wahrlich ein hohes Ideal, wie Jesus glauben zu können. Aber das ist noch nicht Erfüllung des Christentums. Denn das Geheimnis, das alles Vorherige verändert, ist die Einwohnung Christi in denen, die ihn verehren. So schreibt Paulus an die Galater von dem «Christus in euch» (4,19). Da ist der Abgrund zwischen Gott im Himmel und Mensch auf der Erde geschlossen. «Siehe, ich bin bei euch alle Tage, bis an das Ende der Erdenzeit» (Mt 28,20). Die Erzählung vom Weltgericht mit der Trennung der Schafe von den Böcken (Mt 25,31f., nicht Gleichnis, sondern Erzählung!) macht deutlich, daß es sich nicht nur darum handelt, daß er *bei* den Seinen ist, sondern *in* allen Menschen mitfühlend lebt. Glauben an Christus heißt, sich dieser Gnade[30] empfindend, erlebend bewußt zu werden.[31] Rudolf Frieling hat dies als grundlegende Tatsache hervorgehoben. Das Neue im Christentum ist *Er selbst* und Seine Nähe zu den Menschen.

Es wird immer wieder festgestellt, daß der «Rabbi Jesus» in seiner Lehre kaum Neues gebracht habe. Das Neue des Christentums lag nicht in den Lehren Jesu Christi. Frieling schreibt[32]: «Das Neue, das Christus brachte, war im strengen Sinne des Wortes *er selbst*. Er brachte *sich*»: In den Menschen, die sich Ihm und später den Jüngern anschließen, wirkt das Neue wie ein Keim, der weiterer Entfaltung bedarf. Frieling weiter: «Im Philipperbrief schreibt Paulus: ‹Nicht daß ich es schon ergriffen hätte oder schon vollendet wäre, ich jage ihm aber nach, ob ich es ergreifen möchte, aufgrund dessen, daß ich selbst ergriffen bin von Christus Jesus› (3,12). Im ersten Johannesbrief lesen wir: ‹Es ist noch nicht erschienen, was wir sein werden› (3,2). In der Bergpredigt steht das unerhörte Wort: ‹Ihr sollt vollkommen sein, wie euer himmlischer Vater vollkommen ist› (Mt 5,8).

Es sollte kein Zweifel daran bestehen, daß das Christwerden wirklich ein ‹Werden›, eine wachstümliche Angelegenheit ist, daß es einer Entwicklung unterliegt. Das Neue Testament ist voll von Hinweisen auf die innere Arbeit, durch welche das, was im ‹bisherigen› Menschentum als unvollkommen, wahrhaft als ‹Rohstoff› vorhanden ist, umzuwandeln wäre, kraft der Verbundenheit mit dem Christus. Paulus, der so kräftig vor pharisäischer Selbstherrlichkeit warnt, die da vermeint, vor Gott mit ‹guten Werken› hintreten zu können, erhebt doch eine Forderung wie diese: ‹Seid gesinnt wie der Christus Jesus› (Phil 2,5). Im Johannesevangelium wird auf die Frage nach den zu tuenden guten Werken die Antwort gegeben: ‹Dies ist das Werk Gottes, daß ihr glaubet an den, welchen er gesandt hat› (6,29). Glauben heißt hier doch, sich dem Christus öffnen, damit sein Wesen in den Menschen einströmen kann. Daraus gehen dann mit höherer Naturnotwendigkeit ohne besonderes Forcieren die ‹guten Werke› hervor. Aber hervorgehen sollen sie, anderenfalls wäre es eben mit dem Glauben nicht in Ordnung. Der Glaube schließt das Element der willentlichen ‹Übung› keineswegs aus. ‹Übe dich zur Frömmigkeit hin›; so ermahnt Paulus den Thimotheus (1. Tim 4,7, griechisch ‹gymnazein›). Der Hebräerbrief spricht von den ‹Wahrnehmungsorganen› (aistheria) höherer Art, die ‹geübt› werden (5,14). Ohne aktives Dazutun des vom Glauben ergriffenen Menschen kommt das nicht zustande, was Paulus im 2. Korintherbrief (3,18) beschreibt als die Widerspiegelung des Christus-Bildes (eikon) auf unserem enthüllten Antlitz – ohne aktives Wollen des Menschen kommt es nicht dazu, daß wir uns der Strahlung dieses Urbildes gleichsam ‹exponieren›, damit die Verwandlung eintreten kann ‹von einer Klarheit zur anderen›. Auch das Wort ‹Fortschritt› (prokopé) findet sich bei Paulus in Bezug auf die innere christliche Entwicklung im Brief an die Philipper (1,25) und an Timotheus (1. Tim 4,15), ebenfalls der Begriff der ‹Stufe› (bathmos, 1. Tim 3, 13, im Lateinischen als ‹gradus› wiedergegeben).

Das Erlebnis der Gnade schließt die eigene Bemühung nicht aus, diese letztere kann sogar erst recht für das Gewahrwerden der Gnade aufschließen. Das Ineinander von strebendem Bemühen und Gnade hat Paulus im Philipperbrief klassisch durch die Paradoxie formuliert: ‹erarbeitet euch (katergázesthe) eure eigene Erlösung mit Furcht und Zittern, denn Gott ist es, der in euch bewirkt das Wollen und das Kräftewirken (energein) nach seinem Wohlgefallen› (2,12). Ebenso im Johannesevangelium: ‹Erarbeitet euch (ergázeste) die Speise, nicht die vergängliche, sondern die Speise, die in das ewige Leben hinein dauert, die der Menschensohn euch geben wird› (6,27). Erarbeiten, was gegeben wird!

Daß es sich in der Entwicklung des Christentums nicht nur darum handelt, einem Vorbild nachzustreben, das als solches außerhalb des Strebenden stehen bleibt, zeigt deutlich die Formel vom Innewohnen. ‹Ich bin mit Christus gekreuzigt. So lebe denn nicht mehr ich, es lebt in meinem Ich der Christus›[33] (Gal 2; 19,20). ‹Ihr in mir und ich in euch› (Joh 14,20).

Das Ich, in dem sich die eigene Persönlichkeit bewußt ergreift, ist die oberste Instanz im Menschenwesen. Wird Christus dahinein aufgenommen, so durchdringt die verwandelnde Wirkung nach und nach den ganzen Menschen und erreicht schließlich die Leibes-Tiefen. ‹Ist jemand in Christo, so ist er eine neue Kreatur› (ktisis, Schöpfung, 2. Kor 5,17). Daß es sich um eine solche, den ganzen Menschen ergreifende Wesens-Einigung im Christwerden handelt, um das Aufnehmen eines ganz konkreten Wesens-Einflusses, kommt in dem Heiligen Mahl zum Ausdruck, das in der Christenheit von jeher gefeiert wurde (Apg 2,46). In dem johanneischen Speisungskapitel, das wie eine Vorverkündigung des Abendmahlsgeheimnisses anmutet, gerade ein Jahr vor Golgatha, ist das Verhältnis des Christen zu dem Christus auf die kürzeste Formel gebracht: ‹Wer mich isset …› (6,57). Die Vereinigung beginnt im Geistig-Seelischen, aber je mehr sie fortschreitet, desto tiefer dringt sie in die darunterliegenden Schichten des Menschenwesens ein und erreicht schließlich auch die Leiblichkeit.

Die frühchristlichen Menschen haben es lebensvoll empfunden, daß sie durch Brot und Wein des Abendmahles in Verbindung kamen mit dem Auferstehungsleib des Christus, die Kommunion war ihnen ‹Pharmakon athanasias›, Heilmittel zur Todlosigkeit (Ignatiusbrief an die Epheser XX). Das Erlebnis der Kommunion vermittelte ihnen einen Vorgeschmack ferner Zukunftsvollendung. Athanasia – Paulus gebraucht dieses Wort da, wo er vom künftigen Auferstehungsleib spricht, in dem das Sterbliche ‹athanasia anzieht› (1. Kor 15,23). Es tritt also ein Zusammenhang zwischen Kommunion und ‹Jüngstem Tag› in Erscheinung.» (Soweit Rudolf Frieling.)

Die Geschichte der Gnadenlehre ist ein schmerzliches Kapitel im Christentum. Immer, wenn einzelne Christen die Wichtigkeit der eigenen Bemühung betonten, wurden sie als «Verächter der göttlichen Gnade» diffamiert. Der Streit ist aktenkundig seit etwa 420, der Zeit des Augustinus und seiner Auseinandersetzung mit dem irischen Mönch Pelagius. Im Neuen Testament befinden sich die beiden Grundmotive in einem harmonischen Verhältnis zueinander. Die Differenzen darüber stammen aus späterer Zeit. Man sollte darauf sehen, daß Gnade Leben bringt – worauf Frieling mit vielen Zitaten hinweist. Und Leben heißt Austausch, Wachstum von innen her, Gestaltbildung, heißt im Seelenleben Aktivität und Initiative. Wenn alles ausschließlich durch Gottes Gnade veranlaßt und bestimmt wäre, was für einen Sinn und eine Gerechtigkeit hätte denn ein «Jüngstes Gericht», wenn es nicht auch Eigenverantwortlichkeit der Menschen gäbe.

Die grundlegenden Tatsachen sind durch das Leben Christi als Mensch entstanden. Jeder Christ wird sich vor die Frage gestellt sehen, was er mit diesem kostbaren Pfund gemacht hat: ob er das Silber seines Herren in die Erde vergraben hat oder es zu einem Talent gemacht hat, das im Leben Früchte trägt.[34] Die Frage nach dem Verhältnis von der Gnade Gottes und der Eigeninitiative des Menschen (siehe die Fragen von R. Sachau) wird also nicht nur in bezug auf das Karma unterschiedlich gewertet. Sie wird uns weiter beschäftigen.

Eine weitere wesentliche Veränderung ist die Universalität des Christentums. Es tritt nicht mit der Botschaft auf von einem Volk, das auserwählt ist, sondern mit dem Bewußtsein, daß die Menschwerdung Christi, sein Tod am Kreuz, die Überwindung des Todes in der Auferstehung, seine Erhöhung «zur Rechten Gottes» Ereignisse sind, die die geistigen Lebensbedingungen für alle Menschen auf der Erde verändert haben. Bis dahin hatte jedes Volk seine eigene Religion, und wir erleben es bis heute, daß Religionen die Völker und Kulturen voneinander trennen. An Pfingsten verkünden die Apostel das Evangelium von der Auferstehung Jesu Christi als eine Wahrheit, die geeignet ist, die Menschen wieder zusammenzuführen. Pfingsten ist das große Gegenbild zur Trennung der Menschheit in Völker, wie sie beim Turmbau zu Babel[35] geschildert wird. Pfingsten ist nicht nur die Geburt der christlichen Kirche, sondern der Anfang einer neuen Menschheit. *Die* Wahrheit gilt für alle Menschen, unabhängig davon, woher sie kommen und was sie bisher geglaubt haben, welche Götter sie verehren, welchen Gesetzen sie bisher gefolgt waren. Schon an Weihnachten hieß es: «Siehe, ich verkündige euch eine große Freude, die *allen* Menschen zuteil werden soll» (Lk 2, 10). Damit entsteht die Frage, ob denn der «Gott des Volkes Israel» und der, den Jesus Christus «Vater» nennt, dasselbe Wesen meint. Sie soll hier nicht behandelt, muß aber immerhin genannt werden, wenn von der Universalität des Christentums die Rede ist.[36]

Mit dieser Weite des Christentums und seiner Bestimmung, als das «Allgemein-Menschliche» die ganze Menschheit zu durchdringen, ist ein neuer Sinn für das Individuelle verbunden, für das Besondere und Einmalige jedes einzelnen Menschen. Dieser christliche Sinn für das Individuelle bekommt seinen besonderen Charakter durch die Hinwendung Christi zu den Leidenden, Kranken, Verachteten. Christian Morgenstern dichtet:

«Allen Bruder sein!
Allen helfen, dienen!
Ist, seit *Er* erschienen,
Ziel allein!
Auch dem Bösewicht,
Der uns widerstrebet!
Er auch ward gewebet
Einst aus Licht.»[37]

III. These: Beide Deutungen ergänzen sich

Verschiedene Blickweisen haben ihren guten Sinn. Man kann einen Garten mit einem Weitwinkelobjektiv fotografieren. Dann wird die gesamte Anlage sichtbar. Oder man kann vom gleichen Standort aus ein Teleobjektiv benutzen. Dann wird eine Blume hervortreten, deren Schönheit vorher nicht zu sehen war. Könnte es sein, daß die beiden Sichtweisen: viele Leben auf der Erde oder nur ein Leben, sich auch so ergänzen? Beide geben Antwort auf wichtige Fragen nach Sinn und Bedeutung des Lebens, allerdings auf sehr unterschiedliche Weise.

Es wurde schon darauf hingewiesen, daß die Auffassung, man lebt nur einmal auf der Erde, eine Konzentration auf die irdischen Lebensverhältnisse mit sich gebracht hat, eine Beschränkung, der wir wesentliche geistige und moralische Fortschritte verdanken. Die Autonomie der Person und das individuelle Gewissen, die Gottesbeziehung von Ich zu Du und von Du zu Ich, die Achtung vor der Besonderheit und Unersetzlichkeit jedes einzelnen Menschen: das sind Werte, die auch bei einer Ausweitung des Horizontes nicht verlorengehen dürfen – und auch nicht verlorenzugehen brauchen.

Auf einem anderen Gebiet leben wir auch mit zwei verschiedenen Sichtweisen, die ähnlich konträr zueinander stehen wie unsere beiden Themen: Jeden Morgen geht die Sonne auf und jeden Abend unter. Die Uhrzeit steht in der Zeitung, in Kalendern, und wir richten unseren Tageslauf darauf ein. Andererseits wissen wir, daß die Bewegung der Sonne, die wir am Himmel sehen, nur eine scheinbare ist. In «Wahrheit» bewegt sich die Erde nach Osten, dreht sich «unter der Sonne» um ihre eigene Achse, und dadurch wandern Tag und Nacht um die Erde von Osten nach Westen. Wer sich das vorstellen will, muß den eigenen Ort in

Gedanken verlassen und sich über die Erde erheben, schwebend sich außerhalb halten und mit festem Bezug zur Sonne die Erde beobachten.

Es war eine gewaltige Veränderung im Lebensgefühl der Menschheit, als dieses von ihr verlangt wurde. Die Kirche wehrte sich gegen die neue Lehre mit allen ihr zur Verfügung stehenden Mitteln. Für viele gewohnte Vorstellungen von Gott und Himmel gab es plötzlich keine Anschauung mehr in der sichtbaren Welt, wenn man sie sich nicht neu erarbeitete. Aber die Beweise waren so eindeutig, daß sich diese neue Anschauung durchsetzte. Fortan bedurfte es einer sorgfältigeren Unterscheidung von sichtbarer und unsichtbarer Welt, wenn man ehrlicherweise von Gott im Himmel überzeugt sein wollte.

Es hat den Anschein, daß wir vor einer ähnlichen Wende stehen wie die Menschen zur Zeit des Kopernikus und seiner Vorläufer, nun nicht in der Orientierung im Raum, sondern in der Zeit – oder daß diese Wende schon eingetreten ist. Sie bedeutet, daß da, wo die biblische Sichtweise Grenzen setzt und den letzten geahnten Zustand vor der Grenze ins Unendliche verlängert, vor der Geburt und nach dem Tod, geistige Tatsachen, konkrete Entwicklungen zu finden sind: Voraussetzungen für dieses Leben und Folgen, die wieder Voraussetzungen für ein anderes Leben bilden. Im modernen Weltbild ist nicht mehr Nacht vor und nach dem Tage, sondern die Helligkeit wandert auf andere Schauplätze und kommt, indem sie weitergeht, wieder in unsere Gegend.

Noch im Mittelalter konnte man an der Küste des Atlantischen Ozeans stehen und denken, daß sich die Wasserfläche dehnt bis ans Ende der Welt und da Abgründe sind, die man nicht ermessen kann. Jetzt kann man die Vorstellung bilden, daß man sich nach Westen, dem Tage folgend, bewegen könnte und dann schließlich aus umgekehrter Richtung wieder an dem eigenen Standort ankommen kann. So kann man den Wegen nach dem Tode folgen und kommt schließlich bei der Geburt wieder an.

Wir sprechen nicht über Gedankengebäude oder Hypothesen, die unverbindlich zu entwerfen versuchen, wie es vielleicht sein könnte. Wir versuchen, mit Gedanken bestehende Tatsachen nachzuzeichnen.

Wenn das Christentum eine Wirklichkeit ist,

das heißt: Wenn Christus selbst mit den Menschen lebt und sie auf ihren Wegen begleitet, nicht nur bis zum Tod, sondern auch danach (vgl. Lk 16,19, Mt 25,31f., Phil 1,23, 1. Thess 4,16),

– und wenn Karma eine Wirklichkeit ist,

das heißt, daß diese Menschen in ihrem Leben geprägt sind von vergangenen Taten und Erfahrungen auf der Erde, daß sie mit ihren Taten, Unterlassungen, Gedanken und Gesinnungen Voraussetzungen für ihr künftiges Schicksal schaffen, nach Maßgabe eines höheren Gerichtes nach dem Tod,

– dann muß es die Harmonie zwischen den beiden Wirklichkeiten als geistige Tatsache schon geben, zumindest als Wissen und Willen Gottes und seiner Engel – und natürlich auch als Wissen Christi. Schließlich leben seit fast 2000 Jahren Christen auf der Erde und kehren nach dem Tode in die geistige Welt zurück, erfahren Gericht und Gnade und werden wiederum von Gott begnadet und begabt zu neuem Leben auf der Erde.

Dann müssen die Fragen anders als bisher üblich gestellt werden:

1. Was steht von Reinkarnation und Karma in der Bibel? Es handelt sich um eine folgenreiche und bedeutende Wahrheit. Warum hat Jesus Christus nicht oder kaum davon gesprochen? (Kap. IV.)

2. Hat es einen erkennbaren Sinn, daß das Wissen von wiederholten Erdenleben für wesentliche Teile der Menschheit verschwand, jetzt wieder auftritt und Einlaß in das Christentum verlangt? (Kap. IV.)

3. Wie sieht eine von christlichem Geist durchdrungene Auffassung von Schicksal aus? (Kap. V–IX.) Dazu gibt es Ansätze von verschiedenen Autoren und eine Fülle von Gesichtspunkten in der Anthroposophie.

4. Wie verändert sich das religiöse Weltbild, wenn wiederholte Erdenleben und karmische Gesetzmäßigkeit einbezogen werden? Hier werden vor allem die Deutung von Sünde und Gnade und die Vorstellungen vom Ende der Menschheit auf der Erde zu bedenken sein. (Kap. X und XI.)

GRUNDLAGEN UND FOLGERUNGEN

IV Was steht von Reinkarnation und Karma in der Bibel?

A. Wiederverkörperung

«Von der Wiederverkörperung steht nichts in der Bibel. *Fast* nichts.»[38] Das ist eigentlich eine erstaunliche Tatsache. Das fernere Asien war erfüllt von der Überzeugung von Karma und Reinkarnation, in Griechenland findet man bei den Pythagoräern und bei Plato den Gedanken der Seelenwanderung. Deshalb muß es eher erstaunen, wie selten diese Anschauung in der Bibel erwähnt wird. Im Alten Testament fehlen Hinweise fast völlig. Die einzige positive Aussage in dieser Sache ist die Prophetie, daß Elias wiederkommen wird: «Siehe, ich will euch senden den Propheten Elia, ehe der große und schreckliche Tag des Herrn kommt. Der soll das Herz der Väter bekehren zu den Söhnen und das Herz der Söhne zu den Vätern, auf daß ich nicht komme und das Erdreich mit dem Banne schlage» (Mal 3; 23,24, die letzten Sätze des Alten Testaments).

Im Neuen Testament ist nur an wenigen Stellen davon die Rede. So in Cäsarea Philippi: «Was sagen die Menschen von mir, wer ich sei», fragt Christus die Jünger. «Sie sagten: Einige sagen, du seiest Johannes der Täufer, andere, du seiest Elias, wieder andere, du seiest Jeremias oder einer der Propheten» (Mt 16,13f.). Die Wiederkehr eines längst Verstorbenen scheint also als möglich angesehen zu werden, nicht nur auf Elias bezogen.

In bezug auf Johannes den Täufer ist die Aussage der Bibel eindeutig (Mt 11,14 und verwandte Stellen): «Wenn ihr es annehmen wollt: Er ist Elias, der wiederkommen soll.»

Dieses Wort aus Christi Mund wiegt schwerer als die verneinende Antwort des Johannes selbst, als er gefragt wurde, ob er Elias sei (Joh 1, 21). Seine Verneinung besagt, daß er selbst nichts davon weiß und allen Nachdruck auf das legt, was er jetzt zu wirken hat. In der Verkündigung an den Vater des Johannes, Zacharias, heißt es bei Lukas von dem Knaben: «Er wird vor ihm [Gott] hergehen im Geiste und in der Kraft des Elia» (Lk 1,17). In Johannes dem Täufer ist Elias wiedererschienen. Die besondere Einleitung der Aussage: «wenn ihr es annehmen wollt» fällt auf. Sie kommt in den Verkündigungen Christi nur in diesem Zusammenhang vor. Obwohl die Prophetie bekannt war, daß Elias wiederkommen würde, das Erscheinen des Messias vorzubereiten, gibt Christus den Menschen anheim, die Aussage anzunehmen oder nicht.[39]

Es ist gebräuchlich geworden, in diesem Zusammenhang darauf hinzuweisen, daß Elias ja nicht gestorben sei, sondern in den Himmel entrückt wurde. Darauf ist zu erwidern: Wenn der feurige Wagen nicht ein Bild für das Lebensende ist, kommt man zu unmöglichen Vorstellungen. Es geht um den «Geist und die Kraft des Elia» (Lk 1,17). Sicherlich ist nicht der Leib in den Himmel gefahren und nach Jahrhunderten wieder erschienen.

Die Aussage über Johannes den Täufer steht so einzigartig da, daß es nicht angeht, daraus einen «Beweis» für die Reinkarnation als allgemeine Tatsache zu begründen.

Im Zusammenhang mit dieser Frage wird vielfach auf Johannes 9 hingewiesen. Dazu Friedrich Rittelmeyer[40]: «Steht nicht im 9. Kapitel des Johannesevangeliums, dort, wo Christus mit seinen Jüngern dem Blindgeborenen begegnet, die Frage: Meister, wer hat gesündigt, dieser oder seine Eltern, daß er ist blind geboren? Wenn es für möglich erklärt wird, daß dieser *selbst* gesündigt hat, weil er als Blinder *geboren* ist, dann kann das doch nur in einem früheren Leben gewesen sein! Also, lehrt hier Christus die Wiederverkörperung? Gerade dies geschieht *nicht*. Gewiß erscheint hier die Wiederverkörperung im Hintergrund. Wir können uns gut vorstellen, daß in der damaligen Welt, wo der Handel die Menschen durcheinander warf, solche Anschauungen auch in Palästina gelegentlich erwähnt und besprochen wurden. Es ist auch wohl möglich, daß sie aus dem Dunkel der Mysterien in das Denken der Jünger eingetreten sind. Dann war es wirklich ein bedeutungsvoller Augenblick in der

Menschheitsgeschichte, als die Jünger vor Christus hintraten und sagten: Meister, hier liegt ein schweres Schicksal vor; es gibt unter den Menschen zwei grundverschiedene Erklärungen für solche Schicksale: Israel lehrt, daß die Sünden der Väter an den Kindern heimgesucht werden bis ins dritte und vierte Glied; Indien lehrt, daß das Unglück des Menschen zurückdeutet auf seine eigene Sünde in einer früheren Verkörperung: welche dieser beiden Erklärungen hat recht? Aber die Jünger ‹lehren› nicht die Wiederverkörperung, sie fragen höchstens nach ihr. Noch weniger aber lehrt Christus an dieser Stelle die Wiederverkörperung. Er sagt vielmehr: ‹Weder dieser hat gesündigt noch seine Eltern, sondern die Werke Gottes sollen zur Offenbarung kommen in ihm.› Also lehnt Christus an dieser Stelle ja die Wiederverkörperung ausdrücklich ab? Hätten wir hier nicht das Bibelwort, das wir brauchen, um die Wiederverkörperungslehre als Irrlehre zu beweisen, oder moderner und weniger anstößig ausgesprochen: als der Meinung Christi nicht entsprechend, sondern ihr widersprechend? Doch – auf diese Weise wäre wieder viel zu beweisen. Mehr, als uns lieb sein kann. Man würde ja damit zugleich sagen, daß Christus die israelitische Anschauung, daß die Sünden der Väter heimgesucht werden an den Kindern, ebenso ausdrücklich abgelehnt hat. Kann er das getan haben? Hätte er sich so in Widerspruch setzen können mit dem Heiligsten, was Israel hatte, mit dem Text der Zehn Gebote – denn darin stehen diese Worte geschrieben –, ohne daß solche Ketzerei gegen ihn selbst zum Ankläger geworden wäre? Nein, was Christus zu den Jüngern sagen wollte, kann nur dies sein: Eure Einstellung zu solchem menschlichen Unglück ist falsch. Zu schauen auf das, was werden soll: das ist eure Aufgabe. Nicht das Warum ist die entscheidende Frage, sondern das Wozu. Man spürt den Unwillen Christi über die tote Gedankenart der Jünger, die aus einer Not erst noch ein Diskussionsproblem machen, während in Christus eine ganz andere Geistesart solcher Not entgegentrat, während er in seinem Helferwillen längst die Offenbarung empfangen hatte, was geschehen soll. So ist das Christuswort eine energische Abwehr des unbarmherzigen Theoretisierens, mit dem im Orient nicht selten solche blutwarmen Lebensnöte behandelt wurden, wie es auch unmittelbar vorher geschah im Fall der Ehebrecherin (Joh 8,5). Wenn zum Beispiel ein talmudisches Sprichwort sagt: Willst du das Laster sehen und die Tugend, so sieh die Sänfte an und die sie tragen, so ist solche Seelenart dem Geist Christi so entgegengesetzt wie nur möglich. Und sie wird sicher wieder eine Gefahr werden, wenn sich die Menschen ernstlicher mit dem Wiederverkörperungsgedanken beschäftigen. Dann mag die Geistesart Christi sich erheben gegen die unfühlende Verstandesart der Menschen.»

Jede gute Überzeugung hat auch ihre eigenen Gefahren oder Verzerrungen. Flache Rationalität ist sicher dem Karma-Problem nicht angemessen, auch wenn sie sich auf diesem Gebiet tummelt.[41]

In der Antwort auf die Frage der Jünger lenkt Christus von der Frage nach den Ursachen ab und zu dem hin, was durch dieses Leiden entstehen, offenbar werden kann. Da dies die einzige Stelle ist, wo er nach den «Ursachen des Leidens» gefragt wird, hat die Antwort grundlegenden Charakter. Ich wage eine Verallgemeinerung: Es ist demnach nicht dem Geiste Christi entsprechend, nicht christlich, nach den karmischen Ursachen zu fragen. Das kann nur zu diagnostischen Zwecken in therapeutischer Absicht angemessen sein. Sein Blick geht immer auf das, was aus dem Leiden an neuem höheren Gut entstehen kann.

Es muß noch auf eine andere Stelle eingegangen werden: Im Brief an die Hebräer (9,27f.) heißt es: «Und wie den Menschen bestimmt ist, einmal zu sterben, danach aber das Gericht, so ist auch Christus einmal geopfert worden, die Sünden vieler hinwegzunehmen, zum zweiten Mal wird er nicht der Sünde wegen erscheinen, sondern denen, die auf ihn warten, zum Heil.» Dieser Satz wird gerne als biblisches Argument gegen Reinkarnation verwendet.[42] Dabei wird übersehen, daß sie in diesem Satz gar nicht behandelt wird. Sie wird nicht erwähnt, weder bejahend noch verneinend, sondern kommt einfach nicht vor. Damit ist nur bewiesen, daß ein Denken daran außerhalb des Gesichtskreises dessen lag, der den Brief an die Hebräer geschrieben hat. Es war erfreulich, im «Materialdienst der Evangelischen Zentralstelle für Weltanschauungsfragen» zu lesen: «Zu Hebräer 9,27 sollte der Hinweis Nockes ernst genommen werden, daß das einmalige Sterben des Menschen hier nur als Vergleich zum einmaligen Opfer Christi dient, aber keinen für einen ‹Schriftbeweis› [gegen Reinkarnation; J. M.] ausreichenden Stellenwert hat.»[43]

Gelegentlich wird die Vermutung ausgesprochen, daß die Überzeugung von Reinkarnationen so selbstverständlich war, daß sie deshalb

nicht auf die karmischen Ursachen schauen, sondern auf die Kräfte die neu entstehen für die Zukunft nicht erwähnt zu werden brauchte. Ich halte das «argumentum ex silentio» (Argument aus dem Schweigen) in diesem Zusammenhang für ausgesprochen schwach. Dann müßte sie gerade als Selbstverständlichkeit wenigstens in Nebensätzen vorkommen, wie zum Beispiel bei Novalis im ersten Kapitel des Romans «Heinrich von Ofterdingen», im Traum von der blauen Blume: «... Er geriet in Gefangenschaft und die schmählichste Not. Alle Empfindungen stiegen bis zu einer nie gekannten Höhe in ihm. Er durchlebte ein unendlich buntes Leben; starb und kam wieder, liebte bis zur höchsten Leidenschaft und war dann wieder auf ewig von seiner Geliebten getrennt ...»[44] Aber selbst solche Erwähnungen fehlen in der Bibel, die eine bei Cäsarea Philippi ausgenommen. Die genannten Stellen sind tatsächlich die deutlichsten.

Es ist festzustellen, daß sich Reinkarnation aus der Bibel weder beweisen noch widerlegen läßt. Die Begrenzung auf *ein* Leben ist durchgeführt. Und sie entspricht dem gewöhnlichen Bewußtsein bis jetzt. Hat dieses Schweigen einen erkennbaren Grund?

Wir haben schon auf die Früchte dieser Beschränkung des geistigen Horizontes hingewiesen. Die Anthroposophie spricht in dem Zusammenhang von einer weisen Schicksalsführung der Menschheit. Sie war notwendig, wenn der Mensch Selbsterkenntnis und Selbstverantwortlichkeit lernen und üben soll. Religiös ausgedrückt heißt das: Es war Gottes Wille, daß die Menschen zu sich selbst kommen. Dafür war der überschaubare Rahmen nur eines Lebens notwendig. Seit Abrahams Zeiten wurde dies eingeübt.

In diesen Willen Gottes hat Christus sich eingefügt.

Es gibt Untersuchungen, besonders von jüdischen Theologen, die nachzuweisen suchen, daß der «Rabbi Jesus» nur gelehrt habe, was sonst auch im Judentum Inhalt des guten und richtigen Glaubens gewesen ist. Allerdings hat er durch seine religiöse Unmittelbarkeit und Unbedingtheit alle Zeitgenossen herausgefordert und die meisten überfordert. – Ich meine, daß man diese These nur nach kräftiger Reduktion der Evangelien durch Textkritik und Eliminierung aller Stellen, die diesen Rahmen sprengen würden, begründen kann. – Daran, daß eine solche These überhaupt möglich ist, kann man ablesen, daß er sich in großem Maße in dem Rahmen dessen gehalten hat, was seine Zeitgenossen aufnehmen konnten. Nach der Aussage aller Evangelien lebte seit der Taufe im Jordan der

«Geist Gottes» in ihm. Er hat gewißlich sehr vieles gewußt, das er nicht ausgesprochen hat. Der Satz: «Ich habe euch noch viel zu sagen, aber ihr könnt es jetzt nicht tragen» (Joh 16,12) ist eine Selbstverständlichkeit. Es muß akzeptiert werden – und aus diesen Gründen kann man es auch verstehen –, daß Jesus Christus Karma und Reinkarnation nicht gelehrt hat. Aber er hat weiteres Wachstum in der Wahrheit verheißen.

B. Zwischenbemerkung zu «sola scriptura»

Die Evangelien berichten vom Leben Jesu Christi. Sie verstehen sich selbst als Bezeugung von Tatsachen und Überzeugungen. In den Apostelbriefen ist die Perspektive anders. Paulus schaut nicht als äußerer Zeuge, sondern als Zeitgenosse, der dem Meister äußerlich nicht begegnet ist. Er lebt aber im inneren Gespräch mit dem Herrn, dessen geistige Nähe er kennt.[45] Selbstverständlich treten dann andere, neue Wahrheiten hervor: andere Fragen, andere Antworten. Nicht mehr das Leben Jesu Christi ist der Ausgangspunkt, sondern dessen Auswirkungen auf das menschliche Leben. Christliche Theologie beginnt.[46] So wächst die Wahrheit im Christentum. Mit dem Unterschied zwischen den Evangelien und den Bezeugungen der Apostel macht das Neue Testament diese Erweiterung als Möglichkeit deutlich. An mehreren Stellen sagt Paulus: «Dies ist ein Wort des Herrn, das ich direkt von ihm empfangen habe.» Solches kann doch nicht prinzipiell nur auf die ersten Zeugen beschränkt werden. Und von wem denn? Von den Autoren des Neuen Testamentes jedenfalls nicht.[47] Die Prüfung, ob eine Wahrheit im Christentum Raum haben kann, muß nach dem Geist und nicht nach dem Buchstaben erfolgen.

Auch Novalis kannte die persönliche Nähe Christi. Er hat die Erfahrung im Tagebuch angedeutet und in den Hymnen an die Nacht umschrieben. Er kannte das innere Gespräch mit dem Geiste Christi im Erforschen der Wahrheit, und er verkündet seine Erfahrungen. Deshalb fragt er: «Wer hat die Bibel für geschlossen erklärt?»[48] Soll das Bezeugen der Wahrheit aus Christi Geist mit dem Abschluß des neutestamentlichen Kanons auch ans Ende gekommen sein? Dies ist ja der Gehalt des reformatorischen Prinzips «sola scriptura», nur aufgrund der Heiligen Schrift ist christliche Wahrheit möglich. Luther brauchte die Verankerung auf dieser Grundlage gegen die Autorität der Kirche, wahrscheinlich auch für sich selbst. «Mein Gewissen ist gebunden und gefangen in der Heiligen Schrift», sagte er in Worms. Es ist nicht zu verkennen, daß dieses Prinzip in der Reformation notwendig war. Aber es ist aus dem Neuen Testament selbst weder direkt zu begründen noch allgemein als Prinzip abzuleiten.

Nicht nur das Christwerden des einzelnen Menschen ist eine «wachstümliche Angelegenheit», wie Rudolf Frieling formulierte, auch die Kirche Christi wächst in der Wahrheit. Heute kennen wir viele Berichte von gegenwärtigen Begegnungen mit Christus. Vieles davon hat persönlichen Charakter. Selbstverständlich ist es notwendig, zwischen gnadevollen Mitteilungen für einzelne Menschen und Offenbarungen, die allgemeine Geltung beanspruchen können, zu unterscheiden. Aber es gab auch Offenbarungen von christlichen Wahrheiten, nachdem der Kanon des Neuen Testamentes gebildet war.

Es mag auf den ersten Blick verfehlt erscheinen, wenn ich sage: Von Amerika steht auch nichts in der Bibel. Aber die Menschheit hat in den vergangenen Jahrhunderten auch geistige Kontinente neu entdeckt, die für unser Leben und die Sinngebung wesentlich sind, auch für Christen.

Außerdem muß es erlaubt sein, die Frage zu stellen, ob es überhaupt noch legitim ist, wenn von seiten der evangelischen Theologie nach zweihundert Jahren historisch-kritischer Analyse der biblischen Schriften, die viel zutage gebracht und sehr viel aufgelöst hat[49], in bezug auf Karma und Reinkarnation das Argument «sola scriptura» verwendet wird.

Wir wenden uns der ergänzenden Frage zu, ob von Karma etwas in der Bibel zu finden ist.

in der Wahrheit leben: stets im inneren Gespräch mit Christus sein!

C. Karma: Sünde, Vergeltung und Vergebung

Was steht von Karma in der Bibel? Da von wiederholten Erdenleben nur an so wenigen Stellen gesprochen wird, kann man keine «Belege» im Sinne der klassischen Karmalehre erwarten. Aber vom Sündenfall an ist von Folgen der Taten, von Vergeltung und von Vergebung die Rede. So muß gefragt werden, ob diese Aussagen mit der Lehre vom Karma harmonieren. Haben sie auch in diesem anderen Bereich Geltung und Aussagekraft?

1. Folgen von Sünden im Alten Testament

Vom Sündenfall an zeigt sich, daß Verfehlungen, Vergehen gegen den Willen Gottes Folgen nach sich ziehen, die die Menschen wieder treffen. Alles Handeln, alles «Sinnen und Trachten» der Menschen geschieht vor Gottes Augen und bleibt bei ihm gegenwärtig, auch wenn es uns vergangen erscheint. Daraus entstehen Folgen, Antworten Gottes. Die Instanz, die Taten sieht, bewahrt und Folgen eintreten läßt, ist Gott, aber das Ergebnis ist der karmabildenden Kraft zumindest sehr ähnlich. Oftmals ist es nicht vorhersehbar, welches die Folgen sind und wann sie eintreten werden, so bei Adam und Eva die Folgen, außer daß sie sterblich werden, bei Kain, bei der «Sintflut».

Von vielen möglichen weiteren Beispielen seien zwei aus dem Leben des Königs David genannt. Die Folge der Versündigung mit Batseba ist die Revolte seines schönen Sohnes Absalom. David, der sonst unbesiegte Kämpfer, steht dem Aufruhr hilflos gegenüber, muß ihn gewähren lassen. Was David insgeheim mit der Frau des Uria tat, geschieht öffentlich mit seinen Frauen.[50]

Im Alter versündigt er sich noch einmal, indem er das Volk zählen läßt. Er wollte wissen, wie viele Krieger in Israel sind. Die Versündigung besteht darin, daß er der großen Zahl, der Masse der Kämpfer mehr vertraut als der göttlichen Kraft, aus der Israel (= Gottesstreiter) allein unbesiegbar war. Als Folge dieses «Materialismus» wird für eine gesetzte

Frist der Tod übermächtig werden. David darf wählen zwischen drei Jahren Hungersnot im Lande, drei Monaten Aufruhr und persönlicher Lebensgefahr oder drei Tagen Pest. Er entscheidet sich für das letztere, denn «es ist besser, in Gottes Hände zu fallen, als in die der Menschen». Sünden des Königs betreffen das ganze Land. – Beide Male ist eine Verwandtschaft, eine innere Logik zwischen Tat und Folge zu bemerken. Ist es die «Logik des Karma»? Hier sind Übeltaten und ihre Folgen in unmittelbarem Zusammenhang geschildert. Deshalb sind sie ein «Lehrbeispiel».

Der Zusammenhang wird aber immer geahnt oder vorausgesetzt. Von außen hereinbrechende Katastrophen, wie zum Beispiel Mißernten, werden immer als Strafgericht Gottes, also als Folgen von Sünden angesehen. Es ist nicht vorhersehbar, wann Gott Sünden verzeiht und wann Strafen, Heimsuchungen eintreten werden, «denn meine Gedanken sind nicht eure Gedanken und eure Wege sind nicht meine Wege, spricht der Herr, sondern soviel der Himmel höher ist als die Erde, so sind auch meine Wege höher als eure Wege und meine Gedanken als eure Gedanken» (Jes 55, 8,9). Oft mutet das Handeln Gottes willkürlich an. Gottes Ratschlüsse sind unerforschlich, die Menschen bleiben unwissend und unmündig.

Angesichts schwerer Schuld gibt es nur ein Mittel, ernste Folgen abzuwenden. «Wohl dem, dem die Übertretungen vergeben sind, dem die Sünde bedeckt ist. Wohl dem Menschen, dem der Herr die Schuld nicht zurechnet, in dessen Geist kein Trug ist. Denn als ich es wollte verschweigen, verschmachteten meine Gebeine durch mein tägliches Klagen. Denn Deine Hand lag Tag und Nacht schwer auf mir, daß meine Säfte vertrockneten, wie es im Sommer dürre wird. Darum bekannte ich vor Dir meine Sünde und meine Schuld verhehlte ich nicht. Ich sprach: Ich will dem Herrn meine Sünde bekennen. Da vergabst Du mir die Schuld meiner Sünde.»[51]

Jede Schuld, die man auf sich lädt, bedeutet eine Schwächung und beeinträchtigt zugleich die Beziehung zu Gott und den Quellen des Lebens. Durch das Bekenntnis zu dieser Tatsache wird es möglich, daß eine solche Störung nicht dauerhafter Art sein muß, ja, aus Sünde und Einsicht entsteht Weisheit. Wenn sich der Sünder zu seinen Verfehlungen bekennt, sie tatsächlich als sein Eigen erkennt, kann dieses richtige Bewußtsein von dem Unrecht der Tat nach der Schwächung eine Stärkung der Beziehung zu Gott bewirken. Dann kann Gott Sünden vergeben. – Paulus sieht darin den Hauptsinn des Gesetzes, daß es die Sünden bewußt macht (Röm 3,20). Das Gesetz führt nur zur Erkenntnis des Übels, zur Diagnose, nicht zu seiner Therapie.

Der 51. Psalm beginnt: «Ein Psalm Davids, vorzusingen, als der Prophet Nathan zu ihm kam, nachdem er zu Batseba eingegangen war.» Er bringt die Erfahrung zum Bewußtsein, daß wir die Reinigung nicht selbst bewirken können: «Erbarme Dich mein, o Gott, nach Deiner Gnade! In der Fülle Deiner Barmherzigkeit tilge meine Sünden! Wasche mich ganz und gar rein von meiner Schuld, und von meiner Verfehlung reinige mich. Denn meine Sünden – ich erkenne sie, und meine Verfehlung steht mir vor Augen allezeit. An Dir, an Dir allein habe ich mich vergangen.»[52] – Die Reinigung kann nur von einer Kraft ausgehen, die selber von Sünde frei ist. In seiner Betrachtung zu diesem Psalm macht Frieling darauf aufmerksam, daß die Sehnsucht, die der Psalm ausdrückt, erst von Christus erfüllt werden kann. Paulus versteht das Gesetz als Erzieher auf Christus hin.

Wer sündigt, macht sich selbst schlechter, auch und gerade vor Gott, und bewirkt Unheil in der Welt: Dieses Erlebnis ist beschrieben. Zur vollständigen Phänomenologie würde gehören, daß jede Versündigung unfrei macht. Es entstehen Verpflichtungen gegenüber dem (den) Geschädigten. Im einfachen Beispiel: Wenn ich jemandem etwas gestohlen habe, bleibt mir die Verpflichtung, ihm den Schaden zu erstatten. Und zur Heilung der sozialen Beziehung bin ich von der Vergebung des von mir Geschädigten abhängig. Außerdem bleibt in mir die Schwächung zurück, eigene Begehrlichkeiten nicht beherrscht zu haben, und jede schlechte Neigung verstärkt sich, wenn man ihr nachgibt. Drittens ist die Welt dadurch schlechter geworden. Das letztere deutet auf die «Sünde vor Gott», die kein Mensch vergeben kann. – Es gibt viele Übeltaten, deren Folgen nicht so leicht zu überschauen sind wie bei einem Diebstahl.

Mit Recht wird darauf hingewiesen, daß bei Jesus Christus in Wort und Tat die Vergebung im Vordergrund steht und nicht die Vergeltung. Die ist aber nicht völlig außer Kraft gesetzt. Am deutlichsten tritt dies in Erscheinung am Ende der Offenbarung des Johannes: «Siehe, ich komme bald, und mein Lohn mit mir, einem jedem zu geben, wie seine Werke sind» (22,12). So ist Er auch der Thronende, der das Gericht über Lebende und Tote vollzieht: «und sie wurden gerichtet, ein jeder nach seinen Werken» (20,12). Die Erzählung vom Gericht des Menschensohnes mit der Scheidung der Schafe von den Böcken (Mt 25,31f.) besagt das gleiche.

Auch Jesus Christus macht deutlich, daß auferlegte Leiden auf Sünden zurückgehen. Als er im Tempel den Mann wieder traf, den er nach einem Krankenlager von achtunddreißig Jahren geheilt hatte, sprach er zu ihm: «Siehe, du bist gesund geworden. Sündige von jetzt an nicht mehr, auf daß dir nicht Schlimmeres widerfahre» (Joh 5,14). Wir haben schon darauf hingewiesen, wie Jesus den Blick der Jünger von der Frage nach den Ursachen weglenkt (Joh 9). Hier wird deutlich, daß er sehr wohl den Zusammenhang von Sünden und Leiden kennt und den Geheilten ermahnt, ihn zu beachten, aber er lenkt den Blick in die Zukunft. Unausgesprochen klingt dieser Nachsatz auch mit in der Begegnung mit der Ehebrecherin (Joh 8): «Ich verurteile dich auch nicht, gehe hin, sündige von jetzt an nicht mehr.»[53] Die Lehre vom Ausgleich für gute und schlechte Taten durch eine höhere Gerechtigkeit ist so sehr Allgemeingut der Bibel und aller Hochreligionen, daß keine weiteren Stellen als Belege angeführt werden müssen.

Im Brief an die Galater heißt es (6, 7f.): «Irrt euch nicht! Gott läßt seiner nicht spotten. Denn was der Mensch sät, das wird er ernten. Wer auf das Fleisch sät, der wird vom Fleisch das Verderben ernten; wer aber auf den Geist sät, der wird von dem Geist das ewige Leben ernten. Laßt uns aber Gutes tun und nicht müde werden; denn zu seiner Zeit werden wir auch ernten, wenn wir nicht nachlassen.» Man kann an diesem Wort nicht unterscheiden, ob Paulus ein Gericht nach dem Tode oder das «Jüngste Gericht» meint. Beide sind miteinander verwandt. In jedem Fall spricht Paulus davon, daß Taten Folgen haben. Wer diese Sätze nicht im Sinne einer Lohnethik verstehen will, die dem Christentum fremd ist

(Gutes tun, damit man es selber irgendwann einmal gut hat), kann sie eigentlich nur im Sinne einer Beschreibung von Tatsachen auffassen. Paulus spricht von Taten und den ihnen zugrunde liegenden Gesinnungen und deren Folgen, die mit absoluter Sicherheit auf ihren Urheber zurückkommen werden. Spräche er über das Gesetz des Karma, würde der Satz nicht anders lauten. Was unter irdischen Bedingungen gesät ist, kann auch nur auf Erden geerntet werden. Die Existenzbedingungen auf Erden in Raum und Zeit sind anders als «bei Gott».

Im Alten Testament gilt: Gott im Himmel kann Sünden vergeben. Im Gebet des Salomo bei der Einweihung des Tempels (1. Kön 8) bittet Salomo, daß Gott die Strafen aufhebe, die für Übeltaten über das Volk verhängt sind, wenn die Menschen das Üble erkennen und (im Tempel) zu Gott flehen.

Im Neuen Testament beginnt etwas anderes. Auf Erden können Sünden vergeben werden, und dieses wird im Himmel anerkannt, hat dort Bestand.

Das tritt zum ersten Mal in Erscheinung bei der «Heilung unter dem aufgedeckten Dach» (Mk 2,1f.). Jesus ist in einem Hause und lehrt, umgeben von vielen Menschen. Einige bringen einen Gelähmten auf einer Trage, und da sie wegen der vielen Menschen nicht zu Jesus vordringen können, decken sie das Dach des Hauses ab (wahrscheinlich lag es an einem Hang) und lassen den Gelähmten auf seiner Bahre von oben herunter. Jesus zeigt sich nicht ungehalten wegen der Störung, sondern: «Da er ihren Glauben sah, sprach er zu dem Gelähmten: Mein Sohn, deine Sünden sind dir vergeben.» Er «sieht» den Glauben der eifrigen Träger und sagt zu dem Kranken: «Deine Sünden sind dir vergeben» – eine überraschende Aussage. Anwesende Schriftgelehrte nehmen Anstoß daran. Sie meinen gehört zu haben, daß Jesus sich anmaßt, Sünden vergeben zu können, das kann doch nur Gott! Jesus nimmt ihre Gedanken wahr und antwortet darauf: «Was ist leichter, zu dem Gelähmten zu sagen: Dir sind deine Sünden vergeben, oder zu sagen: Stehe auf, nimm dein Bett und geh? Damit ihr aber erkennt, daß der Sohn des Menschen Vollmacht hat, Sünden zu vergeben auf Erden – sprach er zu dem Gelähmten: Ich sage dir, nimm dein Bett auf und gehe heim. Und er stand auf, nahm sein Bett auf und ging alsbald hinaus vor aller Augen.»

Hier steht als Aussage: Gott kann Sünden vergeben im Himmel, der Sohn des Menschen auf der Erde. Das ist ein völlig neues Motiv. An anderen Stellen des Neuen Testaments wird es noch erweitert. – Außerdem muß aber der Zusammenhang zwischen dem Eifer der Träger und der Krankheit des Gelähmten völlig rätselhaft bleiben, wenn man nicht annimmt, daß beides ursprünglich miteinander verbunden ist. Es ist keine billige Ratio, sondern ein Lesen in den Ereignissen, wenn man annimmt, daß die Krankheit mit einer Versündigung des jetzt Kranken an den Trägern der Bahre zusammenhängt. Und da sie sich für ihn einsetzen und ihn mit so großem Eifer zu Jesus bringen, wird offenbar, daß sie ihm vergeben haben. Darüber hinaus wird der Kranke mit Gesundung gesegnet, vermittelt durch den Glauben der Träger. So verstanden, ist die Aussage, an der die Schriftgelehrten Anstoß nehmen, Feststellung einer Tatsache. Das ist leicht, wenn man den Zusammenhang sehen kann. Schwerer ist es, dieser Tatsache auch bis ins Körperliche Ausdruck zu verschaffen. Aber das tut Christus in der anschließenden Heilung. So werden die Worte Jesu Christi verstehbar, genau so, wie sie im Evangelium stehen.

Von der Vollmacht über die Sünden ist auch am Abend des Ostersonntags die Rede (Joh 20, 19–23): Christus erscheint den Jüngern als der Auferstandene, tritt bei verschlossenen Türen in ihre Mitte mit den Worten: «Friede sei mit euch. Wie mich der Vater gesandt hat, so sende ich euch. Als er das gesagt hatte, blies er sie an und sprach: Nehmet hin den Heiligen Geist. Welchen ihr die Sünden erlaßt, denen sind sie erlassen, welchen ihr sie behaltet, denen sind sie behalten.» – Eindeutig ist, daß Christus als der Auferstandene den Jüngern Vollmacht über die Sünden verleiht. Welcher Art diese Vollmacht ist, scheint in der gebräuchlichen Übersetzung: «behalten» – was verstanden wird als: nicht vergeben, in der Sünde belassen – doch nicht ganz vollständig wiedergegeben zu sein.[54] Das sehr krafterfüllte Verb legt eher den Sinn nahe: Denen ihr die Kraft gebt, die Sünden zu tragen, denen sollen sie erhalten bleiben. Da es sich um ein Wort der Aussendung handelt, geht es nicht um die Sünden der Jünger, sondern um die Sünden der Menschen im allgemeinen.

Als «Sohn des Menschen» hat Jesus Christus Vollmacht, Sünden zu vergeben auf Erden. Er überträgt diese Vollmacht auf die Apostel.

In den gleichen Zusammenhang gehört das Wort aus Matthäus 16, nachdem Petrus Jesus als Christus, Gottes Sohn, erkannt und benannt hat:

«Du bist Petrus und auf diesen Felsen will ich meine Gemeinde bauen und die Pforten der Hölle sollen sie nicht überwältigen. Ich will dir die Schlüssel des Himmelreichs geben: alles, was du auf Erden binden wirst, soll auch im Himmel gebunden sein und alles, was du auf Erden lösen wirst, soll auch im Himmel gelöst sein.» Für die katholische Kirche liegt in diesen Worten die Begründung für die Praxis der Beichte und das Lossprechen von den Sünden. Es könnte sehr wohl auch sein, daß damit eine Vollmacht angedeutet ist, die Christen insgesamt zukommt oder zukommen soll: Aus Sünden durch Verstehen, Vergeben, Weitertragen und Verwandeln Neues zu schaffen – Lebensweisheit, Toleranz und Menschenliebe, so wie Christus aus Schmerz, Leiden und Tod etwas Neues, die Wirklichkeit der Auferstehung, geschaffen hat. Der Zusammenhang mit dem Lebenshauch des Heiligen Geistes darf dabei nicht übersehen werden. Er erinnert an die Schöpfung des Menschen: Gott hauchte Adam seinen Atem ein, und so wurde der Mensch eine lebende Seele. Hier geht es nicht um Seele, sondern um Geist. Und der soll sich erweisen und bewähren an der Souveränität über die Sünden! Gottes Handeln war unerforschlich. Bedeutet die Vollmacht über die Sünden unter dem Anhauch des Heiligen Geistes, daß den Jüngern die Weisheit Gottes im Tragen und Gestalten der Schicksale zukommen soll?

Noch einmal ist im Matthäus-Evangelium vom Binden und Lösen auf Erden die Rede, das im Himmel Bestand hat (Kap. 18). Da fragt Petrus, wie oft Sünden vergeben werden müssen. Die Antwort lautet: «Nicht sieben Mal, sondern siebzig mal sieben Mal.» Aber die Kraft zur Vergebung ist eine höhere, sie kommt uns von Gott zu. Sie wird uns nur zuteil, wenn wir sie auch weitergeben, so im Vaterunser und auch im Gleichnis vom «Schalksknecht» (Mt 18, 23–35). So entsteht aus Vergebung Leben mit einer neuen Qualität. Dessen reines Urbild ist der Friede, der von dem Auferstandenen ausgeht: «Am Abend dieses ersten Tages der Woche, als die Jünger versammelt und die Türen des Hauses aus Furcht vor den Juden verschlossen waren, kam Jesus, trat in ihre Mitte und sprach zu ihnen: Friede sei mit euch. Und als er dies gesagt hatte, zeigte er ihnen seine Hände und seine Seite» (Joh 20, 18, 19).

Die religiöse Sehnsucht geht danach, daß Sünden vergeben werden können. Was heißt das? Aller Religion wohnt die Sehnsucht nach Klarheit, nach unvermischter Reinheit inne. Die Worte des Vaterunser

«… und erlöse uns von dem Bösen» sprechen die Sehnsucht nach einem Dasein aus, in dem das Böse keine Macht mehr über uns hat. Jegliche Vergebung von Sünden nährt diese Hoffnung.

Aus Selbsterkenntnis und Pädagogik wissen wir, daß wir aus Fehlern nur dann lernen, wenn wir sie als solche erkennen. Oftmals reicht aber die bloße Selbsterkenntnis dazu nicht aus. Erst durch das Eintreten von lästigen Folgen kommen wir zur rechten Einsicht, zum Beispiel bei «Sünden» gegen die Gesundheit (um ein harmloses Beispiel zu nehmen). Vergebung ist erst dann sinnvoll, wird erst dann gute Folgen haben, wenn gründliche Erkenntnis, vielleicht sogar Umkehr und Verwandlung des Wesens vorausgegangen ist. So kann man einem Menschen verzeihen, wenn man sicher sein kann, daß er das Üble seiner Handlung erkannt hat und bedauert. So geschieht es ja auch in der ernsthaften Beichtpraxis. Mit der christlichen Vollmacht über die Sünden ist die Hoffnung verbunden, daß ein höheres Gutes entstehen kann: Liebe aus Erkenntnis, wenn Sünden bewahrt und zur rechten Zeit auch vergeben werden. Zu den christlichen Mitteln für solches Wirken gehört die Souveränität, die uns die Bergpredigt zuspricht oder abverlangt, Böses nicht mit Bösem, sondern mit Gutem zu «vergelten» (Mt 5, 43f.). – Die Weisheit, die zwischen Bewahren der Sünden, zwischen Folgeneintretenlassen und Vergeben unterscheidet, war Gottes. Christus verheißt und übergibt den Aposteln diese Vollmacht. Die Schicksalsbildung geht damit von Gott – wenigstens teilweise – auf die Menschen über.

Auch wenn das Wort von der Vergebung an der folgenden Stelle nicht ausgesprochen ist, gehört sie doch in diesen Zusammenhang: das Gespräch mit den beiden «Schächern» am Kreuz. Der eine erwartet von dem Messias, wenn er es denn ist, daß er ihm vom Kreuze helfe. Das wird ihm verwiesen von dem anderen, der weiß, daß sie jeder eine gerechte Strafe erleiden. Weder der eine noch der andere wird in dem Sinne erlöst, daß sie von ihrem Leiden am Kreuz befreit werden, aber dem Einsichtigen wird die Aussicht auf Befreiung zu einer anderen, erhöhten Existenz zuteil (Lk 23, 43). – Das erweckt eine Ahnung davon, daß die gerechten und notwendigen Folgen einer Tat (Karma) und Erlösung nicht notwendig Gegensätze sein müssen. Das wären sie nur nach dem Denken des «schlechten» Schächers.

In den Ausführungen von Friedrich Rittelmeyer zu Johannes 9 wurde auf die alttestamentliche Anschauung der Vergeltung der Sünden der Väter an den Kindern hingewiesen. Es heißt in 2. Mose 20, 4f.: «Du sollst dir kein Bildnis noch irgendein Gleichnis machen, weder von dem, was oben im Himmel, noch von dem, was unten auf Erden, noch von dem, was im Wasser unter der Erde ist: Bete sie nicht an und diene ihnen nicht. Denn Ich, der Herr dein Gott, bin ein eifernder Gott, der die Missetat der Väter heimsucht bis ins dritte und vierte Glied an den Kindern derer, die mich hassen.» So steht es da. Man kann es einer Zeit zuordnen, in der die Schicksale der einzelnen Menschen eingebettet waren in die Schicksale der Familien und Sippen. Gruppenschicksale hatten in der älteren Zeit die größere Realität. Der Einzelne war dem eingeordnet wie das Glied eines Leibes in den Gesamtorganismus. Man kann auch darauf schauen, wie die Taten einer Generation Folgen für die nächste haben. Die Schicksale von Kriegs- und Nachkriegsgenerationen, das Schicksal der Menschheit angesichts der gegenwärtigen Umweltzerstörungen kann durch diese Sätze eine Beleuchtung erfahren. Aber das ist eigentlich banal. Als Ausdruck höherer Gerechtigkeit im individuellen Schicksal ist dieses Gesetz schlicht inakzeptabel. Unser Gerechtigkeitsempfinden fordert, daß denjenigen die «Heimsuchungen» treffen, der sie selbst verschuldet hat. Hier ist das Karmagesetz gerechter als die Gerechtigkeit Gottes.

An dieser Stelle seien zwei Gedanken aus der Anthroposophie hinzugezogen: In Rudolf Steiners «Theosophie»[55] wird entwickelt, daß jeder Mensch eine Art für sich ist. Das Tier stammt von seinen Vorfahren ab und ist durch diese bestimmt. Das Wesentliche eines Tieres ist beschrieben, wenn die Art beschrieben ist. Das Wesentliche eines Menschen ist nicht beschrieben, wenn Vater und Mutter, wenn die Vorfahren beschrieben sind. Der Mensch stammt von sich selbst ab. «In einem Leben erscheint der menschliche Geist als Wiederholung seiner selbst mit den Früchten seiner vorigen Erlebnisse in vorhergehenden Lebensläufen.»[56] In diesem Sinne bin ich Kind oder Kindeskind meiner vorherigen Inkarnationen.[57] – Zum anderen: Steiner hat in den Schilderungen karmischer Zusammenhänge von 1924[58] immer wieder dargestellt, wie Fähigkeiten und Schwächen durch Metamorphosen in drei Inkarnationen zusammenhängen: Aus freiem Verhalten in Interesse oder Desinteresse, die das Leben dauerhaft prägen, werden in einem zweiten Leben seelische Eigenschaften, die, wenn sie unverwandelt ausgelebt werden, sich in einem dritten Leben als körperliche Eigenarten manifestieren. Deren Auswirkungen haben dann natürlich auch ihre weiteren schicksalsmäßigen Folgen. In den Zehn Geboten ist von Folgen «bis ins dritte und vierte Glied» gesprochen. In der Anthroposophie begegnet eine Gesetzmäßigkeit mit demselben Maß. Ganz gewiß ist im Dekalog nicht von Karma in wiederholten Erdenleben gesprochen. Aber in der Anthroposophie ist in anderem Zusammenhang von einem Schicksal-bildenden Gesetz die Rede, das dasselbe Maß hat. Handelt es sich auch der Sache nach um ein verwandtes Gesetz?

Es soll hier nicht in den Text der Zehn Gebote etwas hineininterpretiert werden, was nicht darinnen steht. Es soll nur auf eine ähnliche Gesetzmäßigkeit in dem anderen Rahmen hingewiesen werden. Wenn damit auf dieselbe geistige Wirklichkeit gedeutet ist, müßte die Beziehung folgendermaßen gedacht werden: Die Verkündigung und Durchführung nach dem Zweiten Gebot wäre dann als Projektion oder Bild eines karmischen Gesetzes aufzufassen, das vor dem Zeitalter der Individualität sich in Gruppen- und Generationsschicksalen abbildete.

Weitere Stellen der Bibel, die vor dem Hintergrund des Karma gesehen konkreten Sinn erhalten, sind:

Der 90. Psalm beginnt: «Herr, Du bist unsere Zuflucht für und für. Ehe denn die Berge wurden und die Erde und die Welt geschaffen wurden, bist Du Gott von Ewigkeit zu Ewigkeit. Der Du die Menschen lässest sterben und sprichst: Kommt wieder, Menschenkinder. Denn tausend Jahre sind vor Dir wie der Tag, der eben vergangen ist, und wie eine Nachtwache.» Dem Wort sei eine Äußerung Steiners an die Seite gestellt, die sich wie eine direkte Verdeutlichung des Wortes von dem Tag und der Nachtwache ausnimmt. In der Regel, vielleicht mindestens, so heißt es, kommt man alle tausend Jahre zur Inkarnation auf die Erde. Das Erdenleben: der Tag; die Zeit nach dem Tod bis zum neuen Leben: die Nachtwache.

Bekannt ist das Gleichnis von den «anvertrauten Talenten» (Mt 25, 14f.). Das Wort Talent bezeichnete ein Gewicht, zumeist in Silber. Es ist eine Folge dieses Gleichnisses, daß jetzt «Talent» in der Bedeutung von

Begabung gebraucht wird. Die Frage liegt nahe, was für einen Sinn es im Zusammenhang des Gleichnisses machen würde, daß die guten und treuen Knechte, die ihre Talente gebraucht und vermehrt haben, mit weiteren begabt werden, wenn sie niemals Gelegenheit haben werden, diese auch anzuwenden. Sie müssen doch wieder in die Selbstverantwortlichkeit entlassen werden, um auch mit den neuen Talenten arbeiten zu können.

In der Bergpredigt ist zu lesen: «Vertrage dich mit deinem Gegner sogleich, solange du noch mit ihm auf dem Wege bist, damit dich der Gegner nicht dem Richter überantworte und der Richter dem Gerichtsdiener und du ins Gefängnis geworfen werdest. Wahrlich ich sage dir: Du wirst nicht herauskommen, bis du auch den letzten Heller bezahlt hast» (Mt 5,25f.). Man wird voraussetzen dürfen, daß Jesus die Gefängnisse seiner Zeit kannte und wußte, daß man als deren Insasse nicht in der Lage war, etwas zu verdienen, mit dem man Schulden hätte bezahlen können. Die einzige Möglichkeit, diese Rede so konkret ernst zu nehmen, wie sie überliefert ist, besteht darin, «solange du noch mit ihm auf dem Wege bist» zu beziehen auf: solange ihr beiden noch nicht gestorben seid. Denn dann treten die Konsequenzen ein. Solange man lebt, kann man den begangenen Taten noch durch Ausgleich mit dem «Gegner» einen anderen Geist geben. Wenn das nicht geschieht, wird man ihnen und dem Geschädigten gegenüber unfrei, an Tat und Geschädigten gebunden, was dann in späteren Schicksalsgestaltungen seinen Ausdruck findet. Aus unbereinigten menschlichen Beziehungen entstehen «karmische Bindungen», denen man unterworfen, denen gegenüber man unfrei ist.

Es ist wie bei dem Satz von den Vergeltungen in den Zehn Geboten: Biblische Wahrheiten erhalten konkreteren Sinn und Wahrheitsgehalt vor dem Hintergrund karmischer Gesetzmäßigkeiten. Und weil beides Wahrheit ist, kann es auch nicht anders sein.

In der Offenbarung des Johannes, die in theologischen Arbeiten kaum zitiert wird, aber auch zum christlichen Urbestand gehört, heißt es im Epilog: «Siehe, ich komme bald, und mein Lohn mit mir, einem jeden zu geben, wie seine Werke sind» (22,12). Wenn man es als direktes Christuswort auffassen will, heißt das, daß Christus sich am Ende mit dem Gesetz des Ausgleiches, wie es im Karma realisiert wird, identifiziert. Es ist nicht verwehrt, dies sowohl auf die karmischen Folgen auf Erden zu beziehen wie auch auf das große abschließende Gericht am «Ende der Tage» – dafür wäre dieses Wort sogar schwieriger zu verstehen.

Man hat sich daran gewöhnt, von einer Vergeltung der auf Erden begangenen Sünden «in Ewigkeit», nach dem Tod und auf Dauer zu sprechen. Ein modernes Gerechtigkeitsempfinden muß ewige Strafen für zeitliche Sünden ablehnen. Was heißt aber in diesem Zusammenhang «ewig»? Wenn der Blick nur bis zum Tode und einem nachfolgenden Gericht reicht und sich dahinter unausdeutbare Fernen befinden, in denen keine weiteren Veränderungen festzustellen sind, muß man zu der geschilderten Vorstellung von ewigen Strafen für zeitliche Sünden kommen. Wenn man aber weitere Veränderungen im nachtodlichen Dasein annehmen kann (siehe Kapitel VI.), bekommt auch das Wort Ewigkeit einen anderen Inhalt. Dann ist Ewigkeit das Dasein «in Gottes Hand», in erster Linie das nachtodliche Dasein mit der im höheren Lichte selbst erstrebten Läuterung und dem, was sich als Folgen daraus ergibt.

Zusammenfassend ist zu sagen: Von Reinkarnation steht fast nichts in der Bibel, von Folgen der Sünden, die den Täter wieder treffen, viel. Einige Stellen legen eine Interpretation im Sinne von Karma nahe. In der Spannung zwischen Bewahren und Vergeben verschiebt sich im Neuen Testament der Akzent deutlich zum Vergeben hin, aber die Spannung bleibt erhalten. Nebeneinander stehen zum Beispiel: «Alle Sünde und Lästerung wird den Menschen vergeben; aber die Lästerung gegen den Geist wird nicht vergeben» (Mt 12,31), und: «Siehe, ich komme bald und mein Lohn mit mir, einem jeden zu geben, wie seine Werke sind» (Offb 22,12). Dabei ist deutlich, daß Sünde bindet und zum Tod führt und Vergebung zum Leben befreit. Wir haben teil an dieser Spannung. Zwar sagt Paulus: «Es gibt nun keine Verdammnis für die, die in Christus Jesus sind. Denn das Gesetz des Geistes, der da lebendig macht, hat mich frei gemacht von dem Gesetz der Sünde und des Todes» (Röm 8,2). Aber er weiß auch, daß die Versuchungen nicht aufhören, wenn man Christ geworden ist.

Diese Spannung wird uns wieder begegnen, auch in der Wahrheit, daß wir von Schwächen geprägt, von Sünden und deren Folgen belastet und schon erlöst sind. Sie ist uns eingeschrieben in der Polarität von höherem und niederem Ich. Für die folgende Betrachtung müssen wir das Gebiet der Theologie vorübergehend verlassen.

V. Höheres und niederes Ich – eine notwendige Unterscheidung

A. Phänomene

Wir haben bisher das Verhältnis der beiden Anschauungen damit beschrieben, daß Reinkarnation und Karma als eine Erweiterung, einmaliges Leben als eine Konzentration und Verengung des Horizontes aufgefaßt werden können. Man kann die beiden Anschauungen auch verschiedenen Schichten im Menschen, der zeitlichen und der ewigen, zugeordnet finden. Dazu ist es notwendig, den Blick auf die menschliche Person und ihre Struktur zu richten.

Es geht um die sorgfältige Unterscheidung von gewöhnlicher Persönlichkeit und der Tiefenschicht, dem wahren Selbst, oder um die Unterscheidung zwischen niederem und höherem, wahrem Ich. In den Gebrauch der Worte ist Verwirrung gekommen. Die klassische Philosophie unterschied zwischen höherem Ich und niederem Selbst. Gelegentlich werden die beiden Worte Ich und Selbst mit umgekehrter Wertigkeit gebraucht. In Anlehnung an die Adjektive «selbstlos» gleich ohne Egoismus und «ichlos» gleich charakterlos, ohne inneren Halt und Zusammenhang, werde ich von «Ich» im Sinne von höherer Instanz und von «Selbst» oder Ego im Sinne von alltäglichem Selbstbewußtsein, oder von höherem und niederem Ich sprechen.

Diese Erweiterung der Grundlagen ist zur Vermeidung von Mißverständnissen notwendig. Die anthroposophischen Gesichtspunkte müssen mißverstanden werden, wenn diese beiden Bereiche nicht sorgfältig unterschieden werden. Viele Aussagen der Anthroposophie über den

Menschen beziehen sich in erster Linie auf das «höhere Ich», während in der Theologie vor allem sein Schatten, sein vergängliches Spiegelbild, das niedere Ich in den Blick genommen wird.[59]

Erich Fromm hat in seinem Buch «Haben oder Sein»[60] die Existenzweise aus dem niederen Ich als Habenmodus charakterisiert und einer Analyse der gegenwärtigen Kultur oder Unkultur zugrunde gelegt. Er stellt ihr den Seinsmodus gegenüber, dem höheren Ich verwandt und abgelesen, dem alle Ansätze zu einer Überwindung der Krise der Kultur und der Persönlichkeit entspringen. Ohne auf die Anthroposophie Bezug zu nehmen, führt Fromm damit einen Ansatz aus, dem in Steiners Menschenbild und Geschichtsbetrachtung grundlegende Bedeutung zukommt.

Für die Bestimmung des Begriffes «Ich» ist es wichtig, das Ich nie nur als Zentrum, als isolierten Kern zu betrachten, sondern es immer im Zusammenhang mit der Seele zu sehen: «Das Ich als Seelenkern» (Steiner). Es ist immer eingehüllt in seelische Fähigkeiten, Eigenarten, eigene Verhaltensweisen oder solche, mit denen man sich identifiziert. Verborgen in sich trägt es die Fülle der karmischen Vergangenheit. Das gilt mit Unterschieden sowohl für das höhere wie für das niedere Ich. Im Unterschied zum Tier ist die menschliche Seele dadurch charakterisiert, daß sie einen solchen empfindlichen Kern in sich trägt. Unsere Subjektivität ist immer durch Ich und Seele definiert, während Tiere nur instinktgesteuerte seelische Reaktionen zeigen und nicht als Personen wirken, die ihr Zentrum in sich tragen, sondern als Exemplare einer Art oder Rasse.

Jeder kennt in seinem Umkreis Menschen mit einem starken Selbstbewußtsein, kräftiger Präsenz. Man nennt sie starke Persönlichkeiten. Sie bringen ihre Ansichten zur Geltung und man hört auf sie. (Viele von ihnen sind im Sternzeichen des Löwen geboren, für den es selbstverständlich ist, ein Revier zu haben, in dem er herrscht.)

Das beste Bild davon hat man vor sich, wenn man sich einen Handwerksmeister bei der Arbeit vorstellt. Die Handgriffe sind sicher. Er gebraucht die Werkzeuge wie Verlängerungen und Spezialisierungen seiner Hände, und das Material gehorcht ihm. Es gibt Aufgaben, Anforderungen. Er bewältigt sie, ist ihnen gewachsen oder wächst mit ihnen, wenn sie schwierig sind. Besondere Befriedigung entsteht, wenn dabei etwas geschaffen wird, das angeschaut und vorgezeigt werden kann. Zu dem Bild des Meisters gehört, daß er seine Werkstatt hat, Gesellen, die nach seinen Angaben und unter seiner Verantwortung arbeiten, und Lehrlinge, die er ausbildet. Der Meister braucht eine dauernd wache Selbstkontrolle. Wenn sein Gewerbe gefragt und er selber tüchtig ist, bildet sich Wohlstand bei ihm im Laufe der Zeit. Man sieht, wie diesem Bild von Könnerschaft und Sicherheit die Tendenz zur Steigerung innewohnt.

Es hat Zeiten gegeben, in denen dieser Berufsstand das Wirtschaftsleben trug und beherrschte. Die Entwicklung ist darüber hinausgegangen. Der Meister ist aber ein Urbild geblieben. Jeder Mensch möchte in seinem Leben etwas von diesem Charakter haben. Auf irgendeinem Gebiet möchte man Könnerschaft, Sicherheit in der eigenen Tätigkeit und Eigenverantwortlichkeit, vielleicht auch Originalität sein eigen nennen.

«Volk und Knecht und Überwinder,
Sie gestehn zu jeder Zeit:
Höchstes Glück der Erdenkinder
Sei nur die Persönlichkeit.»[61] Goethe

Diese Kraft der Persönlichkeit bildet sich in gesunder Weise durch Arbeit. In ihr sammelt sich die Lebenserfahrung, die Prägung von Erlebnissen, Erfolgen, Kämpfen und Niederlagen. Das Ich in diesem allgemeinen Sinne ist der Träger der Biographie. Starke Persönlichkeiten sind dadurch charakterisiert, daß sie ihrem Denken und Handeln, ihren Überzeugungen einen individuellen Charakter zu geben vermögen. Jeder Mensch nimmt in der Erziehung und aus der Umgebung fremde Prägungen auf, die im Laufe des Erwachsenwerdens abgestoßen oder integriert werden müssen. Die Probleme sind bekannt, die durch das Gefühl der Fremdbestimmtheit entstehen.

«In jedem Menschen lebt ein Bild, dess' was er werden soll;
Solang er dies nicht hat, ist nicht sein Friede voll.»[62] Rückert

Dieses Bild wird in der Jugend von Idealen genährt und verdeutlicht, die man sich selbst vorsetzt, vorübergehend kann es von Idolen besetzt werden, aber im Grunde ruht es in jedem Menschen als individueller Schatz.

Die Liebe zu einem Menschen kann das Bild, von dem Rückert spricht, dem Liebenden geistig sichtbar machen.

Man muß im Menschen Schichten oder Niveaus unterscheiden. Man kann beobachten – an sich selbst und bei anderen –, daß es ein Zentrum der Persönlichkeit gibt, das im normalen Leben von Tag zu Tag agiert, und eine zumeist verborgene Instanz in der Tiefe, die geahnt wird, aber nur in seltenen Augenblicken in Erscheinung tritt. Bleiben wir zunächst bei den alltäglichen Verhältnissen. Das Zentrum ist umgeben von mehr oder weniger empfindlichen Seelenschichten, die sehr schnell bereit sind, alles zu bekämpfen, was der Selbstachtung, dem Gefühl der Souveränität Abbruch tun könnte. Eine reife Persönlichkeit, deren besseres Ich aktiv ist, wird solche Augenblicke als Möglichkeiten der Selbstkorrektur begrüßen. Im allgemeinen reagiert man aber mit Angst und Aggressivität, wenn das Gefühl entsteht: Das könnte mein Ansehen mindern, mein Selbstwertgefühl untergraben. Es handelt sich um sehr subjektive, im wahren Sinne des Wortes intime Bereiche, die angesprochen werden und sich aktivieren. Oft muß man bemerken, daß sich plötzlich auch halb oder ganz Unterbewußtes regt, wenn das Selbstwertgefühl angetastet wird. Man verteidigt sich sofort mit allen Mitteln. Viele ernste Auseinandersetzungen zwischen Menschen entstehen aus dieser Angst. Das Selbstwertgefühl braucht Stützen. In der Erinnerung werden beschämende Erlebnisse halbbewußt und doch planmäßig unterbelichtet, glänzende Augenblicke noch nachträglich immer wieder genossen. Das Selbst umgibt sich mit Sicherungen von Besitz, Ansehen, Erfolg und identifiziert sich mit ihnen.

«Wenn ich sechs Hengste zahlen kann,
Sind ihre Kräfte nicht die meine?
Ich renne zu und bin ein rechter Mann,
Als hätt' ich vierundzwanzig Beine»[63]

läßt Goethe Mephisto sagen. (Heute handelt es sich eher um – viel mehr – PS). Die Neigung, sich mit dem zu identifizieren, was man besitzt, ist ein oftmals unersättlicher Trieb.

Es sei gestattet, ein Gegenbeispiel zu nennen: Rudolf Frieling[64] war ein Riese in bezug auf das, was er von sich verlangte, und dazu ein äußerst bescheidener Mensch. Wenn man ihn in Vorträgen oder Kursen sprechen hörte, erlebte man eine klare und weite, wach und zart empfindende Seele, die Wahrheit und Gnaden kannte und auch die Schwächen – und alles dies sensibel beobachtet von einer Instanz außerhalb der Seele. Man hatte in seinen Vorträgen fortwährend erhellende Selbstbegegnungen. So sind seine Bücher[65] eine hohe Schule der Selbsterkenntnis und der Frömmigkeit. Aber wenn er etwas durchsetzen wollte, konnte das durchaus auch mißlingen. Bei einer nachmittäglichen Teestunde nahm er mehrere Löffelchen Zucker zu seinem Tee. Auf Miene oder Wort eines Anwesenden antwortete er mit kleinem Lächeln: «Das brauche ich zur Stärkung meines niederen Ich. Das ist diesmalig etwas mangelhaft ausgefallen.» – Damit dürfte die Charakterisierung des niederen und des höheren Ich deutlich genug sein.

Zu dem höheren Ich bildet das niedere eine echte Polarität. Beide sind aufeinander bezogen, es gibt Gegensätze und Übergänge. Das wahre Ich eines Menschen kann in einem Wort, in einer Tat von existentieller Bedeutung blitzartig erscheinen. Wer sich unter Selbstverleugnung und Hintansetzung persönlicher Vorteile einer überpersönlichen Aufgabe zur Verfügung stellt, aktiviert höhere Kräfte. Das kann eine individuell gefühlte und innerlich gewußte Lebensaufgabe sein. Es kann sich auch um Aufgaben handeln, zu der sich mehrere Menschen zusammenschließen. Das gewöhnliche Selbstbewußtsein hat seine Stützen in dem, was es sich errungen hat, und möchte dieses sichern. Es fragt: «Was brauche ich zum Leben?» Dem höheren Ich ist man nahe mit der Frage: «Wofür lebe ich, was sind meine Aufgaben, meine Verpflichtungen, was bin ich mir und anderen schuldig?» In diesem Sinne ist es eng verbunden mit dem Gewissen, insofern es wirklich persönlich ist und nicht überformt von gesellschaftlichen Normen. Um seinen Forderungen nachzukommen, muß man nicht selten den gewöhnlichen und nahen Bedürfnissen zuwider handeln, auf ihre Befriedigung verzichten. Es gibt eben auch den Gegensatz zwischen Ich und Selbst. Erich Fromms Buch heißt: «Haben *oder* Sein».

Jeder Mensch hat beide Seiten in sich. Unterschiedliche Strebungen in der Seele sind nicht gemeint. Die gibt es auch. Hier fragen wir nach dem Kern der Seele, dem Wesen, das in sich ruht und zugleich in lebendiger Beziehung steht zu anderen Wesen und Kräften. Man kann den

Begriff des Ich nicht erfassen ohne das Moment der Identifizierung. Es ist Zentrum je eines individuellen Umkreises, den es auf sich bezieht: das niedere Ich braucht Ansehen, Besitz, Geltung, Macht; das höhere Ich ist verbunden mit Zielen, für die es sich einzusetzen lohnt. Das Ego ist der Kern der Seele. Das höhere Ich ist individueller Geist von der Art des Feuers, das kein Gegenstand, sondern ein Prozeß ist. Es trägt die Gewißheit in sich, daß das eigene Dasein von Sinn erfüllt ist. Während das niedere Ich den Regungen der Seele unterworfen ist, möchte das höhere Ich die Seele ordnen und lenken. Das mythologische Bild dafür ist das des Reiters auf dem Pferd. Es verwirklicht sich durch Tätigkeit, ist nur in geistesgegenwärtiger Aktion anwesend. Die Tätigkeit kann auch in der Seele stattfinden, in Übungen der Konzentration und Meditation.

Es ist ein besonders hochstehendes Glückserlebnis, wenn man selbstvergessen in einer guten und sinnvollen Arbeit tätig sein kann. Dieses Glück kann auch in künstlerischer Tätigkeit, in geistig-schöpferischer Aktivität erfahren werden. Je größer der Einsatz und das harmonische Zusammenwirken verschiedener Kräfte, geistig, seelisch und körperlich, um so stärker das Erlebnis. Zumeist merkt man es aber erst im nachhinein, wenn man auf so einen erfüllten Moment zurückschaut. Tätigkeit, Hingabe ist das Wesen des höheren Ich.

Das höhere Ich bleibt eigentlich uns überschwebend in der geistigen Welt und tritt nur in Tätigkeit in die Seele ein. Es trägt die Bestimmung in sich, die ganze Seele zu durchdringen, den Leib zu beherrschen. Deshalb ist der Handwerksmeister ein gutes Bild für das Zusammenwirken beider Instanzen. In seiner Doppelheit ist das Ich Kern der Seele. Das niedere Ich ist eingehüllt in Selbstgefühl und vielerlei Empfindlichkeiten. Das niedere Ich weiß, daß es *sein* sollte und doch nur Schein ist. Nach Steiners Beschreibungen ist es ein Schatten, eine Spiegelung des höheren Ich. Der Spiegel ist der Leib und die leibgebundenen Bereiche der Seele. Aber ihm eignet die Präsenz, Anwesenheit in Raum und Zeit, der Vorrat des in diesem Leben Geleisteten, die Lebenserfahrung. Dem höheren Ich eignet die Selbständigkeit gegenüber der Seele, die Wahrhaftigkeit und die Fähigkeit, Antriebe zum Handeln nur aus sich selbst zu schöpfen. Es ist moralischer Natur und weiß sich verbunden mit freiwillig anerkannten höheren Werten, mit denen es sich identifiziert. Das niedere Ich ist immer Mittelpunkt. Das höhere Ich spricht aus den Tatsachen des Schicksals. Sein Wille und der Wille des Schicksals sind identisch. Es möchte die Seele mit eigenen Impulsen durchdringen. Die Seele soll zum selbstlosen Mittel der Welterfahrung werden, das Innere offenbarend. Wenn Maria auf die Verkündigung des Engels antwortet: «Siehe, ich bin des Herren Magd, mir geschehe, wie du gesagt hast» (Lk 1,38), ist sie ein Symbol dieser reinen Seelenart.

Diese allgemeine Charakterisierung der innermenschlichen Polarität wird durch die folgenden Zeugen deutlicher werden.

B. Einige Zeugen

Friedrich *Schiller* hat das Geheimnis so beschrieben: «Jeder individuelle Mensch, kann man sagen, trägt, der Anlage und Bestimmung nach, einen reinen, idealischen Menschen in sich, mit dessen unveränderlicher Ein heit in allen seinen Abwechselungen übereinzustimmen, die große Aufgabe seines Daseins ist.»[66] Worauf die Anmerkung folgt: «Ich beziehe mich hier auf eine kürzlich erschienene Schrift: ‹Vorlesungen über die Bestimmung des Gelehrten› von meinem Freund Fichte, wo sich eine sehr lichtvolle und noch nie auf diesem Wege versuchte Ableitung dieses Satzes findet.» Für diesen «reinen, idealischen Menschen» ist auch der Ausdruck Entelechie gebraucht worden: das Wesen, das sein Ziel in sich trägt (von griechisch télos, Ziel). Schiller war sich der christlichen Natur seines Ideals wohl bewußt. Unter dem 17. August 1795 schrieb er an Goethe: «Ich finde in der christlichen Religion virtualiter die Anlage zu dem Höchsten und Edelsten, und die verschiedenen Erscheinungen derselben im Leben erscheinen mir bloß deswegen so widrig und abgeschmackt, weil sie verfehlte Darstellungen dieses Höchsten sind. Hält man sich an den eigentümlichen Charakterzug des Christentums, der es von allen monotheistischen Religionen unterscheidet, so liegt er in nichts anderem als in der Aufhebung des Gesetzes oder des kantischen Imperativs, an dessen Stelle das Christentum eine freie Neigung gesetzt haben will. Es ist also in seiner reinen Form Darstellung schöner Sittlichkeit oder der Menschwerdung des Heiligen, und in diesem Sinne die einzige ästhetische Religion.» Und sein Freund verstand ihn. Nach Schillers Tod schrieb er an Zelter: «Schillern war eben diese echte Christus-Tendenz eingeboren; er berührte nichts Gemeines, ohne es zu veredeln.»[67]

Fichte erlebte und schilderte das höhere Ich in seiner Kraft und in seinem Ewigkeitscharakter. Er ruft alle Naturgewalten gegen sich auf: «Ich hebe mein Haupt kühn empor zu dem drohenden Felsengebirge und zu dem tobenden Wassersturz und zu den krachenden, in einem Feuermeere schwimmenden Wolken und sage: Ich bin ewig, und ich trotze eurer Macht! Brecht alle herab auf mich, und du Erde und du Himmel, vermischt euch in wildem Tumulte, und ihr Elemente alle, schäumet und tobet und zerreibt in wildem Kampfe das letzte Sonnenstäubchen des Körpers, den ich mein nenne; – mein Wille allein mit seinem festen Plan soll kühn und kalt über den Trümmern des Weltalls schweben; denn ich habe meine Bestimmung ergriffen, und die ist dauernder als ihr; sie ist ewig und ich bin ewig wie sie.»[68] Das ist im Hinblick auf die Naturgewalten gesagt und statuiert die Überlegenheit des menschlichen Geistes über alle vergängliche Natur, auch die des eigenen Leibes. Diesem Rausch des Selbsterlebnisses ist ein selbstherrlicher Zug nicht abzusprechen. Es versteht sich von selbst, daß auch das Hochgefühl von ewiger Individualität nur dann gesund ist, wenn es sich einer göttlichen Autorität verdanken kann.

Von *Goethe* sei folgende Ergänzung hinzugefügt. J.D. Falk berichtet von einem Gespräch mit ihm am Tage der Beisetzung Wielands: «Ich würde mich so wenig wundern, daß ich es sogar meinen Ansichten völlig gemäß finden müßte, wenn ich einst diesem Wieland als einer Weltmonade[69], als einem Stern erster Größe nach Jahrtausenden wieder begegnete und sähe und Zeuge davon wäre, wie er mit seinem lieblichen Lichte alles ... erquickte und aufheiterte ..., wie denn überhaupt, sobald man die Ewigkeit dieses Weltzustandes denkt, sich für Monaden durchaus keine andere Bestimmung annehmen läßt, als daß sie ewig auch ihrerseits an den Freuden der Götter als selig mitschaffende Kräfte teilnehmen. Das Werden der Schöpfung ist ihnen anvertraut. Gerufen oder ungerufen, sie kommen von selbst auf allen Wegen, von allen Bergen, aus allen Sternen; wer mag sie aufhalten? Ich bin gewiß, wie Sie mich hier sehen, schon tausendmal da gewesen und hoffe wohl noch tausendmal wiederzukommen.»[70] – Der Achtzigjährige bekennt gegenüber Eckermann: «Die Überzeugung unserer Fortdauer entspringt mir aus dem Begriff der Tätigkeit; denn wenn ich bis ans Ende rastlos wirke, so ist die Natur verpflichtet, mir eine andere Form des Daseins anzuweisen, wenn die jetzige meinen Geist nicht ferner auszuhalten vermag.»

An Zelter schreibt er in einem Trostbrief am 19. März 1827 nach dem Tod von dessen Sohn: «Wirken wir fort, bis wir, vor oder nacheinander, vom Weltgeist berufen, in den Äther zurückkehren! Möge dann der ewig Lebendige uns neue Tätigkeiten, denen analog, in welchen wir uns schon erprobt, nicht versagen! Fügt er sodann Erinnerung und Nachgefühl des

Rechten und Guten, was wir hier schon gewollt und geleistet, väterlich hinzu, so würden wir gewiß nur desto rascher in die Kämme des Weltgetriebes eingreifen. Die entelechische Monade muß sich nur in rastloser Tätigkeit erhalten; wird ihr diese zur andern Natur, so kann es ihr in Ewigkeit nicht an Beschäftigung fehlen.»[71] Hier wird der Zusammenhang der Themen: wahres Ich und Reinkarnation deutlich.

Wunderbar zarte Schilderungen der Ich-Verhältnisse findet man bei Jacques *Lusseyran*[72]. In dem Vortrag «Gegen die Verschmutzung des Ich»[73], der fertig vorlag, als er bei einem Verkehrsunfall starb, heißt es, nachdem er ausführlich von dem Ego gesprochen hatte:

«Die Werbefachleute haben sich des Ego bemächtigt. Ihre ganze Arbeit besteht darin, sich einzelner Launen zu bemächtigen, sobald diese bei einer genügenden Anzahl von Kunden auftreten, um daraus moralische Wahrheiten, schickliche und achtenswerte Verhaltensweisen zu machen.

Aber allesamt vergessen sie, daß das Ego nicht das Ich ist, sondern die flüchtige, schillernde, augenblickswillkürliche Oberfläche des Ich, und daß man das Ich tötet, wenn man dem Ego alle Rechte einräumt.

Ich habe es Ihnen schon gesagt. Das Ich ist zerbrechlich. Es ist in jedem von uns nicht einmal etwas, was wir wirklich besitzen, eine fest umrissene Anzahl von Fähigkeiten, auf die wir mit Stolz große Stücke halten könnten. Es ist wie ein Impuls, eine Art von Schwung. Es ist eine Kraft, die ihrer Geburt noch ganz nahe steht. Es ist eine Verheißung, ja so möchte ich es ausdrücken, die dem Menschen gegeben ist, daß er eines Tages sein wird wie das Universum, daß er eines Tages die Welt mit hellwach geöffneten Augen wird anschauen können, daß ein Ordnungsbezug, eine notwendige Beziehung zwischen ihm und dieser Welt besteht. Kurz, das Ich, es ist noch so wenig, daß gleichsam ein Nichts genügt, um es uns wegzunehmen. Und nun muß ich sehen, daß man es bekämpft.

Sprechen wir von dem Ich, dem echten. Versuchen wir es. Was ich das Ich nenne, das ist diese Bewegung, dieser Impuls, der mir erlaubt, mich der vier Elemente zu bedienen, dieser Erde, auf der ich lebe, aber auch meiner Intelligenz und meiner Gemütsbewegungen, sogar meiner Träume. Es ist eigentlich eine Kraft, die mir eine Macht verleiht, die mir keine andere gibt: Nämlich die, daß ich, um zu leben, nicht warten muß, bis das äußere Leben zu mir kommt. Das Ego braucht die Dinge, die größtmögliche Zahl der Dinge (ob sie sich Geld, Geltung, Herrschaft, Beifall oder Belohnung nennen). Das Ich fragt nicht danach. Wenn es da ist, wenn es an der Arbeit ist, dann setzt es eine eigene Welt der anderen, dieser Welt der Dinge entgegen. Das Ich ist der Reichtum inmitten der Armut; es ist das Interesse, wenn alles um uns herum sich langweilt. Es ist die Hoffnung, auch wenn alle objektiven Chancen zu hoffen verschwunden sind. Aus ihm stammt die ganze Erfindungswelt der Menschen. Und schließlich ist es das, was uns übrig bleibt, wenn uns alles andere entzogen ist, wenn uns gar nichts mehr von außen zukommt und unsere Kräfte doch genügend groß sind, um diese Leere zu überwinden … Das Ich ernährt sich ausschließlich durch die Bewegungen, die es selbst macht.»

Zusammenfassung der beiden letzten Abschnitte

Das Thema Ich ist so individuell, daß es sinnvoll erschien, das Phänomen durch persönliche Aussagen zu beschreiben. Die Aussagen könnten vermehrt werden, aber in allen Verschiedenheiten wurden wesentliche gemeinsame Grundzüge deutlich.

Ich und Selbst machen zusammen den Kern des Menschen aus. Es gibt zwischen ihnen Zusammenhang und Polarität. Das Ego ist durch seine Eigenbezüglichkeit ein Gefängnis. Es ist eigentlich der Knecht, der im Haushalt notwendig ist, der sich aber immer zum Herrn machen möchte. Nach Steiner entsteht es als Spiegelung des höheren Ich am irdischen Leib. Das Wort Spiegelung läßt an ein Bild denken, aber das wäre zu schwach. Es ist selbst auch Kraft, empfindendes Zentrum, aber mit dem Charakter des Scheins. Deshalb saugt es mit magischer Macht Gegenstände und Werte an sich und trachtet danach, sich durch sie zu stärken. Auch Menschen versucht es dem eigenen Sein einzugliedern, indem es sie zu Instrumenten des eigenen Willens macht.

Zusammenfassung – die Polarität des niederen und des höheren Ich:

Das gewöhnliche Ich	*Das höhere Ich*
ist sich seiner selbst bewußt, überschaut die Einzelheiten	ist zumeist unbewußt, ahnt, daß es viel mehr in sich hat, als es weiß
hat Konstanz in der Zeit	vermittelt das Gefühl, der Ewigkeit anzugehören
identifiziert sich mit dem eigenen Leib	lebt im Umkreis, sein Wille ist der des Schicksals
gehört der Erdenwelt an	gehört der Geisteswelt an
ist gebunden an seelische Kräfte	kann sich der Seele erlebend gegenüberstellen
setzt im Zweifelsfall Erfolg über Moral	als Gewissen hat es Moralität in sich
ist Mittelpunkt, auf den es alles bezieht	ist Zentrum, das tätig sein will
Ansehen, Besitz, Tüchtigkeit	ist schöpferisch
muß sich seiner selbst fortwährend vergewissern	ruht in sich, ihm eignet die Qualität, zu sein
es muß siegen, Niederlagen vermindern es	kann Leiden ertragen, wenn es weiß, warum und wofür
seine Stärke ist Selbstbehauptung	kann gerade durch Selbstverleugnung stark sein
es will immer mehr	es will wachsen und reifen
ist Mittelpunkt der Biographie	trägt die Begabungen
ihm entspricht die Überzeugung: mit dem Tode ist alles aus.	wenn es erwacht, ahnt es höhere Welten, denen es sich zugehörig weiß, Tod ist ihm Heimkehr.

In der Seele gibt es in jedem Augenblick einen lebendigen Antagonismus zwischen den Kräften des niederen und des höheren Ich, Materialisten wissen nur von ersterem, Zyniker, Machtmenschen und die Werbebranche bekämpfen das letztere.

C. Der religiöse Hintergrund

Die Perspektive muß erweitert werden: Dieses Hauptthema unserer Existenz hat selbstverständlich auch einen religiösen Hintergrund.

In der «Theologia deutsch» – einer spätmittelalterlichen mystischen Schrift[74] – heißt es im zweiten und dritten Kapitel: «Schrift und Glaube und Wahrheit sprechen: Sünde sei nichts anderes, dann daß sich die Kreatur abkehre von dem unwandelbaren Gut und kehre zu dem wandelbaren. Das ist, daß sie sich kehre vom Vollkommenen zum Stückwerk und Unvollkommenen und allermeist zu sich selber. Nun merk: Wenn die Kreatur etwas Gutes sich selbst zumißt, wie Wesen, Leben, Wissen, Erkenntnis, Können, kurzum all das, was man gut nennen muß, so als ob sie das sei oder habe, als ob es ihr zugehöre oder aus ihr komme, so kehrt sie sich ab. Was tut der Teufel anders? Was anders war bei ihm Fall und Abkehr, als daß er sich anmaßte, er wäre auch etwas und ein Wer sein und ein eigen haben wollte. Dieses sein Annehmen und sein ‹Ich› und ‹Mich›, sein ‹Mir› und ‹Mein›, das war sein Abkehren und sein Fall. Und so ist er noch.

Was tat Adam anders denn auch dasselbe? Man sagt: Darum, daß Adam den Apfel aß, wäre er verdorben und gefallen. Ich sage: es kam von dem Anmaßen, seinem ‹Ich›, ‹Mich›, seinem ‹Mir› und ‹Mein› und dergleichen. Hätt er sieben Äpfel gegessen und wäre das Anmaßen nicht gewesen, er wäre nicht gefallen. Aber da das Anmaßen geschah, da war er gefallen und hätt er nie in einen Apfel gebissen.»

Das ist eine harte Kost für unser Persönlichkeitsgefühl, für dieses «höchste Glück der Erdenkinder». Natürlich kannte Goethe auch die Sicht aus höherer Perspektive, heißt es doch:

«Der kleine Gott der Welt bleibt stets von gleichem Schlag,
Und ist so wunderlich als wie am ersten Tag.
Ein wenig besser würd' er leben,
Hätt'st du ihm nicht den Schein des Himmelslichts gegeben:
Er nennt's Vernunft und braucht's allein,
Nur tierischer als jedes Tier zu sein.»[75]

Aber es gibt nicht nur diese Diagnose. Es gibt auch Ansätze zu einer Heilung der Impulse des niederen Ich. Sie ist in den Gesetzen gegeben, die in allen Kulturen als überpersönliche Ordnungen den egoistischen Bestrebungen des Einzelnen Grenzen setzen. Betrachten wir im Alten Testament die Zehn Gebote: Es ist bewegend, zu entdecken, daß in ihrem zweiten Teil die Elemente, auf die sich die «Persönlichkeit», das niedere Ich, stützt, unter Schutz gestellt werden: Die Unverletzlichkeit des Lebens, des Familienstandes, des Besitzes, des rechten Ansehens. Sogar das Begehren der Seele nach dem gesellschaftlichen Status des Nächsten und nach dessen Besitz wird geächtet. Das erweckt den Anschein, als ob Gott die Entwicklung der Persönlichkeit auf der Erde, die von dem Versucher eingeleitet und beeinflußt ist, nun nachträglich doch sanktioniere, dies allerdings erst, nachdem in den ersten Geboten der Mensch unter die Autorität des göttlichen Ich-Bin gestellt wurde.[76]

Es ist leicht beobachtbar, daß nur derjenige eine gesunde Autorität besitzt, der allgemeine Normen, höhere Werte, im besten Fall Gott und seinen Willen über sich anerkennt. Das setzt aber eine innere Freiheit des Ich gegenüber der Seele mit ihren vermischten Strebungen voraus. Im moralischen Streben, in jeder Selbstüberwindung erzeugt das Ich diese Freiheit. Wo diese fehlt oder schwach ist, tritt statt guter Autorität autoritäres Verhalten ein. Aber auch die besten und stärksten Gesetze können das Problem des Egoismus, der konstitutiv mit dem niederen Ich verbunden ist, nicht lösen. «Es wurde durch das Gesetz zur Sünde nur das Bewußtsein von der Sünde hinzugefügt», sagt Paulus (Röm 3,20, Übersetzung E. Bock). Ein anderer Ansatz mußte kommen, wenn die Menschheit nicht völlig untergehen sollte. Und dieser besteht darin, daß auf Erden zu dem irdischen Ich durch Jesus Christus der Charakter der gottgewollten Individualität hinzugefügt wird. Diese Gnade ist jedem Menschen zugedacht, aber sie muß individuell angeeignet werden.

In der christlichen Theologie ist der Sündencharakter des Erdenmenschen natürlich gut bekannt. Kaum oder selten wird dagegen gesehen und gewürdigt, daß es auch eine menschliche Größe gibt, die in den Himmeln anerkannt wird. Die Theologen schreiben alles Böse dem Menschen und alles Gute Gott zu, aber es gibt in der Bibel auch die Bestätigung des Menschen als eines im Himmel anerkannten Wesens. Dieses ist verbunden mit dem Motiv des Namens.

Die siebzig Jünger, die von Christus vorausgesandt waren, vorbereitend in seinem Namen zu wirken, kehrten voller Freude zu ihm zurück: «Herr, in Deinem Namen sind uns auch die bösen Geister untertan. Er antwortete: Ich habe den Satan geschaut, der wie ein Blitz aus dem Himmel stürzte ... Ihr sollt euch aber nicht darüber freuen, daß euch die bösen Geister untertan sind. Freuet euch vielmehr darüber, daß eure Namen in den Himmeln geschrieben sind» (Lk 10; 17,18,20). «Wer überwindet, dem will ich geben von dem verborgenen Manna, und ich will ihm geben einen weißen Stein; und auf dem Stein ist ein neuer Name geschrieben, den niemand erkennt als der, der ihn empfängt» (Offb 2,17). – Es dürfte sehr schwer fallen, dieses wörtlich zu nehmen und diesen Namen, den der Überwinder von Christus empfängt, auf etwas anderes zu beziehen als auf den Namen «Ich» im Sinne des höheren Ich. Niemand kann sich diesen Namen machen. Das ist nur mit dem irdischen Namen möglich. Den himmlischen kann man nur empfangen. «Wer überwindet, der soll mit weißen Gewändern bekleidet werden, und ich will seinen Namen nicht austilgen aus dem Buche des Lebens. Ich will seinen Namen aussprechen vor meinem Gott und seinen Engeln» (Offb 3,5). Das erweckt die Vorstellung, als ob Christus alle Menschen im Bewußtsein habe, was zusammengefaßt erscheint im Buche des Lebens, und daß die Gefahr besteht, daß die Menschen ihr ewiges Sein verlieren könnten. Der Name würde ausgelöscht werden, wenn sich die Menschen nicht so verhalten, daß Christus sich vor Gott zu ihnen bekennen kann.

In der Offenbarung des Johannes ist die ganze Gefährdung und Erlösung des Menschen angeknüpft an das Motiv des Namens. Im Sendschreiben an die Gemeinde in Philadelphia wird ihm ein «Ordnungsbezug»[77] zur ganzen höheren und zukünftigen Welt verheißen: «Wer überwindet, den will ich zu einem Pfeiler im Tempel meines Gottes machen und er soll nicht mehr hinausgehen, und ich will auf ihn schreiben den Namen meines Vaters und den Namen des neuen Jerusalem, der Stadt meines Gottes, die vom Himmel herniederkommt von meinem Gott, und meinen Namen, den neuen» (Offb 3,12).

Im Alten Testament steht das oft zitierte Wort: «Fürchte dich nicht, denn ich habe dich erlöst; ich habe dich bei deinem Namen gerufen; du bist mein» (Jes 43,1). Aber da bezieht es sich auf das ganze Volk Israel, auf das Haus Jakob. Im Christentum erscheint der Name mit der Individualität verbunden. Es sind Einzelne, die den Namen empfangen, und dieser ist zugleich der Name Christi: «... und meinen Namen, den neuen.»

Steiner formulierte schon am Anfang des Jahrhunderts: «... wenn die menschliche Seele diejenigen Kräfte in sich ausbildet, durch welche sie zur Erkenntnis ihres wahren Selbst gelangt, so wird sie, wenn sie nur weit genug geht, auch zur Erkenntnis des Christus und alles dessen kommen, was mit ihm zusammenhängt.»[78]

Damit das Bild annähernd vollständig wird, sei angefügt, daß der Glaube an den gottgesandten Sohn nach dem Johannes-Evangelium der Anfang des ewigen Lebens ist. «Denn Gott hat den Sohn nicht in die Welt gesandt, daß er die Welt richte, sondern daß die Welt durch ihn gerettet werde. Wer an ihn glaubt, wird nicht gerichtet; wer aber nicht glaubt, der ist schon gerichtet, denn er glaubt nicht an den Namen des eingeborenen Sohnes Gottes. Das ist aber das Gericht, daß das Licht in die Welt gekommen ist und die Menschen die Finsternis mehr liebten als das Licht» (Joh 3,17f.). In diesem Sinne glauben kann nur heißen, etwas von dem Wesen Christi in sich aufzunehmen. Dann vollzieht sich das Gericht im Menschen selbst.

Anhand der Offenbarung des Johannes haben wir gesehen, daß Christus den Menschen seinen Namen gibt, seinen eigenen, der dann der Name dessen ist, der ihn empfängt. Dieser Name ist das große Ich, wie es das Johannes-Evangelium schildert. Friedrich Rittelmeyer hat in den sieben großen Ich-Bin-Worten das Urbild dessen gefunden, was als gute Kraft der Individualität im Menschen leben kann. In den Predigten darüber[79] entwickelt er diese Offenbarung Christi. In den «Briefen über Selbsterziehung»[80] schildert er die Ich-Bin-Worte als den geistigen Raum der christlichen Individualität.

Christ zu sein in diesem Sinne ist nicht Angelegenheit eines Bekenntnisses, wie es auch andere in der Menschheit gibt, sondern eine andere Art von menschlicher Existenz. «Christus brachte als Neues *sich selbst.* Dieser neue Einschlag in die Geschichte der Menschheit gehört nicht nur in die Reihe der Religionsgründungen, er ist noch höheren Ranges. Er kann nur der Schöpfungsgeschichte selbst an die Seite gestellt werden als ein zweiter Akt des Menschen-Werdens.»[81]

Die Menschen sind als «lebende Seelen» (1. Mose 2,7) geschaffen worden. Vom Sündenfall an nahmen sie Einflüsse in sich auf, die zur Bildung des irdischen Schattens dieses himmlischen Wesens führten. Der Egoismus zog in die Seele ein. Sein Kern ist das niedere Ich. Über dem Erdenmenschen blieb in der geistigen Welt, bei Gott, wie eine Verheißung das höhere Ich. Sein Schatten, das Ego, kann so stark werden, daß nichts Himmlisches mehr in der Erdenexistenz enthalten ist. Dann würde der Name im Himmel verlöschen. In einer urbildlichen, überpersönlichen Art hat diese Kraft in Jesus als Mensch gelebt. Er hat sie vom Himmel auf die Erde gebracht. Das Christ-Werden der Menschen ist eine andauernde Auseinandersetzung der Impulse des Sündenfalles (Egoismus) mit der befreienden, zur Seinsweise der selbstlosen Individualität erlösenden Kraft Christi. «Jesus ist die Verkörperung des Seins und der Idee, daß Nichthaben die Voraussetzung des Seins ist.»[82]

Man wird nicht Christ in diesem Sinne durch einen einmaligen Akt. Der Prozeß zieht sich durch lange Zeiten hin, in denen die Persönlichkeit wachsen und reifen muß. Er braucht viele Erdenleben und die Zeiten der Klärung dazwischen. Er beginnt auf der Erde, in dem Raum der Freiheit. Natürlich gibt es auch plötzlich eintretende Wandlungen der Gesamtpersönlichkeit, zum Beispiel bei Bekehrungserlebnissen oder durch Erfahrungen in Todesnähe. Dann tritt hervor, was sich durch längere Entwicklungen vorbereitet hat, so wie aus einer Knospe, die im vergangenen Jahr angelegt wurde, im Frühjahr eine Blüte plötzlich hervortreten kann.

Die Geschichte der christlichen Dogmatik und Ethik ist erfüllt von dem Problem, daß die Erlösung durch Christus schon geschehen ist, daß es Christen gibt, daß aber die guten Impulse des Christentums in den Gläubigen, in den Kirchen und in der Kultur schwach sind. Der eben geschilderte Hintergrund verdeutlicht und erklärt das Problem. Die Folgen des Sündenfalls sind menschheitlich und als persönliche karmische Folgen manifest bis hinein in die Konstitution. Das Christ-Werden beginnt im Zentrum der Person, im Ich und muß sich im Laufe von vielen Inkarnationen durchsetzen gegen die unchristlichen Prägungen. Im Verlauf dieses langen Prozesses individualisieren sich die allgemeinmenschlichen Kräfte Christi in jedem einzelnen Christen.

Unser Dasein ist von der doppelten Dynamik der Sünde und der Gnade durchdrungen. Der «Sündenfall» wird in der Theologie zumeist als Übertretung eines Gebotes betrachtet, auf die dann die Strafe folgte.

Das ist alttestamentlich gesehen richtig. Erich Fromm appelliert an ein tieferes Verständnis. Das Zitat zeigt die doppelte Dynamik auf.[83] (In dem Folgenden ist die religiöse Dimension nicht ausgesprochen, aber der Sache nach enthalten.)

«Während Sünde im Sinne von Ungehorsam Bestandteil der autoritären, das heißt einer am Haben orientierten Struktur ist, hat dieser Begriff in einer nicht-autoritären Struktur, die am Sein orientiert ist, eine völlig andere Bedeutung. Auch diese andere Bedeutung ist in der Geschichte des Sündenfalls enthalten und wird verständlich, wenn man diese Geschichte anders als üblich interpretiert. Gott hat den Menschen im Garten Eden ausgesetzt und ihn davor gewarnt, vom Baum des Lebens und vom Baum der Erkenntnis von Gut und Böse zu essen. Da er sah, daß ‹es nicht gut ist, daß der Mensch allein bleibe› (Gen 2, 18), schuf er die Frau. Mann und Frau sollten eins werden. Sie waren beide nackt, ‹und sie schämten sich nicht voreinander› (Gen 2, 24). Diese Feststellung wird gewöhnlich vom Standpunkt der konventionellen Sexualmoral her interpretiert, die annimmt, daß sie sich natürlich schämen würden, wenn ihre Genitalien nicht bedeckt sind. Aber es ist zu bezweifeln, ob dies alles ist, was der Text zu sagen hat. In einer tieferen Schicht könnte der Satz implizieren: Obwohl sie einander unverhüllt gegenübertraten, schämten sie sich nicht, ja konnten sie sich nicht schämen, weil sie sich nicht als Fremde erfuhren, sondern als ‹eins›.

Diese vormenschliche Situation ändert sich radikal nach dem Sündenfall, als sie im vollen Sinne Mensch werden, also mit Vernunft begabt, mit dem Gewahrwerden von Gut und Böse, mit dem Gewahrwerden ihrer selbst als getrennte Wesen, mit dem Gewahrwerden, daß das ursprüngliche Einssein zerbrochen ist und daß jeder dem anderen fremd geworden ist. Sie sind sich nahe, und dennoch fühlen sie sich getrennt und fern voneinander.» Zwischenbemerkung J. M.: Fromm übergeht den Satz: Da wurden ihre Augen aufgetan. Der macht die Veränderung noch allgemeiner. Sie stehen nicht nur als Fremde voreinander; der Riß trennt sie auch von der fraglosen Einheit mit der Schöpfung und mit Gott. «Sie empfinden die tiefste Scham, die es gibt: einem Mitmenschen ‹nackt› gegenüberzutreten und sich dabei der gegenseitigen Entfremdung, der tiefen Kluft bewußt zu sein, die sie voneinander trennt. ‹Sie machten sich Schurze› (Gen 3, 7) und versuchten auf diese Weise, die volle menschliche Begegnung zu vermeiden, die Nacktheit, in der sie einander sehen. Aber weder Scham noch Schuld lassen sich beseitigen, indem man sie verbirgt. Sie suchen nicht, sich in Liebe zu nähern; vielleicht begehrten sie einander körperlich, aber körperliche Vereinigung kann die menschliche Entfremdung nicht heilen. Daß sie einander nicht lieben, geht aus ihrem Verhalten hervor: Eva versucht nicht, Adam zu beschützen, und Adam will der Bestrafung entgehen, indem er Eva als die Schuldige bezichtigt, statt sie zu verteidigen.

Welcher Sünde haben sie sich schuldig gemacht? Einander als getrennte, isolierte egoistische Menschen gegenüberzutreten, die ihre Trennung nicht durch den Akt liebender Vereinigung überwinden können. Diese Sünde ist in der menschlichen Existenz selbst verwurzelt. Da die ursprüngliche Harmonie mit der Natur verlorengegangen ist, die das Tier kennzeichnet, dessen Leben durch angeborene Instinkte bestimmt wird, und der Mensch mit Vernunft begabt ist und sich seiner selbst bewußt ist, kann er dem Bewußtsein seiner totalen Trennung von jedem anderen Menschen nicht entrinnen. In der katholischen Theologie ist diese Form der Existenz – völlige Trennung und Entfremdung voneinander ohne die Brücke der Liebe – die Definition von ‹Hölle›. Dieser Zustand ist unerträglich. Wir müssen diese Qual der absoluten Isolierung auf irgendeine Weise überwinden: durch Unterwerfung oder durch Beherrschung oder durch den Versuch, Vernunft und Bewußtsein zum Schweigen zu bringen. Doch alle diese Bemühungen versprechen nur kurzfristig Erfolg und blockieren den Weg, der zu einer wirklichen Lösung führt. Es gibt nur eine Möglichkeit, sich vor dieser Hölle zu retten: Aus dem Gefängnis seiner Egozentrik auszubrechen, die Hand auszustrecken und ‹eins mit der Welt› zu werden. Wenn egozentrisches Getrenntsein eine Todsünde ist, dann wird diese Sünde durch den Akt des Liebens gesühnt (atoned). Das englische Wort atonement (Sühne, Versöhnung) drückt diese Auffassung aus, denn es kommt ethymologisch von ‹at-one-ment› (zu einem werden), dem mittelenglischen Wort für Vereinigung. Die Sünde des Getrenntseins braucht nicht vergeben zu werden, da es sich nicht um einen Akt des Ungehorsams handelt, aber sie muß geheilt werden, und Liebe, nicht Aufsichnehmen von Strafe ist das Mittel zu ihrer Heilung.»

(Nachdem verwandte Auffassungen von mehreren Kirchenvätern zitiert wurden, heißt es weiter:) «Fassen wir also zusammen: In der Existenzweise des Habens und somit in der autoritären Struktur ist Sünde Ungehorsam und wird durch Reue, Bestrafung und erneute Unterwerfung getilgt. In der Existenzweise des Seins, der nichtautoritären Struktur, ist Sünde ungelöste Entfremdung und wird durch die volle Entfaltung von Vernunft und Liebe, durch Einswerdung überwunden.

Man kann die Geschichte des Sündenfalls in der Tat sowohl in der einen als auch in der anderen Weise interpretieren, da die Geschichte selbst autoritäre und befreiende Elemente enthält. Aber für sich genommen sind die Auffassung von Sünde einerseits als Ungehorsam und andererseits als Entfremdung diametral entgegengesetzt.»

Gerade weil sich beide Deutungen widersprechen, ergänzen sie einander! Fromm beobachtet am Sündenfall das Entstehen des Verhaltens, das dem niederen Ich entspringt.

Man kann die autoritäre Interpretation des Sündenfalls die alttestamentliche und die andere als Entfremdung, die der Heilung bedarf, als die christliche auffassen. Denn in Jesus Christus ist die Heilung der Entfremdung von Gott dem Geiste und dem Leben nach geschehen. Im Unterschied zu anderen großen Meistern hat er sie nicht nur ausgesprochen und als Weg gelehrt, sondern bis in die Überwindung des Todes gelebt, ja, diesen Weg erst geschaffen.

Paulus nennt Christus den letzten Adam (1. Kor 15,44f.): «Es wird gesät ein natürlicher Leib und wird auferstehen ein geistlicher Leib … Wie geschrieben steht: Der erste Mensch, Adam, wurde zu einem lebendigen Wesen, und der letzte Adam zum Geist, der lebendig macht.» Er bezieht es auf den irdischen Leib, den alle Menschen von Adam erben, und den himmlischen Leib, der von Christus zubereitet ist. Aber auch in bezug auf das Schicksal der Individualität gilt: So wie mit Adam die Prägung des Menschen durch das Ego begonnen hat, ist Christus der Ahnherr der Kräfte des wahren Ich.

Die Zusammenfassung am Ende des vorigen Abschnitts ist zu ergänzen:

Das niedere Ich
stammt aus dem Sündenfall und setzt handelnd und erleidend dessen Wirkungen fort. Es steht unter dem Gesetz.

Das höhere Ich
ist, wenn es sich selbst wirklich versteht, Wesen vom Wesen Christi, auf geheimnisvolle Weise individualisiert. Es lebt in Beziehungen, in der Gnade.

Bis jetzt sind als Zeugen für die Wichtigkeit des Themas Ich und Ego vor allem nicht-anthroposophische Autoren herangezogen worden. Die Interpretation des religiösen Hintergrundes in der Bibel ist aus der Sicht der Anthroposophie geschildert. Aus ihr sind noch Ergänzungen notwendig.

D. Ergänzungen aus der Anthroposophie

Die Ergänzung durch die Anthroposophie bezieht sich vor allem darauf, daß zu den geschilderten Phänomenen hinzu geistige Ursachen, Wesen benannt werden, von denen Kräfte ausgehen

Der Sinn des ganzen Erdendaseins, der Schöpfung der Natur und des Menschen ist die Entstehung des Menschen als eines selbstbewußten Wesens. Dazu ist die Entfremdung als Durchgangsphase notwendig – damit er sich in Selbständigkeit und Selbstlosigkeit zu neuer Harmonie wieder mit der geistigen Urheimat verbinden kann. Diese Harmonie ist dann nicht die des Anfanges, sondern eine neue. «Und ich sah, und siehe: Das Lamm stand auf dem Berg Zion und mit ihm Hundertvierundvierzigtausend, die hatten seinen Namen und den Namen seines Vaters geschrieben auf ihrer Stirn. Und ich hörte eine Stimme vom Himmel wie die Stimme eines großen Wassers und wie die Stimme eines großen Donners, und die Stimme, die ich hörte, war wie von Harfenspielern, die auf ihren Harfen spielen. Und sie sangen ein neues Lied vor dem Thron und vor den vier Gestalten und den Ältesten; und niemand konnte das Lied lernen außer den Hundertvierundvierzigtausend, die erkauft sind von der Erde» (Off 14, 1f.). Was uns als Sein im Anfang geschenkt wurde, muß in Erkenntnis und Selbsterkenntnis vom Bewußtsein ergriffen werden. Geschieht dies nicht, gerät das Sein vom Anfang in Gefahr. Dies ist ein Weg in eine neue Zukunft und nicht ein Weg zurück. Es gibt keinen Weg zurück in die Unschuld, Naivität und Ursprünglichkeit des Paradieses für die schuldbeladenen und leidgeprägten Menschen. Sie «kommen wieder in den Himmel», wenn die Reife der Erdenzeit durch die Kraft und Gnade Christi erreicht ist, wenn aus Einsamkeit und Freiheit die Liebe geboren ist und den Menschen ganz durchdrungen hat. Dann sind die Menschen ein Zuwachs, eine Bereicherung für die geistige Welt. Der Gesichtspunkt von Fall und Erlösung beschreibt denselben Vorgang moralisch zutreffend, aber existentiell nicht so deutlich.

Erde und Kosmos sind so eingerichtet, daß sich der Mensch auf der Erde als individuelles Wesen entwickeln kann.[84] Dazu ist die Einsamkeit der Menschen notwendige Voraussetzung, welche die Freiheit möglich macht. Dazu mußten viele gestaltende Kräfte so angeordnet werden, daß labile, spielerisch bewegliche Gleichgewichte entstehen. Dafür ein Beispiel[85]: Vergleicht man die menschliche Gestalt mit der von Menschenaffen, so fällt auf, daß die Babyformen einander ähnlicher sind als die der Erwachsenen. Bald nach der Geburt verändert sich die Gestalt des Affenbabys. Der Unterkiefer vergrößert sich, die Stirn tritt zurück, der Brustkorb wölbt sich nach vorn. Die ganze Gestalt fällt auf der Vorderseite in die Schwere. Gleichzeitig wird das Becken breiter und massiger; es drückt die Gestalt nach oben, die dann vornüber in die Schwere fällt. Schwere und Leichte, Aufrichtekraft[86] durchdringen sich nicht so vollständig wie beim aufgerichteten Menschen, sondern sie wirken gegeneinander. Und dieses massige Tier lebt über dem Erdboden, auf Bäumen. Wenn man spielerisch diese Veränderungen an der eigenen Gestalt ausprobiert, merkt man, daß wir unser Freiheitsgefühl auch der Tatsache verdanken, daß in uns die Schwere durchdrungen ist von der Kraft der Aufrichtung, der Leichte.

Der Mensch und seine Entwicklung ist der Sinn der Naturordnung – ein Gedanke von außerordentlicher Kühnheit und Tragweite.[87] Im Schöpfungsbericht wird der Mensch den Tieren als Herr über die Geschöpfe gegenübergestellt und über sie erhoben als Ebenbild und Gleichnis Gottes. Die von Gott veranlagte Harmonie wurde durchkreuzt durch den Versucher Luzifer. Dadurch wurden die Menschen von ihm abhängig. Er vermittelte ein egoistisches Selbstgefühl. Die Folge war die Entfremdung von der geistigen Umgebung. Der Mensch wurde der Vergänglichkeit, dem Tode unterworfen.[88] Es begann ein Wechsel zwischen Zuständen der stärkeren Hingabe und Gebundenheit an die leiblichen Verhältnisse (Inkarnation) und des Wiedereintretens in die geistigen Zusammenhänge (Exkarnation), wobei Steiner lange Zeiträume der Entwicklung andeutet, in denen zuerst die mehr geistigen Zustände das klarere, hellere Bewußtsein hatten. Schlaf und Tod waren danach in der Frühzeit ähnlicher als heute.

Es gab höhere Wesen, Engel, in deren Bewußtsein die Menschen mit ihrem Tun und Lassen allezeit gegenwärtig blieben. Schicksal (Karma) entstand aus der Spannung zwischen diesem Bewußtsein höherer Wesen von den Menschen und deren Lebenszuständen. Neben dem Hang zum Eigensinn mit der Steigerung zum rücksichtslos Bösen, der durch den «luziferischen Einfluß» sich in den Menschen geltend machte, nennt Steiner auch immer wieder positive Folgen des Sündenfalles: Die beginnende Eigenständigkeit der Menschen auf der Erde, die Sehnsucht nach überirdischen Reichen, die Begeisterung für hohe Ideale. In allem künstlerischen Streben, in der Suche nach Wahrheit, ja in der Sehnsucht nach einer besseren Welt im Himmel wirken luziferische Kräfte mit. Es ist charakteristisch für die Anthroposophie, daß die Kräfte, die sonst nur als böse bezeichnet werden, in differenzierten Aspekten angeschaut sind und daß sie akzeptiert werden als mitwirkend an der Entstehung des Menschen.[89] Aber ihr Sinn ist ein negativer. Sie wirken mit, müssen aber, um segensreich zu wirken, überwunden werden.

Die Folgen der luziferischen Verführung führten die Menschen unter die andere Gegenmacht, Ahriman. Er ist die kosmische Macht des Todes, aber auch der Geist der toten Materie.[90] Er wirkt in allen Gedanken, die nur Materielles gelten lassen. Luzifer gehört die Kraft der Verführung, Ahriman die Lähmung der Seele und die Fesselung des Bewußtseins an das Materielle. Ihm verdankt der moderne Mensch das genaue, sachliche, alle Einzelheiten überschauende Gegenstandsbewußtsein. – Während die Wirkungen Luzifers auf die Menschheit und die Kultur im Laufe von Jahrtausenden abgenommen haben, nehmen die ahrimanischen Einflüsse zu.

Diese beiden Mächte wirken in allen Erdengeschicken mit. Ihnen muß der Mensch seine Entwicklung zum Guten abringen. Sie bilden das Spannungsfeld, in dessen Mitte der Raum für die Entfaltung der Freiheit zu finden ist. Den luziferischen Versuchungen und Verführungen wirken Selbstlosigkeit und die allgemeinen moralischen Gesetze entgegen. Die Absichten Ahrimans zielen auf die Errichtung einer logisch durchkonstruierten Welt auf materieller Basis, der die Menschen eingegliedert sind.[91] Sie wird von Steiner als «die achte Sphäre» bezeichnet.[92] Ahriman ist nur mit einem Denken zu begegnen, das übersinnliche Wirklichkeiten erfassen kann, und mit sicherer Überzeugung von geistigen Tatsachen. Die Kräfte des höheren Ich sind ihm unbekannt und undenkbar.

In diesen Auseinandersetzungen steht der Mensch nicht allein. So heißt es in einem Vortrag Steiners[93]: «Als ein ehernes Gesetz stehen die Zehn Gebote da, als eine Fackel, welche dem Menschen anzeigt alles, was er nicht geworden ist.» Die Menschen konnten sich diese Gebote nicht selbst geben. Sie mußten durch einen Eingeweihten gegeben werden, «durch göttliche Eingebung von oben. Aber sie waren so gegeben, daß sie alle auf das Ich gerichtet waren. Sie sagten dem Menschen, wie sich ein Ich benehmen muß, wenn es das Ziel der Menschheit erlangen soll.

In dem Vortrag über die Zehn Gebote des Moses am 16. November 1908[94] ist das im einzelnen ausgeführt worden. Da ist gezeigt worden, wie das Ich zunächst sich benehmen soll zu den geistigen Welten, in den ersten Geboten; wie es sich verhalten soll zu den Mitmenschen in bezug auf seine Taten und Handlungen, in den nächsten Geboten; und wie es sich benehmen soll in bezug auf seine Empfindungen und Gefühle, in den letzten Geboten. Die Erziehung, die Kultur des Ich wird befohlen in den Zehn Geboten. Das war die Vorbereitung dafür, daß das Ich in seinem Innersten lernen sollte, sich selber den Impuls zu geben ...» Es wurde den Menschen zunächst als ein Gesetz von oben gegeben. Gesetz des eigenen Ich konnte es aber nur dadurch werden, daß sich der Mensch sagte: Wenn ich ein solches Denken, Fühlen und Wollen in mich aufnehme, wie Christus gedacht, gefühlt, gewollt hat, dann werde ich in mir die richtigen Entscheidungen finden, dann werde ich nicht mehr bloß einem äußeren Gesetz zu folgen haben, «sondern einem inneren Impuls», einem inneren Gesetz.

«... So hat Moses zunächst das Gesetz hingestellt vor den Menschen, der Christus aber das Vorbild und die Kraft, welche die Seele aufnehmen sollte, um sich zu entwickeln. Daher mußte alles bis zur Innerlichkeit vertieft werden durch den Christus Jesus, alles bis in die tiefste Seele hereingetragen werden, was an geistigen Impulsen da war, bis in das Ich selber.»

Hier ist mehr angedeutet als ausgesprochen, daß Christus mißverstanden wird, wenn er als Verkünder eines neuen Gesetzes verstanden würde. Die Wirkungen, die von ihm in die Menschheit ausgehen – in ihrer Gesamtheit von Steiner «der Christus-Impuls» genannt –, sollen nicht wie eine Macht von außen wirken, sondern im Innern des Menschen wachsen können.

In den Evangelien wird in der Versuchungsgeschichte und in der Passion dargestellt, daß Christus auf den Gebrauch von Macht verzichtet hat. Er hat sein Wirken dadurch mit der Entwicklung der Menschen zur

Freiheit in Übereinstimmung gebracht. «Der Herr ist Geist und wo der Geist des Herren ist, da ist Freiheit. Nun aber schauen wir alle mit aufgedecktem Antlitz die Offenbarung des Herrn wie in einem Spiegel. Und wir werden verklärt werden in sein Bild von einer Klarheit zur andern von dem Herren, der da Geist ist» (2. Kor 3; 17,18).

Rittelmeyer faßte das Motiv aus der Offenbarung des Johannes von dem neuen Namen in das Wort: Christus gibt den Menschen ein neues Ich. Wie geschieht das? Christus nimmt sich der Menschen in selbstloser Liebe, in unbedingter Hingabe an. Wer Ihm begegnet, fühlt sich gekannt und aufgenommen. So ist freilassende Menschenliebe, die sieht und versteht und vergibt, die eigentliche Nachfolge Christi. In ihr erfüllt sich das Ich, das bis dahin leere Form war, mit der Kraft des Wesens Christi. Das ist der Glaube an den Sohn Gottes, von dem das Johannesevangelium spricht. – Von ihm als dem Logos Gottes, dem schöpferischen Wort und geistig-lebendigen Zusammenhang, geht die geistige Gesundheit aus, durch die der Mensch sich aus luziferischen Verstrickungen und von der ahrimanischen Sklaverei befreien kann. So ist Er der lebendige und einzig wahre Garant der Menschenwürde.

Wenn wir so das Christliche im Menschen unterscheiden von dem Gesamten der menschlichen Existenz, ist es hilfreich, auf das Urbild zu schauen: auf die Einwohnung des Gottessohnes in dem Menschen Jesus von der Taufe im Jordan an.[95] Im Bekenntnis der Christengemeinschaft ist es klar formuliert: «In Jesus trat der Christus als Mensch in die Erdenwelt.» Christus ist in Jesus der Handelnde. Er identifiziert sich mit den Menschen und ihrem Schicksal. Die Aneignung dieser Tatsache beginnt mit der Einsicht: Was mein Leben sinnvoll macht, ist das Christliche in mir. So entsteht als Erfahrung die Wahrheit, daß erst durch Christus das Dasein der Menschen seinen Sinn und eigentlichen Inhalt bekommen hat.

Friedrich Rittelmeyer formulierte es so[96]: «Hatte mir schon Johannes Müller eindrucksvoll vom höheren ‹Selbst› des Menschen erzählt, so wurde ich durch das Johannesevangelium allmählich stärker und stärker auf das heilige ‹Ich› des Christus hingelenkt, in dem das ganze Dasein neues Licht empfängt, das auch in uns einziehen will als der lebendige Lichtkern eines neuen Menschen. Wieder war es Rudolf Steiner, durch den mir klar wurde: Das Ich des Menschen, das immer wachere, immer hellere, immer freiere Ich ist der Lebens-Mittelpunkt ungeahnter höherer Kräfte im Menschen. Es ist vor allem auch das vorbestimmte Organ, um Christus wahrzunehmen und in sich aufzunehmen. Als das größte Wunder des Lebens tat sich mir dies auf: wie der Mensch selbst ein eigenes, völlig freies Ich werden kann und wie in diesem Ich zugleich das göttliche Ich seine wahre Wohnung auf der Erde finden und von ihm aus schöpferisch wirken will.»

Bei J. Lusseyran hieß es: «Es ist eine Kraft, die ihrer Geburt noch ganz nahe steht ...» – Rüdiger Sachau hatte in den Fragen von christlich-theologischer Seite[97] den Einwand gemacht: «Nach christlicher Auffassung bliebe auch nach vielen Leben immer noch ein unendlicher Abstand zwischen Mensch und Gott, der allein in Christus aufgehoben ist ... Der christliche Glaube stellt das Vertrauen auf Gott in den Mittelpunkt.»

Es dürfte deutlich sein, daß der Idee nach, nicht der Verwirklichung nach, dies kein Gegensatz ist. Wenn der Gegensatz Gott–Mensch in Christus aufgehoben ist, ist er dem Ideal, dem Ziel nach auch in den Christen aufgehoben. Konkret und gegenwärtig gesprochen: Wenn erkannt wird, daß das höhere Ich seinen wahren Gehalt erst durch und in Christus findet, ist der Anfang der Erlösung begriffen. Sie wird in weiterem Streben zu stufenweiser Befreiung führen, wenn diese Kraft die Seele durchdringt und das Leben bestimmt. Daß solche Entwicklungen möglich sind, ist aber kein Verdienst des Menschen, sondern lebendige Gnade Christi. (Dazu Anhang 3, S. 209.)

In der Aussage: Durch Christus hat das Dasein der Menschen seinen wahren Sinn bekommen, liegt für mich ein Äquivalent vor zu der Aussage von der Rechtfertigung des Sünders vor Gott durch den Glauben. Es ist dieselbe Aussage, einmal moralisch in religiöser Perspektive alttestamentlicher Prägung, das andere Mal als Existenzaussage mit christlichem Charakter.

In der «Geheimwissenschaft im Umriß» heißt es[98]: «Indem zunächst in den bloßen Gedanken erfaßt wurde, daß in Christus Jesus der Idealmensch lebt, zu dem die Bedingungen der Sonderung nicht dringen, wurde das Christentum das Ideal der umfassenden Brüderlichkeit. Über alle Sonderinteressen und Sonderverwandtschaften hinweg trat das Gefühl auf, daß des Menschen innerstes Ich bei jedem den gleichen Ursprung hat. (Neben allen Erdenvorfahren tritt der gemeinsame Vater aller Menschen auf.)» Das führt wieder zu der Universalität des Christentums.

Die Anthroposophie betont die Wichtigkeit der Freiheit als Grundbedingung für die Entwicklung der Menschen. Freiheit ist nur unter den besonderen Bedingungen der Erdenwelt möglich, die vergänglich sind. Und die Freiheit ist absolut, das heißt, daß mit ihr die reale Gefahr verbunden ist, daß nicht alle Menschen die gesetzten Ziele erreichen. In diesem Zusammenhang spricht Steiner mehrfach von «einer genügend großen Anzahl von Menschen», die vollgültige Individualitäten werden müssen. Das ist nur dadurch möglich, daß die Kraft der Menschenliebe, wie sie von Christus ausgeht, in das Ich aufgenommen wird. Wer ein Göttliches in jedem Menschen anerkennt, der ist in Wahrheit Christ.[99]

Erst mit diesem Motiv ist die Schilderung des Ich, seiner höheren und seiner niederen Natur nach, abgeschlossen. Die Erfüllung mit der Wesensart Christi gibt dem Ich sein eigentliches Sein, seinen Ewigkeitscharakter. Das niedere Ich ist ein Kind Luzifers und ihm unterworfen. Es bildet aber die Hülle, in die der wahre, gottgewollte Inhalt einströmen kann.

Man kann mit einiger Befriedigung darauf schauen, daß das «Grundgesetz für die Bundesrepublik Deutschland» in Artikel 1 als Grundlage, Quelle und Maß allen Rechtes statuiert: «Die Würde des Menschen ist unantastbar.» Die Väter der Verfassung haben Mut bewiesen, als sie diese Wahrheit – trotz der dämonisch anderen Wirklichkeit der 1949 gerade zurückliegenden Jahre – zum Ausgangspunkt der Rechtsordnung gemacht haben. Seiner Substanz nach ist dieser Artikel christlich in dem angegebenen Sinne. Er berücksichtigt die Wahrheit des höheren Ich in jedem Menschen.

Das ist veranlagt wie eine Blüte, in vielen beginnt es aufzublühen, in anderen ist es noch im Knospenzustand. Aber es wird sich erst durch die Christus-Beziehung zu einer dauernden Frucht ausbilden. – Steiner spricht sich selten darüber aus, was aus den Menschen wird, die dieses Ziel nicht erreichen. Das Neue Testament ist darin viel deutlicher. Es ist auch deutlicher in der Aussage, daß alles Streben und Ringen der Menschen schließlich der höheren Bestätigung bedarf. Was sich auf der Erde entwickelt, muß schließlich «angenommen» und bestätigt werden von Christus «vor meinem Gott und seinen Engeln» (Offb 3,5).

Die Zusammenfassungen am Ende der vorigen Abschnitte können weiter ergänzt werden: Die Erde und der Mensch sind für die Entstehung des Ich geschaffen und gestaltet. Es war im Menschen veranlagt.

Das niedere Ich	*Das höhere Ich*
ist von luziferischen Regungen beeinflußt und ahrimanischen Einflüssen ausgesetzt.	erhält nur durch Christus seinen wahren Inhalt.

Die Menschen machen unterschiedliche Erfahrungen auf der Erde, das individualisiert. Jeder lebt sein eigenes Leben. Die Kräfte des höheren Ich sind allgemeiner Art. Wie geht das eine in das andere über? Wie wird aus irdischen Erfahrungen geistige «Substanz» des Ich? Was vom Menschen reinkarniert sich? Um diese Fragen zu beantworten, müssen die Erfahrungen betrachtet werden, durch die man nach dem Tode geht. Dabei wird auch zu erkennen sein, wie Schicksal entsteht und warum es untrennbar mit dem höheren Ich verbunden ist.

VI. Wie Karma entsteht – Entwicklungen zwischen Tod und neuer Geburt

A. Das Todeserlebnis

Das Ego weiß, daß es vergänglich ist, und betreibt «Existenzsicherung», indem es sich an Werte klammert, die ebenso vergänglich sind wie es selbst. Es fürchtet den Tod.

Das höhere Ich ahnt oder weiß seine Unvergänglichkeit. Das ergibt zwei völlig verschiedene Ausgangspunkte für die Frage, was nach dem Tod kommt. Beide Ausgangspunkte wollen bedacht sein. In den religiösen Weltbildern ist die Frage nach dem Tod und den Zuständen nach dem Tode immer wichtig gewesen, bis im neunzehnten Jahrhundert die Vorstellung aufgekommen ist, daß darüber nichts ausgemacht werden könnte. Daraus entstand dann die Lehre vom «Ganztod» des Menschen. Sie wird auch von evangelischen Theologen vertreten. In «Christentum und Wiederverkörperung» hat Rudolf Frieling den Nachweis geführt, daß sie aus der Bibel nicht zu begründen ist.

In allen Religionen ist Konkretes über die Erfahrungen der Seele nach dem Tode überliefert:

1. daß Geist, Seele und Leben (im Sinne von Biographie) des Menschen nach dem Ablegen des Leibes weiterhin bestehen und
2. daß die Verstorbenen Erfahrungen machen. In erster Linie ist dabei von Lohn und Strafe für Taten und Unterlassungen während des Lebens die Rede.

3. Bedeutende Verstorbene können als Ratgeber, Beurteiler, als Helfer in der Not in das Leben der Erdenmenschen einbezogen werden. In vielen ursprünglichen Kulturen mit starker Tradition spielt die Verehrung der Toten eine Hauptrolle in der kultischen und persönlichen Lebenskultur.

In dem Buch «Jenseits»[100] hat Johannes Hemleben die vorchristliche und die christliche Tradition zu diesem Thema dargestellt. Eines von mehreren Ergebnissen seiner Untersuchung ist, daß über Erfahrungen nach dem Tod eine Fülle von Einzelheiten überliefert sind, die bei aller Verschiedenheit viele Gemeinsamkeiten zeigten.

In der Anthroposophie treten zwei wesentliche Erweiterungen des bisher bekannten Bildes auf:

1. Es werden viele verschiedene Schilderungen von Erfahrungen, Gesetzmäßigkeiten und Entwicklungen des nachtodlichen Daseins gegeben, nicht nur einzelne Bilder. Beim Studium dieser Schilderungen entsteht allmählich ein Gesamtbild von den wirklichen nachtodlichen Verhältnissen und Entwicklungen, das sich nach und nach verdeutlicht. Dies gilt mit einer Einschränkung, die Steiner selbst angibt[101]: «Man kann gegenwärtig innerhalb der Geisteswissenschaft das Leben zwischen dem Tode und einer neuen Geburt so beschreiben, wie es ist, wenn der ahrimanische Einfluß bis zu einem gewissen Grade überwunden ist. Und so ist es von dem Schreiber dieses Buches in anderen Schriften und in den ersten Kapiteln der vorliegenden geschildert worden. Und so muß es geschildert werden, wenn anschaulich werden soll, was in dieser Daseinsform von dem Menschen erlebt werden kann, wenn er sich den reinen Geistesblick für das wirklich Vorhandene erobert hat. Inwieweit es der Einzelne mehr oder weniger erlebt, hängt von seiner Besiegung des ahrimanischen Einflusses ab.»

Es handelt sich also um Erfahrungen, die idealiter möglich sind, die aber auch dumpfer oder schattenhafter durchlebt werden können. Das ist nach dem Tod nicht anders als mit Wahrheitserfahrungen hier und jetzt.

2. Es wird der ganze Weg von einer Verkörperung zur nächsten geschildert. Das hat es bisher in dieser Differenziertheit in allgemein zugänglicher Form überhaupt noch nicht gegeben.

Natürlich handelt es sich dabei um Schilderung rein geistiger Verhältnisse, für die zunächst Belege oder Beweise in Bereichen, die das gewöhnliche Bewußtsein überschaut, nicht gegeben sind. Trotzdem muß man sich die Frage stellen, ob diese Darstellungen Wahrheit enthalten. Das methodische Prinzip, das von Steiner dafür angegeben wird, lautet: Man muß die Schilderungen studieren und sich die Tatsachen vorzustellen suchen. Sie werden sich dann im Laufe der Zeit durch die geistige Wirklichkeit selbst korrigieren.

Die Gefahr der Suggestion ist dadurch ausgeschlossen, daß die Schilderungen, gemessen an der Wirklichkeit, begrifflich, abstrakt sind. Schilderungen des Nachtodlichen mit suggestivem Charakter gibt es zur Genüge in der «Esoterik»-Literatur. Man muß nur genau beobachten, ob und wie die Ideen, die man so aufnimmt, die bekannten Wirklichkeiten erhellen. Friedrich Rittelmeyer schreibt dazu[102], nachdem er erste Erfahrungen mit Meditationen nach Steiners Ratschlägen gemacht hatte: «Abgesehen davon, daß ich ein Reich heilender Geistigkeit entdeckte, von dem ich mich nur zu meinem eigenen Schaden nicht hätte stärken lassen können, abgesehen davon, daß ich erkennen mußte: Sie erweisen sich als im gesunden Entwicklungsgang des Menschen und der Menschheit liegend, offenbarte sich immer mehr, daß ich eine ganz unbegründete Furcht vor dem ‹Okkulten› gehabt hatte. Wenn auch die Eindrücke aus der geistigen Welt zunächst höchst primitiv waren, so trugen sie doch gar nicht das Unheimliche an sich und Nervengefährliche, das ich erwartet hatte, sondern waren wie aus einem Reich des Lichtes, in dem alle Furcht aufhörte. Auch dies stärkte mein Vertrauen, daß ich niemals das erlebte, was ich zu erleben dachte und erwartete, sondern ganz anderes. Auch die Vorstellungen, die ich mir nach den Schilderungen Dr. Steiners selbst gemacht hatte, zeigten sich als nicht entsprechend. Dagegen fanden die Schilderungen Dr. Steiners oft dann von einer ganz anderen Seite her ihre Bestätigung. Zu suggerieren vermochte ich mir gar nichts. Es gab Übungen, die ich viele Jahre hindurch fast täglich versuchte und niemals fertigbrachte. Dies alles, das natürlich nicht im Einzelnen erzählt werden kann, zerstreute allmählich den Verdacht der Suggestion und Autosuggestion, den ich so lang wie möglich in mir wach hielt, und gab ein Gefühl der Sicherheit und Selbständigkeit. Am meisten Vertrauen aber erweckte mir, daß ich auf meinem persönlichsten Lebensgebiet, der Religion, durch die Übungen unerwartete Hilfe erfuhr. Die religiösen Eindrücke wurden reiner, tiefer, stärker.»

Die anthroposophischen Begriffe und begrifflichen Schilderungen entstammen Erfahrungen, die das Geistige voll erfassen. Sie sind geistoffen. Das macht sie fruchtbar. Die Fruchtbarkeit der Anthroposophie liegt vor allem auf diesem Felde.

Klaus von Stieglitz hat in seinem Buch «Einladung zur Freiheit»[103] von dem Leid der vielen Anthroposophen gesprochen, die nicht zu eigenen direkten geistigen Erfahrungen vorgedrungen sind. Die meisten Anthroposophen wissen selbst, daß das daran liegt, daß die betreffenden Übungen nicht so energisch durchgeführt werden, wie es notwendig wäre. Die Ideen sind trotzdem fruchtbar.

Für die geistige Seite des Todeserlebnisses und die ersten Erfahrungen danach sind wir heute in einer anderen Lage als frühere Zeiten. Es sind so viele Erfahrungen an der Todesgrenze bekannt geworden, daß sich ein allgemeines Bild entwickeln läßt. Man muß natürlich vermuten, daß «Besuche im grenzüberschreitenden Verkehr» andere Erfahrungen mit sich bringen als eine «Übersiedelung», aber diese Erfahrungen stimmen mit so wesentlichen Elementen der überlieferten Kunde von den Toten überein, daß sie – mit diesem Vorbehalt – als aussagekräftig gelten können.

Oft tritt als ein Vorbote des Todes Frieden ein. Elisabeth Kübler-Ross, die typische Erlebnis-Phasen erforscht hat, durch die man auf dem Weg zum Sterben hindurchgeht, war von der Frage ausgegangen, wie man Sterbenden helfen könnte. Sie kam zu dem Schluß, daß den Sterbenden nicht geholfen zu werden braucht, weil sie im Frieden sind; aber auf dem Weg bis dahin ist vielfache Hilfe nötig. (Es versteht sich von selbst, daß es Krankheitsverläufe gibt, in denen solche Erfahrungen nicht auftreten können.) Der Tod selber mit seinem tiefen Ausatmen und der Erhöhung des Antlitzes vertieft diesen Frieden. Es bewegt sich etwas auf geistige Art, wenn jemand stirbt. Eine Ruhe von solcher Tiefe entsteht, wie man sie sonst nur in sehr stiller Umgebung unter dem Sternenhimmel erleben kann. Oftmals zeigt sich in dem entspannten Totenantlitz ein zartes, souveränes Lächeln. Durch maximal drei Tage kann sich der Ausdruck des Antlitzes noch ändern, nicht wie in der Mimik als Ausdruck eines seelischen Inneren, sondern wie im Abglanz. Das deutet darauf hin, daß es noch zarte Zusammenhänge zwischen dem Verstorbenen und seinem Leib gibt. So lange hat man auch die Empfindung, bei einem Menschen zu sein, wenn man neben dem Sarg sitzt. Danach schwindet dieser zarte Eindruck, und man ist nur noch bei einer Leiche. Diese Tage bieten eine besondere Möglichkeit, in Gesprächen mit Verwandten und Freunden über das Leben, das jetzt zu Ende gegangen ist, einen Menschen wirklich kennenzulernen. Was war und was nicht war, wo die Schwerpunkte in diesem Leben lagen, für den Verstorbenen und in der Sicht anderer Menschen, was als ein erstes Fazit, eine Art Gesamtbild gelten kann, das tritt insbesondere in den Tagen zwischen Tod und Bestattung mit einer Klarheit hervor, wie sie kaum während des Lebens eines Menschen zu erlangen ist. Wer zum Beispiel als Pfarrer diese Erfahrung häufiger machen darf, kommt nicht um die Vermutung herum, daß man mit solcher Bemühung genau dasselbe tut wie der Verstorbene zu der Zeit. Man kann in diesen kostbaren Stunden mit empfindender Sachlichkeit auf das Leben und das Wesen eines Menschen schauen. Ein alter Pfarrer formulierte einmal[104]: «Wer viel an Särgen stand, weiß, daß es vor Gott auch nicht einen einzigen unbedeutenden Menschen gibt.»

Als Erfahrungen an der Grenze kann man festhalten:

1. Frieden, der schon in den letzten Tagen oder Stunden vor dem Tod eintreten kann, der sich aber im Augenblick des Todes noch vertieft. Der Tod löst und entspannt.

2. Erhöhung der Person, sichtbar auf dem Antlitz der Toten. Was man sieht, erweckt den Eindruck des Widerscheines, als bilde sich auf dem Antlitz etwas ab.

3. Das Verhältnis zu dem Leben des Verstorbenen ändert sich, es wird sachlicher, das mitmenschliche Verständnis wird leichter.

Diese Elemente sind auch in den Erfahrungen enthalten, von denen Menschen berichten, die über die Todesgrenze geschaut haben. Bei allen individuellen Verschiedenheiten wird übereinstimmend berichtet, daß die Befreiung aus dem Leibe als fraglose Wirklichkeit akzeptiert wird. Viele erleben sich schwebend über dem Ort, an dem der Tod eingetreten ist, zuerst noch dem Leibe nahe. Man sieht, was in dem Raum vorgeht, hört, was gesprochen wird. Viele bemerken zuerst nicht, daß sie sich selbst grundlegend verändert haben. Die Umgebung ändert sich. Und es soll Seelen geben, die lange Zeit nicht davon wissen, daß sie gestorben sind.[105] Dabei erleben Menschen mit schweren körperlichen Gebrechen eine unmittelbare Wiederherstellung. «Blinde sehen, Lahme gehen.»[106]

Man kann manchmal von Sterbenden vor dem Tod erfahren, daß sie Besuch erhalten haben von Verwandten, die vor ihnen verstorben waren. Anscheinend unterscheiden Sterbende nicht grundsätzlich zwischen «Lebenden» und «Verstorbenen». Viele Zurückgekehrte berichten davon, daß sie von Verwandten, vertrauten Menschen in Empfang genommen werden auf der anderen Seite.

Und es wird – anscheinend nicht von allen, aber von vielen – «das Licht» erlebt, eine leuchtende Menschengestalt, die unmittelbar Vertrauen, ja Liebe erweckt. Als ein Beispiel sei George Ritchie genannt[107]: Er war im Herbst 1943 mit einundzwanzig Jahren als Freiwilliger im Ausbildungskamp der US-Army in Texas. Nach einem plötzlichen Wettersturz erkrankte er an Grippe. Eine sich anschließende Lungenentzündung wurde zu spät diagnostiziert. Er brach beim Röntgen bewußtlos zusammen. Als er wieder zu Bewußtsein kam, stand er aus dem Bett auf und stellte unmittelbar danach fest, daß in dem Bett jemand lag. Er wendete sich von diesem unbegreiflichen Rätsel ab, weil er dringend das Krankenhaus verlassen mußte. Auf dem Wege stellte er fest, daß er unsichtbar geworden war. So kehrte er zum Krankenhaus zurück und fand nach einer dramatischen Suche einen Patienten im Bett, dem das Laken über den Kopf gezogen war. Dieser Patient trug seinen Ring … «Wie wahnsinnig griff ich nach dem Bettuch und versuchte, es zurückzuziehen, versuchte, die Gestalt in dem Bett zu enthüllen. Doch all meine Anstrengungen bewirkten nicht einmal die geringste Luftbewegung in dem kleinen Raum.

Voller Verzweiflung sank ich letztlich vor dem Bett nieder. Oder besser gesagt, ich tat es im Geiste: in Wirklichkeit stand mein entkörpertes

Sein damit nicht in Verbindung. Dort, gerade dort war meine eigene Gestalt und Substanz, jedoch so weit entfernt von mir, als ob wir verschiedene Planeten bewohnten. War das der Tod? Die Trennung eines Teils der Persönlichkeit von dem Rest?

Ich war mir nicht sicher. Das Licht im Raum begann, sich zu verändern; plötzlich bemerkte ich, daß es heller wurde, viel heller, als es vorher gewesen war. Ich drehte mich nach der Nachtlampe um, die auf dem Nachttisch stand. Mit Sicherheit konnte eine einzelne 15-Watt-Birne nicht so viel Licht ausstrahlen. Ich war voller Erstaunen, wie die Helligkeit zunahm. Sie kam von nirgendwoher und schien überall gleichzeitig zu sein. Alle Glühbirnen der Station konnten nicht so viel Licht ausstrahlen … Es war unmöglich hell … Mitten in meinem Erstaunen kam ein prosaischer Gedanke, der wahrscheinlich durch frühere Biologielektionen an der Universität geboren wurde. ‹Was bin ich froh, daß ich jetzt, in diesem Augenblick, keine physiologischen Augen habe›, dachte ich. ‹Dieses Licht würde die Netzhaut in dem Zehntel einer Sekunde zerstören.› – Nein, korrigierte ich mich selbst, nicht das Licht. – Er!

Er würde zu hell sein, um ihn anschauen zu können. Denn jetzt sah ich, daß es kein Licht war, sondern ein Mann, der den Raum betreten hatte, oder vielmehr ein Mann aus Licht, obwohl dies genauso wenig möglich war für meinen Verstand wie die unbeschreibliche Intensität der Helligkeit, die seine Gestalt ausmachte. In dem Moment, als ich ihn wahrnahm, bildete sich in meinem Sinn ein Befehl wie von selbst. ‹Steh auf!› Die Worte kamen aus meinem Innern, dennoch hatten sie eine Autorität, wie sie meine Gedanken nie hatten. Ich sprang auf meine Füße, und als ich das tat, bekam ich die erstaunliche Gewißheit: ‹Du bist in der Gegenwart des Sohnes Gottes.›

Und wieder entstand eine Vorstellung in mir wie von selbst, aber nicht als Gedanke oder Spekulation. Es war eine Art Wissen, plötzlich und vollständig. Ich wußte über ihn auch andere Fakten. Das eine zum Beispiel, daß er das vollkommenste menschliche Wesen war, dem ich je begegnet war. Wenn dies der Sohn Gottes war, dann war sein Name Jesus. Aber … dies war nicht der Jesus aus meinen Sonntagsschulbüchern. Jener Jesus war nett, freundlich, verständnisvoll. Diese Person war selbst Kraft, älter als die Zeit und dennoch moderner als irgend jemand, dem ich jemals begegnet war.

Über allem wußte ich mit derselben wunderbaren inneren Gewißheit, daß dieser Mann mich liebte. Weit größer als die Kraft, die von seiner Gegenwart ausströmte, war die bedingungslose Liebe. Eine erstaunliche Liebe, jenseits meiner kühnsten Vorstellungen. Diese Liebe kannte jede meiner lieblosen Regungen – die Quälereien mit meiner Stiefmutter, mein explosives Temperament, die sexuellen Gedanken, die ich nicht unter Kontrolle bekam, jeden gemeinen egoistischen Gedanken und dessen Ausführungen seit dem Tage meiner Geburt – und er nahm mich an und liebte mich so, wie ich war.

Wenn ich sage, daß er alles wußte über mich, dann war das ganz einfach eine sichtbare Tatsache. Denn gleichzeitig mit seiner strahlenden Gegenwart – wenn ich davon erzähle, muß ich beides getrennt berichten – war in diesen Raum jede einzelne Episode meines Lebens eingetreten. Alles, was um mich herum geschehen war, war einfach da, in voller Sicht, gleichzeitig und fließend, so, als ob in einem Moment alles zu gleicher Zeit stattfinden konnte.» (Nach der Betrachtung einzelner Bilder aus dem Ganzen entstand in ihm die Frage:) «‹Was hast du aus deinem Leben gemacht?› Es schien eine Frage nach den Werten und nicht nach den Fakten zu sein.» Der Blick auf sein eigenes Leben ist gegenüber der Erinnerung, die er vorher hatte, verändert. Er hat Abstand zu sich selbst und sieht alles, wie es ist, ohne Wenn und Aber, ohne Beschönigung. Er hatte eine im ganzen einsame Kindheit und Jugend gehabt und bemerkte jetzt: «Viel Not entstand auch aus mir selbst.»

Die Dramatik dieses Erlebens scheint eine Besonderheit zu sein, jedenfalls wird selten solches erlebt. Die Kraft und die Art des «Lichtes» werden aber sehr deutlich. Solche Lichterlebnisse sind auch außerhalb des Christentums bekannt geworden.[108] Man darf vermuten, daß das Erlebnis für alle denselben Ursprung hat, daß aber nicht alle ihn so benennen wie Ritchie.

Da scheint eine alte christliche Hoffnung zu allgemeinerer Erfahrung geworden zu sein:

> «Wenn ich einmal soll scheiden, so scheide nicht von mir!
> Wenn ich den Tod soll leiden, so tritt Du dann herfür.»

Elisabeth Kübler-Ross sagt von diesem Licht:

«In der Gegenwart dieses Lichtes, das von den meisten Wissenden in unserer westlichen Kultur als Christus, Gott, Liebe oder einfach als Licht bezeichnet wird, sind wir von totaler und absoluter Liebe, von höchstem Verstehen und tiefstem Mitempfinden umgeben. Dieses Licht entspringt der Quelle reiner spiritueller Energie und hat nichts mit physischer oder psychischer Energie zu tun. Spirituelle Energie kann von Menschen nicht geschaffen oder manipuliert werden. Sie existiert in einer Sphäre, wo Negativität keinen Platz hat. Und das heißt auch, daß wir in Gegenwart dieses Lichtes, ungeachtet, wie schlecht wir uns auf Erden betragen haben und wie schuldig wir uns immer fühlen mögen, keinerlei negativer Gefühle fähig sein werden. Es ist darüber hinaus völlig unmöglich, in jener Lichtfülle, die von vielen Christus oder Gott genannt wird, verurteilt zu sein, denn Er ist ein Wesen totaler und absolut bedingungsloser Liebe. In diesem Licht stehend, werden wir uns der Möglichkeit inne, was wir eigentlich sein könnten, hätten wir unser Leben nur richtig ausgerichtet. In dieser Lichtgegenwart, wo uns Mitempfinden, Liebe und Verstehen umgeben, werden wir gebeten, unser ganzes Leben nochmals geistigen Auges an uns vorüberziehen zu lassen und es zu bewerten, da wir nun nicht länger an den Verstand unseres physischen Hirns angeschlossen sind, der uns im irdischen Körper begrenzt hatte. Wir nehmen nochmals jeden Gedanken, jedes Wort und jede Tat unserer Erdenexistenz wahr und erkennen gleichzeitig, was diese bei unseren Mitmenschen bewirkt haben. Wir werden nun über unsere Gedanken, Worte und Taten urteilen …

Es ist wichtig zu verstehen, daß wir vom Beginn unserer Existenz bis zu unserer Rückkehr zu Gott immer unsere eigene Identität und unsere Energiestruktur bewahren und daß unter aber Milliarden von Menschen im gesamten Universum keine zwei Energiestrukturen, also keine zwei Menschen, sich gleich sind, und seien sie eineiige Zwillinge. Falls jemand an der Größe unseres Schöpfers zweifelt, sollte er sich mal überlegen, eines welchen Genies es bedarf, Milliarden von Energiestrukturen zu schaffen, ohne daß sich darunter eine einzige Wiederholung befände.»[109]

Sie sagt Energiestruktur, sie hätte auch Individualität sagen können. Das Wunder der Verschiedenheit kommt durch die unterschiedlichen Schicksale in vielen Inkarnationen zustande.

In der Anthroposophie wird der Tod aus einer Sicht geschildert, die übersinnliche Prozesse mit einbezieht. Die geschilderten Erfahrungen an der Grenze des Todes erhalten dadurch Hintergrund, werden Anzeichen für weiter reichende Vorgänge.

Der Tod ist die Trennung des übersinnlichen Teiles des Menschen von dem materiellen. Der Körper bleibt zurück. Um das Folgende zu verstehen, muß man zwischen Leib und Körper unterscheiden. Die beiden Begriffe verhalten sich zueinander wie Wohnung und Haus, in dem Sinne, daß man bei dem ersten immer fragen muß: wessen? Leib ist Wohnung von jemandem, Körper nur die sinnliche Erscheinung selbst, ohne Bezug auf einen «Bewohner». So nennt man einen Würfel sinnvollerweise einen (geometrischen) Körper, aber nicht Leib.

Mit dieser Unterscheidung kann man den Tod auch benennen als: der Körper verliert die Eigenschaft, Leib zu sein. Diese Eigenschaft ist eine übersinnliche. Sie ist im Menschen vom ersten bis zum letzten Atemzug wirksam. Und sie ist eine hohe und starke geistige Kraft. Diese übersinnliche Kraft des physischen Leibes zieht sich im Todesaugenblick von dem Menschen zurück. «Wir tauchen wie in Blitzesschnelligkeit mit unserem Tode in das unter, was aus all den übersinnlichen Kräften unseren physischen Leib bildet. Sie können sich ganz ruhig vorstellen, daß alle die Baukräfte, die seit der Saturnzeit [dem Uranfang; J.M.] an Ihrem physischen Leib gewirkt haben, sich ins Unendliche ausdehnen und Ihnen den Ort bereiten, in dem Sie leben zwischen dem Tod und einer neuen Geburt.»[110]

B. Reinigungserlebnisse, Kamaloka

Die weiteren Entwicklungen schildert die Anthroposophie als stufenweise Erweiterungen des Existenzraumes – bis zu den Fixsternen. Dabei sind verschiedene Regionen mit spezifischen Erfahrungen verbunden.[111] Das Weltall, wie es da in Erscheinung tritt, ist nicht leer, sondern erfüllt von den Kräften der geistigen Wesen, die die Christenheit als die himmlischen Hierarchien benannt hat. – So ist es nicht nur ein Vergleich, sondern eine wahrhaftige Empfindung, wenn die Ruhe, die sich im Todesaugenblick ausbreitet, an die Ruhe des Sternenhimmels erinnert.

Es ist für ein christliches Schicksalsverständnis nicht unbedingt wichtig, sich mit der anthroposophischen Schilderung des Kosmos in geistiger Hinsicht vertraut zu machen. Insofern bildet das Folgende ein Nebenthema. Die Angaben Steiners über die Entwicklungen zwischen den Erdenleben würden aber buchstäblich im luftleeren Raum schweben, wenn nicht wenigstens folgendes in die Betrachtung einbezogen würde:

Die Planeten und Fixsterne sind nicht nur die Erscheinungen, die wir sehen und mit wissenschaftlichen Mitteln untersuchen können. Sie sind auch Zeichen für geistige Kräfte, deren Zusammenwirken durch ihre Bewegungen und Stellungen zueinander angedeutet ist. Diese Kräfte sind spezifisch sehr unterschiedlich.

Für die Schicksalsbildung im allgemeinen kommen in Betracht:

1. Der Mond mit seiner Sphäre, welche die Erde umgibt. Er ist der Repräsentant aller Kräfte, die zur Bildung des Leibes führen. (Bekannt ist die Beziehung zwischen den Mondphasen und den Bewegungen des Wassers.) Im Nachtodlichen ist die Seele so lange an das vergangene Erdenleben gebunden, bis mit einem Gericht eine Befreiung aus der Mondensphäre eintreten kann. Die Kräfte der Mondensphäre wirken gesetzmäßig, zwingend. So nennt Steiner das Karma, das sich mit Notwendigkeit erfüllen muß, auch das Mondkarma. (Näheres dazu in den folgenden Abschnitten.) Da jeder sein eigenes Karma aus der Vergangenheit hat, wirken die Mondenkräfte individualisierend.

2. Die Sonnensphäre umfaßt das ganze Planetensystem, und außerdem ist die Sonne ein Fixstern. So wirken die Kräfte der Sonne zusammen mit den Planeten auf das Seelische, außerdem vermittelt die Sonne geistige Kräfte aus der Sphäre der Fixsterne.

Die Sonnenwelt ist ausstrahlend, schöpferisch. Sie ist nicht nur die Quelle des Lichtes, sondern auch der regsamen und gestaltenden Lebenskräfte. Innere Tätigkeit und Initiative der Seele sind sonnenverwandt. Im Neuen Testament wird dreimal eine Offenbarung Christi «wie die Sonne» geschildert: bei der Verklärung, für Paulus vor Damaskus und im Beginn der Offenbarung des Johannes. Steiner bezeichnet Christus in «vorchristlicher» Zeit als den Geist der Sonne oder umgekehrt die Sonne als den diesem Geist entsprechenden, sein Wesen und seine Kraft offenbarenden Leib. In diesem Sinne ist das höhere Ich sonnenverwandt. Als Sonnenkarma wird das Schicksal bezeichnet, das aus Freiheit, positiver Eigenverantwortlichkeit und Initiative ergriffen wird.

3. Als Fixsternsphäre kommt die Region des «Tierkreises» in Betracht, der Hintergrund der Sonnenbahn. In ihm ruhen – und werden von der Sonne vermittelt – die geistigen Kräfte, die den Leib des Menschen bilden.

Diese allgemeinen Bemerkungen werden sich konkretisieren, wenn der Weg von einer Inkarnation zur nächsten weiter beschrieben wird.

Geistig gesehen ist der Tod die Befreiung des übersinnlichen Menschen aus der Bindung an den Körper. Diese Befreiung wird als das größte, beseligendste Erlebnis erfahren, das dem Menschen überhaupt zuteil werden kann. Sie behält ihre große Bedeutung für lange Zeiten. Für einen Augenblick wird die Souveränität des geistigen Menschen über das Körperliche erlebbar. Die innere Hierarchie ist wieder hergestellt, wie sie sein soll. Aber dann fällt der Körper aus dem Zusammenhang heraus. Die Entspannung, die dies bedeutet, kann sich auch schon vor dem Tod als innerer Friede ankündigen.

Die Ursache für die Erhöhung der Persönlichkeit und die Klarheit, mit der die Tatsachen des Lebens zu vergegenwärtigen sind, hat G. Ritchie beschrieben. Es wird nicht immer so erlebt, daß Christus oder das göttliche Licht die Rückschau auf das Leben bringen und einleiten, aber der innere Zusammenhang ist deutlich (so auch bei E. Kübler-Ross). Wenn davon kein Widerschein am Verstorbenen zu sehen ist, heißt das nicht, daß die Seele dieses nicht erlebt, sondern daß der Körper davon nichts mehr wiedergeben kann. Es gibt Krankheiten und Todesumstände, nach denen sehr schnell Zerfall einsetzt oder der Spiegel dumpf ist und sich nichts mehr auf ihm abbildet.

Für das weitere Erleben ist grundlegend, daß das abgeschlossene Leben mit allen Tatsachen, Gedanken und Motiven objektiv erlebt wird. Alles ist da, sogar vollständiger, als man es vor dem Tod hätte erinnern können. Die Fülle der Bilder reicht bis zur Geburt zurück. Aber in einer Hinsicht ist es verändert: die Empfindlichkeit, mit der man im Leben die Erinnerungen gefiltert und selektiert hat, ist nicht mehr da. Es gibt keinen Verdrängungsmechanismus mehr. Das Gefühl der Identität ist erhalten. Fraglos wird akzeptiert, daß es das eigene Leben ist. Ja, in der Gesamtheit dieser Tatsachen lebt die Identität. Das Ego ist nur noch als Mittelpunkt vorhanden, ohne seine Empfindlichkeiten; es erlebt sich zugleich als Betrachter des eigenen Lebens. Und alles vollzieht sich in dem Licht reinster Wahrhaftigkeit. Dieser Zustand dauert nach Rudolf Steiner etwa drei Tage.

Der totalen Erinnerung liegt ein verborgener Zusammenhang der menschlichen Konstitution zugrunde. Die Lebenskräfte, die die Organe bilden und in Funktion enthalten, sind selber bildend und Bilder-schaffend. Ihre der Seele und dem Bewußtsein zugewandte Seite liegen jedem Bilder-Schaffen, auch der bildhaften Phantasie zugrunde. Sie bilden auch das «Material» des Gedächtnisses. Im Tode lösen sie sich vom Leibe und bringen so die Fülle der Tatsachen, die sich in ihnen eingeprägt haben, zum Vorschein. Weil sich dies in den vorher leibgebundenen Lebenskräften abspielt, kann sich noch ein Abglanz von den Geschehnissen auf dem Antlitz des Verstorbenen abbilden. Nach zwei bis drei Tagen zeigt sich dann leiblicher Verfall. Dann haben sich die Lebenskräfte vollständig aus dem Leibe gelöst. Sie werden im Verlauf der drei Tage schwächer: «Und dann verschwindet es [das Lebenspanorama] in den Weiten, es ist nicht mehr da.»[112]

Weiter heißt es: «Es ist so, wie wenn wir dasjenige Ich, das wir eigentlich als unser Ich bezeichnet haben während des Erdenlebens [die Summe der Erinnerungen, wie sie das Selbstbewußtsein konstituieren; J. M.], hinschwinden sehen in die Weiten des Weltenalls. Und das Ende der wenigen Tage, in denen wir solches erleben, ist dieses, daß wir uns gegenüber unseren enteilenden Erinnerungen sagen müssen: Wir werden selbst zerstreut, verweitet in das Weltenall, verweitet so weit in das Weltenall, daß wir den Augenblick erleben, wo wir eigentlich in dem, worin wir uns gefühlt haben zwischen Geburt und dem Tode, wie genommen uns fühlen von den Weiten des Weltenalls.»

Dann folgt ein Zustand, der sehr verschieden ist für die Einzelnen, je nachdem, mit welchen Gewohnheiten in der Seele man in dem körperlosen Dasein ankommt. Fast alle Menschen haben ein klares Bewußtsein nur aufgrund der Wahrnehmung des Leibes. Während des Erdenlebens muß das Geistige immer geahnt, herbeigeführt werden. Jetzt ist der Mensch ins Geistige versetzt, und die Möglichkeit, ohne Leib von sich und der Umgebung zu wissen, muß sich erst ausbilden.

So folgt, vergleichbar den ersten Wochen und Monaten nach der Geburt am irdischen Lebensanfang, eine Zeit des Schlafes und des allmählichen Erwachens. Diese Zeit kann länger dauern bei Menschen, die mit der festen Überzeugung gelebt haben, daß der Tod ein absolutes Ende ist. Wohl jeder ist in dieser Lage vergleichbar mit demjenigen, der schwimmen soll, ohne daß vorher Gelegenheit gegeben war, es zu üben. Wer aber der festen Überzeugung ist, daß es kein Wasser gibt, wird größere Schwierigkeiten zu durchdringen und zu überwinden haben, bis er zu der Lage aufwacht, in der er sich befindet.

Darauf folgt eine zweite Stufe der Objektivierung. Die erste Erfahrung, die vergleichbar noch bei Grenzerlebnissen auftritt, hat den vollständigen Tatbestand des gelebten Lebens zum Inhalt. Die zweite Stufe besteht in dem Erleben des objektiven Gehaltes, wie er sich der Welt mitgeteilt hat. Man muß erfahren, was das eigene Tun und Lassen für die anderen Menschen und für die Welt insgesamt bedeutet. Es geht jetzt nicht um die Tatsachen allein, sondern um die objektiven Wirkungen. Wir erfahren, was wir in der Welt wirklich verändert haben. Und wir erfahren dies auch als unser eigenes Leben. Steiner spricht von den «geistigen Gegenbildern» unserer Handlungen. Davon ist in deutlichen Beispielen auch in der geistigen Tradition gesprochen worden.[113]

Steiners Schilderung in dem angeführten Vortrag lautet: «Aber hinter den Erinnerungen, die wir gehegt haben während des Erdenlebens, sitzt ein Objektives. Das geistige Gegenstück ... ist eingeschrieben in die Welt. Und wir tauchen jetzt unter in dieses geistige Gegenstück zu unseren Erinnerungen. Indem wir Erlebnisse durchgemacht haben seit unserer Geburt bis zum Tode, haben wir mit diesem Menschen, mit jener Pflanze, mit jener Quelle, mit allem, woran wir herangetreten sind während des Lebens, dies und jenes erlebt. Nichts von alledem, was wir erlebt haben, bleibt in seinem geistigen Gegenstücke uneingeschrieben in die geistige Wirklichkeit, in der wir außer der physischen Wirklichkeit auch immer sind. Jeder Händedruck, den wir mit irgendeinem Menschen gewechselt haben, hat sein geistiges Gegenstück. Das ist eingeschrieben in die geistige Welt, das ist da. Nur während wir in den ersten Tagen nach dem Tode auf unser Leben hinschauen, haben wir die Bilder des Lebens vor uns. Sie decken uns gewissermaßen zu, was in die Welt selber durch unsere Taten, durch unsere Gedanken, durch unsere Gefühle eingeschrieben ist.»

Es ist zu erinnern an die «Karma-Definition» von M. von Brück: «Das Handeln des Menschen hat ontologische Bedeutung.» Es ist auch daran zu erinnern, daß das religiöse Bewußtsein von der Allgegenwart Gottes weiß, die alles wahrnimmt, was geschieht, und es bewahrt. Im Grunde genommen schildert Steiner im folgenden «das Gericht», von dem alle Hochreligionen wissen.

«Alles, was wir durchgemacht haben, an geistigen Gegenbildern wird es sichtbar, aber so, daß wir nun unmittelbar den Antrieb erhalten, durch alle diese Erlebnisse noch einmal zu gehen ... Man hat ein Erlebnis gehabt mit irgend etwas in dem außermenschlichen Naturreiche; sagen wir, man hat ein Erlebnis mit einem Baum gehabt. Man hat diesen Baum betrachtet, oder man hat ihn als Holzfäller umgehauen. Das alles hat sein geistiges Gegenbild. Vor allen Dingen, es gibt eine Bedeutung für das ganze Weltenall, für die geistige Welt, ob man einen Baum bloß betrachtet hat, ob man einen Baum umgehauen hat, ob man sonst irgend etwas mit ihm gemacht hat; dasjenige, was man mit dem physischen Baum erleben kann, man hat es im physischen Erdenleben erlebt; dasjenige, was dieses Erlebnis als geistiges Gegenbild hat, erlebt man jetzt zurücklaufend von dem Tode bis zu der Geburt.

Hat man ein Erlebnis mit einem anderen Menschen gehabt, sagen wir, einem Menschen Schmerz zugefügt, so gibt es ja schon ein geistiges Gegenbild in der physischen Welt, nur ist es nicht unser Erlebnis; es ist der Schmerz, den der andere erlebt. Bei uns war vielleicht die Ursache dieses Schmerzes sogar ein gewisses Wohlgefühl aus dem heraus, daß wir ihm diesen Schmerz bereitet haben. Rache oder irgend etwas hat uns erfüllt. Indem wir jetzt das Leben zurücklaufen, machen wir nicht unser Erlebnis durch, sondern sein Erlebnis, das, was er durch unsere Tat erlebt hat. Das gehört auch zum geistigen Gegenbild und ist eingeschrieben in die geistige Welt. Kurz, der Mensch erlebt auf geistige Art noch einmal seine Erlebnisse, zurückgehend von dem Tode bis zur Geburt.»

Man erfährt die Wahrheit des eigenen Lebens, jetzt gerade den Anteil, den man vorher nicht wußte oder höchstens in den Tiefen des Gewissens ahnte. Machen wir es uns an Beispielen klar: Eltern erfahren jetzt, was sie durch ihr Leben, ihr Tun und Lassen an ihren Kindern bewirkt haben. Ehepartner erleben jetzt, wie der Partner/die Partnerin die Ehe erlebt hat. Und erst wenn beide nach ihrem Tod auch den anderen Teil des gemeinsamen Lebens erfahren haben, ist die Erfahrung vollständig. Im Nachtodlichen ist die «Ich-Betonung» des hiesigen Lebens gelöscht. Man erlebt dann nur das andere, die Ergänzung zur vollen Wirklichkeit. – Wir kennen schon jetzt das brennende Verlangen, wenn man einen begangenen Fehler eingesehen hat, auf irgendeine Art diesen bereinigen zu können. Wir kennen auch im Positiven das Verlangen, einen Dank für Hilfe oder Förderung noch abstatten zu können. Letzteres mag in der geistigen Welt möglich sein, aber die begangenen Fehler bleiben bestehen, wie sie waren. Unter begangenen Fehlhandlungen, unter unterlassenen Taten kann man dann nur leiden. Die Bedingungen sind nicht so, daß man Versäumtes und Verfehltes nachholen könnte. Es stände unter dem Zeichen des Zwanges und nicht der Eigenverantwortlichkeit.

Die Art des Daseins nach dem Tod ist geprägt von dem Gesetz der Konsequenz. Darin stimmt die Totenkunde der Menschheit auch mit der Bibel überein. Die Erfahrungen verändern uns, wir sind ihnen unterworfen. Nur auf der Erde können wir aus Einsicht Schlechtes bessern. So entsteht im nachtodlichen Erleben der Drang, gerade um des Unvollständigen, des Schlechten in unserem Leben willen, wieder auf die Erde kommen zu können mit denjenigen Menschen, mit denen wir gemeinsame Schicksale haben, mit denen uns Schuld oder eine nicht zu Ende gebrachte Beziehung verbindet.

Das nachtodliche Leben hat aber nicht nur diese persönliche Dimension. Es erfolgt in einer anderen, der moralischen Welt. Höhere Wesen nehmen an dem Erleben teil und beurteilen es. Steiner fährt fort: «Dieses Erleben ist verbunden ... damit, daß wir fühlen an diesem Erleben, wie an ihm Wesenheiten teilnehmen, die zunächst übermenschlich sind. Indem wir uns durchringen durch diese geistigen Gegenbilder unserer Erlebnisse, ist es so, als ob fortwährend von oben herunterrieselten die Sympathien und die Antipathien der geistigen Wesenheiten, die eben Sympathien und Antipathien mit unseren Taten, mit unseren Gedanken im rückläufigen Erleben haben. Und wir fühlen in diesem rückläufigen Erleben für jedes einzelne, was wir auf der Erde aus uns heraus vollbracht haben, sei es in Gedanken, sei es in Gefühlen, sei es in Willensimpulsen, sei es in Taten – wir erleben für jedes einzelne, wieviel wert es ist für das von dem Geistigen aus orientierte Dasein überhaupt.»

Die Frage, der G. Ritchie begegnete: «Was hast du aus deinem Leben gemacht?», hat nicht nur für ihn grundlegende Bedeutung im weiteren nachtodlichen Leben.

Man muß sich verdeutlichen, was in diesem Zusammenhang Sympathie und Antipathie bedeuten. Es handelt sich darum, daß angenommen (Sympathie) oder zurückgewiesen (Antipathie) wird, was wir getan haben. Das Gute, was objektiv der Welt weiterhilft, wird aufgenommen, es bereichert die Welt. Das Unvollständige, das Schlechte bleibt uns. – Wer es einmal erlebt hat, daß ihm bei einer Aufführung auf offener Bühne ein beträchtlicher Fehler unterlaufen ist, wird empfinden können, daß es eine Gnade ist, daß Schlechtes uns zurückgegeben wird zu weiterer Verbesserung, ehe es Bestandteil der Welt wird. Nach dem Tod müssen wir erfahren, daß sich alles «auf offener Bühne» abgespielt hat. – Hier taucht ein ganz anderer Sinn von «Vergebung» auf, als es in der nur irdischen Betrachtung des Wortes gesehen wird.

«Wir erleben in bitterem Schmerz die Schädlichkeit irgendeiner Tat, die wir begangen haben. Wir erleben in brennendem Durste die Leidenschaften, die wir in unserer Seele gehabt haben. Wir erleben sie so lange in brennendem Durste, diese Leidenschaften, bis wir die Wertlosigkeit des Leidenschafthabens für die geistige Welt eben genügend erlebt haben und hinausgekommen sind über dieses Leidenschafthaben, wie es abhängt von der physischen Persönlichkeit auf der Erde.»

Es folgt eine Erklärung, daß Durst ein seelisches Phänomen ist, ein Erlebnis der Seele an leiblichen Zuständen. «Durst ist … nicht etwas, was im physischen Leibe lebt, Durst ist etwas, was durch Veränderungen des physischen Leibes im Seelischen, im Astralischen lebt. Ebenso der Hunger. Und wenn jemand in seiner Seele einen großen Gefallen hat an irgend etwas, das ihm durch physische Verrichtungen befriedigt wird im physischen Leben, dann ist es so, wie wenn er hier im physischen Leben Durst hat: das Seelische empfindet Durst, brennenden Durst nach denjenigen Dingen, die sich der Mensch hier angewöhnt hat, durch physische Verrichtungen zu befriedigen. Denn die physischen Verrichtungen kann man nicht vornehmen, wenn man den physischen Leib abgelegt hat. Ein großer Teil des Lebens nach dem Tode während dieses Rückganges, den ich hier angedeutet habe, verläuft dadurch, daß der Mensch sich in seinem Geistig-Seelischen erst angewöhnen muß, ohne seinen physischen Leib zu leben. Er hat fortwährend brennenden Durst zunächst nach dem, was sich nur durch den physischen Leib befriedigen läßt. Geradeso wie sich das Kind gewöhnen muß, seine Organe zu gebrauchen, wie es sprechen lernen muß, so muß sich der Mensch in dem Leben zwischen Tod und neuer Geburt gewöhnen, nicht mehr seinen physischen Leib als die Grundlage seiner Seelenerlebnisse zu haben; er muß hineinwachsen in die geistige Welt.»

Für eine Seele, der geistiges, künstlerisches, religiöses Streben, innere Aktivität eignet, wird diese Umgewöhnung eine leichtere sein.

Die Erfahrungen der Verstorbenen sind vor allem geprägt von Nachwirkungen belastender Art. Sie erleben vor allem die Fehler, die Versäumnisse. Wir haben als noch auf Erden Lebende die Pflicht, der Verstorbenen so zu gedenken, daß wir vor allem dasjenige wachhalten, was uns Grund zur Dankbarkeit ihnen gegenüber gibt. Der (vorchristliche) römische Spruch «de mortibus nihil nisi bene» ist oft zitiert worden, sogar falsch übersetzt mit: Über die Toten nur Gutes. Das wäre übertrieben. Er heißt richtig: Über die Toten nur in guter Weise. Das ist eine Frage der Gesinnung. – Alle Menschen haben und machen Fehler. Die Verstorbenen erleben diese klarer als wir. Es ist für uns Lebende ein Gebot der Menschlichkeit, der guten Augenblicke zu gedenken, die wir mit den Verstorbenen erlebt hatten. Es tut not, daß für sie gebetet wird in dem Sinne, daß es nicht nur die göttliche Gerechtigkeit gibt, sondern auch die Gnade, die dem Mangelhaften weitere Entwicklungen ermöglichen wird. Eine besondere Aufgabe besteht darin, sich mit Handlungen von Verstorbenen zu beschäftigen, bei denen ein Verständnis erst errungen werden muß. Die Kraft der Vergebung aus menschlichem Verständnis kann große Erleichterung für Verstorbene bringen. Die Erfahrung dürfte bekannt sein, daß es leichter ist, Verstorbenen zu vergeben als Lebenden. Aber das soll man auch tun. Zukünftige Schicksale werden dann anders verlaufen.

Das Wort von den «geistigen Gegenbildern» bedarf der Erläuterung: Solche sind in der religiösen Überlieferung vielfältig enthalten. Im Mittelalter wurde mit ängstigenden Schilderungen des reinigenden «Fege»feuers grober Mißbrauch getrieben.

Im «Traumlied» des Olav Åsteson[114] sind solche Gegenbilder geschildert: Zwei Männer, die im Leben Grenzsteine im Wald versetzt hatten, müssen im nachtodlichen Erleben glühende Erde in ihren Händen tragen. – Ein Mann wird gesehen in einem Mantel aus Blei: sein Herz war eng in teurer Zeit. Ein Mann steht im Moor, schon bis zu den Knien eingesunken. Er trägt auf den Armen einen Knaben, den er einst getötet hatte. Wenn man die Bilder materiell-realistisch nehmen wollte, wäre das bodenlos grausam. Wenn man die Bilder aber als Ausdruck der Empfindungen nimmt, die sich den «Sündigen» aufdrängen beim Erleben ihrer Taten, dann hat man das geistige Gegenbild vor sich.

Das «Traumlied» enthält noch andere Wahrheiten. Nachdem die Zustände von sündigen Menschen geschildert wurden, kommt eine Gerichtsszene. Michael wägt die Seelen in Gegenwart Christi und des Höllenfürsten:

«Er wog die Seelen Christus zu, daß Er die Sünder trage.»

Dieser Satz ist christlicher als viele traditionelle «christliche» Jenseitsvorstellungen.

Die Ausgleichserlebnisse nach dem Tode sollten nicht verwechselt werden mit einem «Jüngsten», das heißt letzten Gericht. Sicher haben sie damit eine inhaltliche Verwandtschaft. Aber genauso wie jeder Lebensanfang Ahnungen von paradiesischen ursprünglichen Zuständen erweckt, enthalten die nachtodlichen Erfahrungen des individuellen Gerichtes Vorahnungen eines endgültigen Gerichtes, wenn die Zeiten auf der Erde zu Ende sind und die Menschheit als Ganzes in eine rein geistige Welt zurückkehrt. Im traditionellen christlichen Weltbild reicht der Blick nur bis zu einem Aufgenommen- oder Abgewiesen-Werden durch Gott. Die Folge wird Seligkeit oder Verdammnis genannt. In der Sichtweise von Reinkarnation und Karma wird das Fazit sehr langer Prozesse in *einem* Bild zusammengefaßt.

In der Anthroposophie treten differenzierte Schilderungen dieser Prozesse auf. Wohl jeder Mensch hat in seinem Leben durch selbstloses Handeln anderen weitergeholfen. Und jeder Mensch hat sich durch Geistlosigkeit und Eigennutz zum Schuldner vor Gott und anderen Menschen gemacht. Nach welchem Maßstab wird geurteilt? Hier begegnen sich religiöse Überlieferung und Anthroposophie: Der Wille Gottes und das Ziel der Menschheit ist die Liebe, die nicht das Eigene sucht, sondern das Wohl, Leben, Wachsen, Gedeihen der anderen. Was in Tat und Gesinnung ihr entspricht, wird aufgenommen, war ihr nicht entspricht, zurückgewiesen, verfällt dem «Gericht». Paulus hat die Liebe beschrieben im «Hohenlied»[115], Steiner bezeichnet sie als «das Schöpferische in der Welt»[116]. Er schreibt ihr zu dem persönlich-moralischen auch einen objektiv-kosmologischen Wert zu, der die Bedeutung der Liebe unterstreicht:

Unsere Welt ist in ihren Einzelheiten und in dem Zusammenwirken der Naturkräfte geprägt von alles durchdringender göttlicher Weisheit. In uns Menschen bereitet sich ein neuer, moralischer Kosmos vor, dessen Grundkraft die Liebe sein wird.[117] Was sich durch Vergangenheiten «als Weisheit vorbereitet hat, wirkt im … Leib des Menschen; und es stellt sich dar als ‹Weisheit der Welt›. Im ‹Ich› aber verinnerlicht es sich. Die ‹Weisheit der Außenwelt› wird, von dem Erdenzustande an, innere Weisheit im Menschen. Und wenn sie da verinnerlicht ist, wird sie Keim der Liebe. Weisheit ist die Vorbedingung der Liebe; Liebe ist das Ergebnis der im ‹Ich› wiedergeborenen Weisheit.»

Wir werden im nachtodlichen Dasein danach beurteilt, ob und wie unsere Taten, Gesinnungen, Gedanken von Liebe durchdrungen waren. Nach Maßgabe dessen bauen sie mit an zukünftigem Leben. Alles, was «der Liebe ermangelte» in unserem Leben, wird uns zu weiterem Bearbeiten in die eigene Verantwortung zurückgegeben. So wächst das Gute in stetiger Auseinandersetzung mit dem Schlechten weiter, wie es im Gleichnis von der wachsenden Saat, unter die «der böse Feind» Unkrautsamen gesät hat, dargestellt ist.[118] In dem in diesem Abschnitt schon ausführlich zitierten Vortrag (vom 10.2.1924) heißt es: «Wir fühlen uns vor allen Dingen nicht bloß ideell beurteilt, wir fühlen uns real abgeschätzt, und dieses Abschätzen ist selber die Realität unseres Daseins, wenn wir da hinauskommen in die geistige Welt nach dem Tode.

Wenn wir hier als Menschen in der physischen Welt stehen, und wir haben irgend etwas Schlimmes getan, nun, wenn wir das Gewissen und die Vernunft dazu haben, verurteilen wir es selber, oder es verurteilt es das Gesetz, es verurteilt es der Richter, es verurteilen es die anderen Menschen, indem sie uns verachten. Aber wir werden von diesen Urteilen nicht mager, wenigstens nicht erheblich, nur wenn wir als Menschen ganz besonders geartet sind; wir werden meist erst von den Folgen des Urteils mager. Doch wenn wir eintreten in die Welt der geistigen Wesenheiten, dann ist nicht bloß ein ideelles Urteil da: wir sind weniger wert, sondern da fühlen wir den Blick der geistigen Wesen auf uns ruhen in bezug auf eine Wertlosigkeit, eine Schändlichkeit von uns, so wie wenn uns dieser Blick auslöschen würde in unserem Dasein. Für alles das, was wir Wertvolles verrichtet haben, trifft uns der Blick so, als ob wir dadurch erst unsere Realität als wirklich geistig-seelisches Wesen gewinnen würden. Unsere Realität hängt von unserer Wertigkeit ab. Es ist, wie wenn Finsternis unser Dasein uns entzöge, wenn wir die Entwickelung, die beabsichtigt ist in der geistigen Welt, aufgehalten haben. Es ist, wie wenn Licht uns in frisches geistiges Dasein riefe, wenn wir etwas verrichtet haben, was jetzt nachwirkt, das im Sinne der Entwickelung der geistigen Welt liegt.» – Religiös gesprochen: wenn wir nach Gottes Willen gehandelt haben.

Hier ist geschildert, wie im Geiste unser Sein geschaffen wird aus der Beurteilung unseres Lebens. Da es aus verschiedenen Erdenleben entsteht, ist es individuell geprägt. Das höhere Ich wächst so von Inkarnation zu Inkarnation im Geiste durch die Bestätigung in der geschilderten Art. Es ist wichtig, sich dabei zu verdeutlichen, daß das Ich in seinem wahren, von Gott anerkannten Gehalt die Erträgnisse vergangener Leben in sich enthält: Fähigkeiten, die errungen wurden, Beziehungen zu Menschen, mit denen Gemeinschaft im Guten besteht, Verwandtschaft zu Elementen der Welt, mit denen und durch die gearbeitet worden ist, bleiben. Auch in der geistigen Welt ist das Ich von (individualisierter) Seele und Lebenserfahrung umgeben, aber nun so, wie sie in

Wahrheit sind, anerkannt von den schöpferischen geistigen Wesen, von Gott.

Für Menschen, die geistig stark und wach sind, ist es möglich, in der Mitte zwischen zwei Inkarnationen einen Überblick über alle bisherigen Leben zu gewinnen.[119]

C. Weitere Entwicklungen

Damit sich der Mensch wirklich regenerieren kann, ist es notwendig, daß er in höhere Bereiche der geistigen Welt gelangt. Wenn das rückläufige Durchleben des letzten Erdenlebens bis zur Geburt gekommen ist, wenn die Beurteilungen erfahren sind, erfolgt eine Trennung (griechisch: krisis, Gericht). Der schuldbeladene Teil des letzten Erdenlebens wird und muß abgetrennt werden. Der Mensch darf, je nach seiner Tugend und Kraft, Erfahrungen in Regionen machen, die den irdischen Verstrickungen ganz entrückt sind.

Man darf darin auch einen Akt von Vergebung und Gnade sehen. Das Böse unseres Lebens wird von uns abgetrennt und aufbewahrt. Nach Steiner wurde diese Befreiung früher allen Menschen zuteil. In den von höherer Weisheit durchdrungenen Religionen und Volksbräuchen waren dazu die Vorbedingungen im Erdenleben allgemein gegeben. Die Lebensordnungen, die Sitten und Gebräuche, die das Verhalten bestimmten, enthielten Abbilder der Ordnung der geistigen Welt. Das gab den Seelen nach dem Tod den Antrieb, Beziehungen zu den höheren geistigen Wirklichkeiten zu erstreben. Angesichts der modernen Gefährdungen, durch den Materialismus, durch quasi-religiöse Bindungen an nur irdische Werte und Gegebenheiten vergrößert sich in der Gegenwart die Gefahr, daß diese Befreiung von allem, was vorher wert und wichtig war, wie eine Vernichtung erlebt wird. Die Beurteilungen, die man nach dem Tode erfährt, und ihr Abschluß enthalten schon einen «Vorgeschmack» des letzten Gerichts und eine vorläufige Erlösung. Sie ermöglicht weitere Entwicklung. Durch die «Erlösung am Ende der Tage» wird eine neue, andere Existenz begründet werden, in der alles Irdische von Todeskräften befreit und verwandelt, von lebendigem Geist durchdrungen wird wie der Mensch Jesus in der Auferstehung Christi.

Was abgetrennt wird und zurückbleibt, nennt Steiner gelegentlich verharmlosend «das Päckchen»[120], es wird aber auch von dem «Schicksalskern» gesprochen, der abgetrennt wird.[121] Der verbleibt in der Seelenwelt (in der Mondensphäre). Die Befreiung von den Schicksalslasten ist früher durch göttliche Gnade geschehen. Sie wird aber in zunehmendem

Maße abhängig davon, ob der Mensch auf Erden eine innere Beziehung zu Christus erworben hat. «Und die Kraft, welche der Menschenseele dadurch wird, daß sie eine Gefühlsverbindung mit dem Mysterium von Golgatha hat, diese Kraft wirkt nach dem Tode nach und entreißt die Seele dem Schicksals-Wesenskern und der Mondensphäre, und unter der Nachwirkung des Christus bildet die Seele ihren künftigen physischen Organismus mit den anderen Wesen der Sternenwelt aus und findet dann wiederum den Schicksalskern, in den die Tendenz hineingelegt wird zur Schicksalsbildung der kommenden Erdenleben.»[122] Das zeigt die weitere Entwicklung: Der Weg führt weit hinaus in überirdische Regionen, wo das geistige Urbild für einen neuen physischen Leib gefunden werden muß. Man kann es auch so ausdrücken: Man muß in die Regionen gelangen, in denen das Urbild der menschlichen Gestalt als schöpferische Tatsache lebt. Man wird zum Teilnehmer an höchsten Schöpfungsprozessen. Dieser Zustand von Gottdurchdrungenheit, wie Steiner ihn auch nennt, ist notwendig, weil der Mensch innerlich ein anderer werden muß, ehe er die alten Schicksalslasten wieder aufnimmt mit der Hoffnung und dem Impuls, sie zu verwandeln.

Die Tätigkeit, die den geistigen Keim eines neuen physischen Leibes bildet, schildert Steiner nun als Verbindung mit geistigen Kräften, die am Sternenhimmel durch den Tierkreis angedeutet sind. (Das berührt sich mit esoterischen Traditionen, nach denen die verschiedenen Bereiche des menschlichen Leibes Wirkensfelder von Tierkreiszeichen sind. Dieser verborgene Zusammenhang ist der Grund für die Tradition, daß der irdische Mensch ein Mikrokosmos, ein Abbild der Sternenwelt ist.) Man muß sich mit den Kräften verbünden, die den Leib des Menschen bilden. Das ist für alle Menschen gleich. Diese allgemein-menschliche Anlage wird dann aber differenziert nach den Möglichkeiten der Individualität und den Notwendigkeiten des Schicksals. In der Zeit nach dem Tode gingen die guten Früchte des Erdenlebens fort, bereicherten die Welt. Jetzt werden Begabungen, Kräfte verliehen. Sie sind Geschenke, nach Maßgabe der Fähigkeiten. Es ist von Bedeutung, sich dieses Weggeben und Empfangen klarzumachen. Begabungen, Stärken sind nicht persönlicher Besitz, auf den man stolz zu sein Grund hat, sondern Gaben, durch die man anderen hilfreich sein kann. Nicht nur der physische Leib wird in geistigen Regionen gebildet, sondern auch die Grundlagen des Seelenlebens und der Lebens-Bildekräfte werden zusammengezogen. Auch da wirken frühere Schicksale mit herein. «Er übergab ihnen Talente, jedem nach seinem Vermögen» (Mt 25,15).

Das geschilderte Gesetz, daß alle «guten Früchte» eines Erdenlebens der höheren Welt geopfert werden und Begabungen Geschenke sind, entkleidet diese von dem Charakter des «Verdienstes»: Das hat grundlegende Bedeutung. Jeder Mensch wird dadurch mit seinen Begabungen und Belastungen zu einem Boten der höheren Welt.

«Karmische Zusammenhänge dürfen nie anders als außermoralisch betrachtet werden, denn so wie es ein Gesetz ist, daß sich niemand einen Vorzug in diesem Leben als ein aus einem vergangenen Leben herrührendes Verdienst anrechnen kann, so kann auch keinem aktuellen Leben ein früheres zur Last gelegt werden. Denn im Durchgang durch das nachtodliche Sein haben sich alle ehemals moralischen Zusammenhänge in Schicksalszusammenhänge verwandelt, die jenseits moralischer Beurteilbarkeit stehen. Wer hier noch wertend urteilt, sucht Karma zu überbieten.»[123]

Es könnte noch manches von dieser himmlischen Tätigkeit herangezogen werden, in diesem Rahmen soll das Folgende aus dem eben schon zitierten Vortrag genügen:

«Ja, es ist der Christus-Impuls, der über den Tod hinaus nachwirkt, unter dessen Einfluß der Mensch sich der Mondensphäre entringt, in die Sternen-Sonnensphäre eindringt und dort aus den Impulsen, die ihm die Wesen der Sternenwelt geben, arbeiten kann an der Herausgestaltung des physischen Organismus seines nächsten Erdenlebens. Aber er entringt sich der Mondensphäre durch die Kräfte, die er in seinem Ich aufgespeichert hat durch die Hinneigung zu dem Christus-Wesen und zu dem Mysterium von Golgatha.[124] Er entringt sich der Mondensphäre in einer solchen Art, daß er nun auch in der Sternensphäre so arbeiten kann, daß er, wenn er wieder zur Mondensphäre zurückkehrt und ihm sein Schicksalskern begegnet, in einer freien Weise, als eine freie Geistestat sich diesen Schicksalskern eingliedert, weil er sich sagen muß: Die Weltentwickelung kann nur in der richtigen Weise verfließen, wenn der Mensch sich diesen seinen Schicksalskern eingliedert und dasjenige, was er als sein Schicksal zubereitet hat, auch in ausgleichenden künftigen Erdenleben wiederum zurechtbringt.

Das ist das Wesentliche im Neu-Erleben des nachtodlichen Mondensphären-Erlebens, daß es da im kosmischen Dasein einen Augenblick gibt, wo der Mensch in selbständiger Weise sein Schicksal, sein Karma, mit seiner fortschreitenden Wesenheit in Zusammenhang bringt. Und das irdische Abbild dieser im Überirdischen vollbrachten Tat im nachherigen irdischen Leben ist die menschliche Freiheit, das Freiheitsgefühl während des Erdenlebens.»

Hier ist von dem freien Entschluß zum Schicksal die Rede, den die ewige Individualität vor der Inkarnation faßt. Daß ein solcher Entschluß möglich ist, hat nicht nur die Einsicht zur Voraussetzung, sondern auch, daß das Schicksal bereitet ist, zu dem man sich entschließt. Und dieses ist Tat höherer Wesen, ist göttliche Gnade, die am Menschen bildet. Der Entschluß besteht darin, daß man das Schicksal aus Gottes Hand empfängt und es als seinen eigenen Willen anerkennt. So begründet sich der Lebenswille für den kommenden Lebensweg.

Es muß daran erinnert werden, daß diese Schilderung absieht von allen Verfinsterungen ahrimanischer Art. Es gibt Gründe für die Vermutung – und Steiner schildert solche Gründe –, daß es nicht für jede Individualität möglich ist, einen freien, aus Einsicht geborenen Entschluß zur Inkarnation und zum eigenen Schicksal zu fassen. Aus der Mondensphäre kommen alle Belastungen entgegen. Da kann der Entschluß schwer werden oder gar ein Leben nur aus Notwendigkeit, sozusagen gezwungen, begonnen werden müssen.

Es gibt noch andere Nachwirkungen des Erlebens zwischen den Erdenleben. Wir haben sie schon als Phänomene genannt, jetzt kann man sehen, warum das höhere Ich sich als ewig erlebt, warum sein Wille und der Wille des Schicksals identisch sind und warum es die innere Grundlage des Gewissens ist. Es trägt in sich die Ergebnisse der vergangenen Erdenleben. Es wächst, wenn der Mensch innerlich fortschreitet, von Inkarnation zu Inkarnation, und *wir stehen vor der Tatsache, daß das ewige Ich sich in immer mehr Menschen seiner selbst bewußt wird. Das ist die grundlegende Veränderung, der sich das Christentum jetzt stellen muß.*

Die früheren Gegenüberstellungen der Ich-Qualitäten sind jetzt zu ergänzen durch die abschließende Feststellung:

Zum niederen Ich gehört als Wahrheit:

Der Mensch lebt einmal auf der Erde, danach kommt das Gericht. Das niedere Ich ist leibgebunden, wird nach dem Tode zerstört und entsteht in einem nächsten Leben neu aus den dann aktuellen Voraussetzungen.

Zum höheren Ich gehört als Wahrheit:

Der Mensch entsteht als Glied der Menschheit in langen Entwicklungen durch wiederholte Erdenleben. Das Karma ist sein innerer Zusammenhang in Zeit und Ewigkeit. Es ist die objektive Wirklichkeit des höheren Ich. Dieses findet seine Wahrheit nur durch Karma – (Selbst-)Erkenntnis.

Beide sind die wesentlichen Kräfte des Menschen, sein Wesen.

Sie müssen sich im Erdenleben ergänzen, ja durchdringen. Dazu bedürfen sie auf Erden und im Himmel der Kraft und der heilenden Gnade Christi.

Für das Mitwirken des höheren Ich ist es wesentlich, daß im Seelenleben überpersönliche Ideale und geistige Anschauungen gepflegt werden, daß man «nicht nur nach dem Fleische wandelt, sondern nach dem Geist» (Röm 8,4). Es spricht einiges dafür, daß sich im Laufe mehrerer Inkarnationen eine Grundtendenz mehr nach der einen oder nach der anderen Seite entwickelt, eine Grundbetonung des Lebens aus Kräften des höheren oder des niederen Ich. Das Überwiegen nur des einen Poles würde Verflüchtigung ins Nur-Ideelle oder Vergröberung ins Nur-Irdische zur Folge haben. Sollte der eine Pol den anderen negieren und völlig verlieren, wären beide existentiell gefährdet. Das Ziel ist in einer Orientierung der Mitte zu ahnen, die mit geistig offenem Realismus oder Geistesgegenwart zu umschreiben wäre. Tendenzen in der gegenwärtigen Kultur, die zum Beispiel den Menschen nur als genetisch bestimmt anzunehmen bereit sind, verleugnen das höhere Ich völlig und tragen deshalb zur Gefährdung des Menschen «in Ewigkeit» nicht wenig bei.

In bezug auf die letzten Stadien in der Vorbereitung der Inkarnation gibt es inzwischen auch offenere Erfahrungen. Eltern bemerken eine

Beziehung zu der Individualität zukünftiger Kinder, ehe die Schwangerschaft beginnt. Kleine Kinder sprechen von Erinnerungen an vorgeburtliche Zustände.[125] Daraus ein Beispiel:

«Ein Vierjähriger saß mit seinen Eltern und dem etwa dreijährigen Bruder am Frühstückstisch. Ein unbeschwertes Gespräch ging hin und her, in dessen Verlauf die Mutter auf den etwas phlegmatischen Kleinen anspielte und meinte: ‹Der hat sich wohl Zeit gelassen und zu seinem Bruder gesagt: Geh Du mal zuerst auf die Welt; ich komme dann nach.› Und sie wandte sich zu dem Älteren mit dem nicht ganz ernst gemeinten Satz: ‹Da hast Du Dich auf einen Sonnenstrahl gesetzt und bist heruntergerutscht in die Wiege.› Bei diesen Worten veränderte sich der Angesprochene so auffällig im Gesichtsausdruck und schien wie nachsinnend etwas zu suchen, daß die Mutter stutzte und rasch hinzufügte: ‹Oder war es nicht so?› Das Kind: ‹Nee, da war ich doch viel zu leicht dazu.› Die Mutter: ‹Und was hast Du da gemacht?› Das Kind: ‹Da hab ich mir erst – – den Mond› – er sucht ein Wort, das paßt, findet keins und bildet schließlich ein neues: ‹Da hab ich mir erst den Mond umgerundet. Da war ich schwer genug.›

Die Mutter: ‹Und dann bist Du in Deine Wiege gerutscht?›

Das Kind: ‹Nee, dann bin ich in Muttis Gärtchen gegangen.›»

Auch in der Rückführungspraxis sind Eindrücke von vorgeburtlichen Zuständen freigelegt worden.[126]

Die Aktualisierung der Schicksale aus der Vergangenheit geschieht in Form von zu fassenden Entschlüssen: Das Geschlecht der kommenden Inkarnation, die Zeit, das Land, die verwandtschaftlichen und die freundschaftlichen Beziehungen – alles das wird in Entschlüssen ergriffen. Dabei gibt es Individualitäten, die diese Entschlüsse selber fassen, die den Willen dazu in sich haben, und andere, die dazu gedrängt oder gar gezwungen werden müssen. Von den Voraussetzungen für ein Freiheitsgefühl auf der Erde war schon die Rede.

Die Eltern werden in erster Linie ausgewählt nach dem Gesichtspunkt, wo ein Leib mit geeigneter Erbprägung entstehen kann. Das Kind ist schon vor der Konzeption mit den Eltern verbunden, und in die beginnende Schwangerschaft senkt sich der geistige «Keim des physischen Leibes» ein. Etwa vom siebzehnten Tag der Schwangerschaft an, wenn das Blut des Embryos zu entstehen beginnt, verbindet sich die Individualität mit dem Keim. (Das macht Anthroposophen zu sehr konservativen Zeitgenossen in allen Fragen der Abtreibung.)

Dabei gilt immer die Souveränität der Individualität – nach Maßgabe ihrer Kraft und ihres Schicksals. Sie wählt die Eltern und auch die spezielleren Erbanlagen aus und arbeitet in den Leib vieles ein, was dann als Belastung oder Begabung – dem Schicksal entsprechend – im Leben erscheinen wird. Deshalb empfinden wir den Leib als so intimes Eigentum.

VII. Weitere Gesichtspunkte aus der anthroposophischen Schicksalskunde

A. Bedeutung und Bedingungen der Frage nach dem Karma

Rudolf Steiner hielt ein neues Verständnis von Karma für den wichtigsten Dienst, den die Anthroposophie in der Gegenwart leisten könnte. Insbesondere hielt er eine andere Auffassung des Christentums für bedeutsam, wenn dies die Vorstellungen von Reinkarnation und Karma aufnimmt.

«Das Wichtigste auf anthroposophischem Felde ist die Hinlenkung auf die in der Tiefe der Seele wirksamen Gesetze, auf dasjenige, was unter den Kräften der Seele in ähnlicher Art innerlich wirkt, wie die äußeren physischen Gesetze draußen in Zeit- und Raumeswelten wirken. Aber auch von diesen einzelnen Karmagesetzen verstehen die Menschen im Grunde genommen heute noch sehr wenig.»[127]

Und weiter heißt es im nächsten Vortrag:

«... daß es immer da war als Ansicht: daß sich der Mensch aus der gewöhnlichen Sinneswelt zu höheren Welten erheben kann; so daß dies also nicht das fundamental Neue ist. Weiter sind auch gewisse andere Dinge nicht das fundamental Neue. Selbst wenn wir über das sprechen, was in bezug auf die Evolution fundamental ist; wenn wir zum Beispiel sprechen über die Christus-Frage: in bezug auf die anthroposophische Bewegung als solche ist sie nicht das Fundamentalste; sondern das Fundamentalste ist die Gestalt, welche die Christus-Frage dadurch erhält, daß Reinkarnation und Karma in die Herzen der Menschen ... aufgenommen werden. Die Beleuchtung, welche die Christus-Frage erhält unter der Voraussetzung der Wahrheit von Reinkarnation und Karma, das ist das Wesentliche.»[128]

Es wäre vermessen, einen Überblick über Steiners Karma-Darstellungen geben zu wollen. Das ist im Rahmen unserer Fragestellung auch nicht notwendig. Die Absicht ist, zu zeigen, daß in anthroposophischer Sichtweise eine Harmonie zwischen Christentum und Karma-Verständnis möglich ist. Dazu müssen weitere Gesichtspunkte dargestellt werden, von denen einige umfangreich sind.

1. Was sinnvollerweise unter «karmischem Ausgleich» zu verstehen ist;

2. ist Steiners Unterscheidung von vergangenheitsbezogenem und Zukunftskarma wichtig;

3. muß betrachtet werden, wie sich Christus in das Schicksal der Menschheit eingefügt hat. Damit ist

4. die Frage verwandt, was Steiner meint mit dem objektiven Teil der Sünden, die Christus auf sich genommen hat, und dem Teil, für dessen Ausgleich wir selber verantwortlich sind. Das ist die Frage nach der Erlösung und der Selbstverantwortlichkeit des Menschen, auch in karmischer Beziehung.

Zu dem Thema Karma und Christentum gibt es im Werk Steiners eine Entwicklung. K. von Stieglitz hat sie in einem Vortrag treffend zusammengefaßt.[129] Noch 1911 sagte Steiner zu F. Rittelmeyer: «... eine Lehre des Christentums ist die Wiederverkörperung nicht. Sie ist eine Tatsache, die sich der okkulten Forschung ergibt. Das muß man hinnehmen, wie es ist.» Er hatte aber schon damit begonnen, die beiden Tatsachen miteinander in Beziehung zu setzen. (Näheres in Anhang 4, S. 211.)

Zuerst soll deutlich gemacht werden, daß die Beschäftigung mit dem Karma, den aus der Vergangenheit hereinwirkenden Schicksalskräften, eine ernste Angelegenheit ist. Es war schon die Rede von den Kräften, die unter dem Seelenleben wirksam sind. Steiner schlägt folgende Übung vor, um sie bewußt zu machen[130]:

«Wie kann nun der Mensch zu einer gewissen Anschauung von Reinkarnation und Karma doch kommen, das heißt, zu einer Anschauung, die mehr wert ist als eine bloße theoretische Überzeugung, die eine Art innerer Gewißheit geben kann, daß der eigentliche geistig-seelische Wesenskern in uns von früheren Leben herüberkommt und zu späteren Leben herübergeht?

Man kommt zu einer solchen bestimmten Anschauung dadurch, daß man innerliche Dinge ausführt, welche keineswegs leicht sind, welche schwierig sind, aber die deshalb doch immerhin ausgeführt werden können. Der erste Schritt, den man da machen kann, ist, daß man die gewöhnliche Art von Selbsterkenntnis ein wenig übt, die Art, die darin bestehen kann, daß der Mensch gewissermaßen auf sein Leben zurückblickt, so zurückblickt, daß er sich fragt: Was bin ich denn überhaupt für ein Mensch gewesen? Bin ich ein Mensch gewesen mit einer starken Neigung zum Nachdenken, zu einem innerlich nachsinnenden Wesen, oder bin ich ein Mensch gewesen, der stets mehr die Sensationen der Außenwelt geliebt hat, dem dieses … im Leben gefallen oder nicht gefallen hat? Bin ich ein Mensch gewesen, der in der Schule gern lesen, aber nicht gern rechnen wollte, der die anderen Kinder gern geschlagen hat, aber sich nicht gern hat schlagen lassen? Oder bin ich vielleicht ein Kind gewesen, das immer dazu bestimmt war, eins abzukriegen, und das nicht schlau genug gewesen ist, die anderen eins abkriegen zu lassen? – In dieser Weise ein wenig zurückzublicken auf sein Leben und insbesondere sich zu fragen: Wozu war ich – in intellektueller Weise oder in derjenigen Weise, die auf die Gemütsstimmungen oder auf die Willensimpulse bezüglich ist – besonders veranlagt? Was ist mir leicht, was ist mir schwierig geworden? Was hat mich so getroffen, daß ich ihm gern habe entfliehen wollen? Was hat mich so getroffen, daß ich mir gesagt habe: Es ist mir recht, daß es so gekommen ist und so weiter –, so also auf sein Leben in einer gewissen Weise zurückzublicken, das ist gut zu einer intimeren Erkenntnis seines geistig-seelischen Wesenskernes; vor allem alles klar vor die Seele zu stellen, was zu dem gehört, was man eigentlich nicht gern gewollt hat …»
Es folgt ein Beispiel eines jungen Mannes, der gern Dichter geworden wäre, aber nach dem Willen seines Vaters Handwerker hat werden müssen. «So sich klarmachen, was man eigentlich hat werden wollen, was man aber gegen seinen Willen geworden ist, dann sich klarmachen, was einem gepaßt hat im Jugendleben und was einem nie zuteil geworden ist. Dann weiter sich klarmachen, wo man so recht hätte herauskommen wollen, woraus man so recht hätte entfliehen wollen …

Wenn man sich das klargemacht hat, dann hat man eigentlich ein Bild derjenigen Dinge in seinem Leben, die einem so recht am wenigsten gefallen. Darum handelt es sich aber gerade, daß man die Dinge in seinem Leben herausbekommt, die einem in der Vergangenheit am wenigsten gefallen haben. Und man muß nun versuchen, sich ganz einzuleben in eine höchst merkwürdige Vorstellung: Alles das, was man nun eigentlich nicht gewollt und gewünscht hat, energisch zu wollen und zu wünschen! Also energisch einmal sich vor die Seele zu stellen: Wie wärest du eigentlich, wenn du lebendig, heftig alles das gewünscht hättest, was du eigentlich nicht gewünscht hast, was dir im Grunde genommen im Leben gegen den Strich gegangen ist? – Ausschalten muß man dabei in einer gewissen Weise dasjenige, was einem zu überwinden gelungen ist. Denn das allerwichtigste ist, daß man diejenigen Dinge wünscht, oder sich so vorstellt, als ob man sie lebhaft wünschen würde, die man nicht gewünscht hat, oder denen gegenüber man seine Wünsche nicht hat durchsetzen können, so daß man in der Empfindung, in Gedanken ein Wesen schafft, von dem man die Vorstellung haben kann, daß man es im Grunde genommen bisher gar nicht gewesen ist. Und jetzt stelle man sich vor, daß man eigentlich gerade dieses Wesen mit aller Vehemenz, mit aller Intensität gewesen wäre. Wenn man sich das vorstellt, wenn es einem gelingt, sich zu identifizieren mit diesem Wesen, das man auf diese Weise sich selber sozusagen einkonstruiert hat, dann hat man schon wesentlich etwas gewonnen auf dem Wege, seinen inneren seelischen Wesenskern kennenzulernen. Denn es wird einem gerade an dem Bilde, das man sich nun von seiner Eigenpersönlichkeit in der geschilderten Weise machen kann, etwas aufgehen, was man in der gegenwärtigen Inkarnation nicht ist, was man aber hereingebracht hat in die gegenwärtige Inkarnation. Sein tieferes Wesen wird einem aufgehen an dem Bilde, das man sich auf diese Weise konstruiert.

Es wird also von dem, der zu seinem inneren Wesenskern kommen will, im Grunde genommen etwas verlangt, was die Menschen in unserer Gegenwart am allerwenigsten tun.» Man soll sich also an alles Unwillkommene, mit dem man im Leben zu kämpfen hatte, deutlich erinnern, alles, was das Leben mit bestimmt hat, ohne daß man es selbst gewollt hätte. Das ist ganz gewiß eine schmerzliche Übung. Und dann soll die Vorstellung gebildet werden, daß es aber «in mir» eine (höhere)

Instanz gibt, die das alles so gewollt hat. Steiner nennt das mit Recht eine schwierige Übung. – Nach dem bisher Ausgeführten dürfte verständlich sein, warum es so und nicht anders sein muß.

Die Forderung einer höheren Moralität, alles Widrige im Leben sich selbst zuzuschreiben und alle Förderung und Begabung als Geschenk und Verpflichtung aufzufassen, ist nicht weit davon entfernt.

Der Blick in die karmische Vergangenheit ist erst einmal nur als Selbsterkenntnis sinnvoll. Wer das in dem angedeuteten Sinne absolviert hat, weiß auch, was er tut, wenn er nach der weiteren Vergangenheit anderer Menschen fragt. Es gibt kein stärkeres Mittel, jede Sensationslust oder auch nur Unkeuschheit im Umgang mit Karmafragen auszuschalten, als diese Übung – wenn sie denn gemacht wird. – Hinderungen in der Kindheit gehören auch zu dem Bild des Karma. Die Psychologen, die nach Traumata in der Kindheit suchen, sind auf einer richtigen Spur, nur müßte die Therapie einbeziehen, daß diese auch Aktualisierungen von mitgebrachten individuellen Problemstellungen sind und zur Gesamtpersönlichkeit dazugehören. Sie können nicht wirklich und dauerhaft therapiert werden, wenn sie nur als Fremdeinwirkungen behandelt werden.

B. Karmischer Ausgleich

Wir folgen zunächst dem im vorigen Kapitel nachgezeichneten Weg von einer Inkarnation zu einer folgenden. Wie sieht der karmische Ausgleich aus, der erstrebt wird? Es ist wichtig, sich einen zutreffenden Begriff von dieser grundlegenden Tatsache zu bilden. Karmischer Ausgleich ist mehr als nur Strafen für Sünden oder Leiden an deren Folgen.

Im vorigen Abschnitt war von solchen Erfahrungen nach dem Tode die Rede, die Impulse zu karmischem Ausgleich verursachen. Vieles, was Menschen für andere Menschen tun, stammt aus den Erlebnissen bei der Rückschau nach der vorigen Inkarnation. Ein Ausgleich ist dann gelungen, wenn keine zwingenden Bindungen mehr vorliegen, sondern freilassende Sympathie zwischen den Menschen erreicht ist. Dann ist ein Schicksal gelöst. Dann kann man sich mit solchen Menschen zu gemeinsamem sinnvollen Handeln verbinden.

Nicht nur belastete Schicksale verlangen nach Ausgleich, auch viele Einseitigkeiten, die unser Leben prägen. Die deutlichste ist die Unterschiedlichkeit von Mann und Frau. Diesbezüglich heißt es: Das Erleben als Mann verursacht eine Sehnsucht, in dem nächsten Leben die Erfahrungen zu machen, die man nur als Frau haben kann (und umgekehrt). Die Unterschiede sind ja nicht nur körperlicher Art. Da sind sie am stärksten ausgeprägt, aber auch die innere Organisation der verschiedenen seelischen Kräfte wird weiblich oder männlich geprägt, ist in dieser Hinsicht einseitig. So wird in der Regel nach einer männlichen eine weibliche Inkarnation gesucht werden. Es hängt mit dem Bewußtwerden der Kraft des höheren Ich in unserer Zeit zusammen, daß durch den Willen, das Leben selbst zu gestalten, langsam auch die Lebenschancen der Frauen und Männer jetzt sich annähern. Denn in bezug auf die Qualität des Ich gibt es keinen Unterschied zwischen Mann und Frau.

Es gibt auch andere Einseitigkeiten, die auf ähnliche Weise nach Ausgleich streben: «Wenn derjenige, der imstande ist, okkulte Forschungen anzustellen bei besonders gläubigen, hingebungsvoll gläubigen Naturen der Gegenwart, wenn der Umschau hält und sich fragt: Warum ist dieser oder jener Mensch eine besonders gläubige Persönlichkeit? Warum ist die Inbrunst des Glaubens, der Enthusiasmus, warum ist in diesem oder jenem Menschen geradezu ein Genie für religiöse Andacht, für Hinordnung der Gedanken nach der übersinnlichen Welt? – wenn man sich diese Fragen stellt, dann bekommt man eine merkwürdige Antwort. Geht man zurück bei solchen gläubigen Naturen, bei denen vielleicht der Glaube als wichtige Tatsache ihres Lebens sogar erst im späteren Lebensalter auftritt, zu früheren Inkarnationen, so findet man die merkwürdige Tatsache, daß dies Individualitäten sind, die in früheren, in vorhergehenden Inkarnationen Wissende waren. Das Wissen ihrer vorhergehenden Inkarnation, das rationelle Element der Vernunft der früheren Inkarnation hat sich gerade in das Glaubenselement der gegenwärtigen Inkarnation verwandelt.»[131]

Und weiter: «Aber noch andere Kräfte der Menschen stehen in einer ähnlichen Ergänzung, zum Beispiel die beiden Seelenfähigkeiten, die wir bezeichnen wollen als Liebefähigkeit und innere Kraft, so daß im Menschen Selbstgefühl liegt, innere Harmonie, inneres Auf-sich-selbst-Gebautsein, und daß wir wissen, was wir zu tun haben im Leben. Auch in dieser Beziehung wirkt das menschliche Karma abwechselnd in den verschiedenen Inkarnationen, indem es in einem Menschen in einer Inkarnation mehr ausprägt die hingebungsvolle Liebe für seine Umgebung, eine Art Selbstvergessenheit, eine Art Aufgehen in der Umgebung. Und es wird eine solche Inkarnation abwechseln mit einer Inkarnation, wo der Mensch sich wiederum mehr berufen fühlt, sich nicht zu verlieren an die Außenwelt, sondern sich zu stärken in seinem Inneren, so daß er die Kraft dazu verwendet, um selber weiterzukommen.»

Man sieht: Ausgleich bedeutet nicht nur «Leiden für begangene Bosheiten», sondern Korrektur, Ergänzung von Einseitigkeiten und die harmonische Ausbildung aller Anlagen und Fähigkeiten.

Ernster ist es mit einer anderen Ausgleichserfahrung: Wer eine andere Kultur, ein anderes Volk haßt, begeht durch den Haß an sich selbst und an dem Volk ein Unrecht. Der Ausgleich besteht darin, daß man in dem nächsten Leben die Erfahrung aufsucht, in diesem Volk zu leben, nicht so sehr, um sich damit zu bestrafen, sondern um den Haß in sich auszulöschen durch die Erfahrung aller Eigenarten dieses Volkes. – Wer aus dem eben Gesagten die Meinung bildet, man habe früher das Volk gehaßt, in dem man jetzt lebt, irrt. Natürlich gibt es auch andere Gründe als nur diesen, sich in einem bestimmten Volk zu inkarnieren, zum Beispiel den, daß hier spezielle Erfahrungen möglich sind, die der persönlichen Entwicklung förderlich sind. Man sieht an dem Beispiel, wie genau man auf diesem Felde seine Gedanken und Empfindungen kontrollieren muß, um nicht völlig in die Irre zu laufen.

Man kann ein Element von höherer Gerechtigkeit in dieser Art von Ausgleich entdecken. Dabei ist für den anthroposophischen Karmabegriff wesentlich, daß es der Mensch selbst ist, der in Übereinstimmung mit göttlichen Absichten aus der Weisheit des höheren Ich diese Ausgleichserlebnisse aufsucht oder herbeiführt.

Bei diesen Erfahrungen handelt es sich um den Ausgleich von Polaritäten. Man hat sich mit einer Einseitigkeit verbunden und sucht als Ausgleich die andere auf. Es entstehen in jedem Leben Disharmonien zur objektiven Weltengerechtigkeit, die nicht in einem Schritt aufgelöst werden können. Sie werden Ausgangspunkt von Entwicklungen durch mehrere Stufen. Als Grundfigur dessen, was Steiner in diesem Zusammenhang schildert, kann gesagt werden: Was in einem Leben als Gesinnung in den Taten und Gedanken in die Umgebung gewirkt hat, erscheint in der Folge in inneren Veranlagungen, in der Seele. Lebt es sich da ungehindert aus, prägt es die leibliche Konstitution in einem weiteren Leben. Dann wird die Auseinandersetzung damit unausweichlich. Der Erkenntnis seelischer Schwächen kann man ausweichen, was oft genug geschieht. Wenn deren Folgen aber in der Leiblichkeit, in konstitutionellen Schwächen oder Krankheiten auftreten, wird die Erfahrung unausweichlich. Das biblische Gesetz «Was der Mensch sät, wird er ernten» (Gal 6, 7) erscheint in spezieller Konkretisierung. Die Wandlungen im Karma von einem Leben zum anderen erscheinen so als Ausgleich, der nicht gleich zum Ziel führt, sondern längere Entwicklungszeiten braucht. Ausgleich und Wandlung werden in folgenden Reihen anschaubar:

Ein Mensch, der in einem Leben sehr egoistisch gedacht, gefühlt, gehandelt hat, wird in seinem Dasein nach dem Tod von heftigen Affekten gegen seine Taten durchdrungen. Das wirkt nach in die folgende Inkarnation und zeigt sich in einer «schwachen Organisation» dem Wesen nach, nicht unbedingt der äußeren Erscheinung nach. «Und da zeigt die Geisteswissenschaft, daß ein flatterhaftes Leben, das keine Hingabe und keine Liebe kennt, daß ein oberflächliches Leben in der einen Verkörperung sich ausdrückt in dem Hang zur Lügenhaftigkeit in der nächsten Verkörperung; und der Hang zur Lügenhaftigkeit zeigt sich in der zweitnächsten Inkarnation in unrichtig gebauten Organen»[132], die nicht richtig zusammenstimmen in ihrer feineren Organisation.

Jenseits von Gefallen oder Mißfallen an solchen Darstellungen muß man, um ihre Wahrscheinlichkeit zu prüfen, sich in Ruhe vorstellen, wie denn aus oberflächlichem Lebenswandel Lüge werden kann und aus Lügen Unrichtigkeit in der inneren Organisation.

Im folgenden Beispiel handelt es sich um eine positive und eine negative Entwicklung[133]: «Nehmen wir an, ein Mensch bringt es dazu, Handlungen zu verrichten in einem Erdenleben, die von Liebe getragen sind, die durchwärmt sind von Liebe.» Deren Auswirkungen erlebt er nach dem Tod in den Seelen der mit ihm verbundenen Menschen. Das metamorphosiert sich so, daß ausströmende Liebe in einem Leben im nächsten erscheint als an den Menschen heranströmende Freude. Und aus Freude an der Welt und an Menschen, aus freudigem Sinn für die einzelnen Erscheinungen wird in einem dritten Leben ein offener Sinn für die Welt, so daß man sie verstehen kann.

«Nun, es gibt eben Menschen – die kommen nicht zum Lieben zunächst. Aber weil sie dem anderen Menschen nicht aus Liebe die Wahrheit sagen können – man sagt zu dem anderen Menschen, wenn man Liebe für ihn hat, die Wahrheit und nicht die Lüge –, aber weil sie nicht lieben können, sagen sie die Wahrheit aus Pflichtgefühl; weil sie nicht lieben können, vermeiden sie es aus Pflichtgefühl, den anderen gleich zu prügeln oder ihn mit Ohrfeigen zu traktieren, anzustoßen und dergleichen, wenn er irgend etwas tut, was ihnen nicht gefällt. Es ist eben ein Unterschied zwischen dem Handeln aus starrem Pflichtbegriff, das aber durchaus im sozialen Leben notwendig ist, für viele Dinge notwendig ist, und zwischen Taten der Liebe.

Nun, die Taten, die in starrem Pflichtgefühl oder in Konvention, ‹weil sich's so schickt›, getan werden, die rufen im nächsten Erdenleben nicht Freude hervor, sondern, ... etwas ..., was man nennen könnte: man spürt, man ist den Menschen mehr oder weniger gleichgültig. Und das, was mancher durchs Leben trägt, daß er den Menschen gleichgültig ist und daran leidet – man leidet mit Recht daran, wenn man den anderen Menschen gleichgültig ist, denn die Menschen sind füreinander da, und der

Mensch ist darauf angewiesen, daß er den anderen … nicht gleichgültig ist –, das, was man da erleidet, das ist eben das Ergebnis des Mangels an Liebe in einem vorigen Erdenleben.»

Die Fortsetzung bildet ein spiegelbildlich-negatives Beispiel: ein haßgeprägtes Verhalten zieht nach sich das Gegenteil von Freude. Nach dem Tod erlebt man die Leiden der anderen, die man durch seinen Haß verursacht hat. «Und da kommt dann im nächsten Erdenleben aus dem Haß dasjenige heraus, was uns zuströmt von der Welt als leidvolles Wesen, als Unlust, die von außen verursacht wird, als das Gegenteil von Freude.

Sie werden sagen: Ja, wir erleben doch so viel Leid, soll das wirklich alles von größerem oder geringerem Haß im vorigen Erdenleben herrühren? Ich kann doch von mir unmöglich denken, daß ich ein so schlechter Kerl gewesen bin – so wird der Mensch leicht sagen –, daß ich so viel Unlust erleben kann, weil ich so viel gehaßt habe. – Ja, wenn man auf diesem Gebiete vorurteilslos denken will, dann muß man sich schon klarmachen, wie groß die Illusion ist, die einem wohltut und der man sich daher sehr leicht hingibt, wenn es sich darum handelt, irgendwelche Antipathiegefühle gegen andere Menschen sich abzusuggerieren. Die Menschen gehen mit viel mehr Haß, als sie denken, eigentlich durch die Welt, wenigstens mit viel mehr Antipathie.»

Leid, das auf Haß in einem vorigen Leben zurückgeht, zieht eine stumpfe Geistes- und Sinnesart nach sich, die große Schwierigkeiten hat, die Welt zu verstehen. Torheit gegenüber der Welt ist das spätere Ergebnis von Haß. Sie ist am nachdrücklichsten zu heilen, was sich aber erst in einer nachfolgenden Inkarnation fruchtbar auswirken kann, wenn solche Menschen zu liebevollen Handlungen erzogen werden. (So weit Zitat und Referat.)

Wahrscheinlich werden die meisten Leser bei mehreren der Beispiele auch an sich selbst haben denken müssen. Man kann karmische Gesetze nicht studieren, ohne sich fortwährend vor Prüfungen in der Selbsterkenntnis gestellt zu sehen. Das macht dieses Studium so schwierig. Diese Schwierigkeit ist aber notwendig. Die Frage nach der Wahrheit der geschilderten Gesetzmäßigkeiten ist nur durch erbarmungslose Selbsterkenntnis zu stellen. Die Seele ist vielschichtig und das Karma auch. Bei M. von Brück[134] hieß es: «… das menschliche Handeln hat ontologische Bedeutung. Was man denkt, wird man; so wie man handelt, gestaltet man sich selbst ...» Das wird von Steiner konkret und im einzelnen ausgeführt.

Im Schicksal ist nicht reine Vergeltung, sondern Verwandlung von einer Inkarnation zur nächsten wirksam. – Man fragt sich bei der Schilderung solcher Reihen, ob sie denn in jedem Falle so eintreten müssen oder ob negative Entwicklungen nicht auch abgefangen und zum Besseren gewendet werden können. Es gibt ja Unterschiede darin, wie man auf Feindschaft oder Gleichgültigkeit, die man erfährt, reagiert. Ein inneres Streben, das den Schwierigkeiten, die sich aufdrängen, nicht ausweicht und außerdem nach Verständnis der anderen sucht, wird sicher andere Folgen nach sich ziehen als dumpfes Brüten über den Problemen und innere Untätigkeit. Hiobs Leiden hatten keine karmische Ursache. Aber die Alternative ist deutlich zwischen seiner Haltung und dem Rat seiner Frau: «Das hast du nun von deiner Frömmigkeit. Sage Gott ab und stirb.»

Es könnten noch viele Beispiele dafür angeführt werden, was Steiner mit dem notwendigen Schicksalsausgleich meint. Das Prinzip wird aus den angedeuteten Gesetzmäßigkeiten deutlich. Für das Weitere muß auf die entsprechenden Vorträge verwiesen werden.[135] Da finden sich konkrete Beispiele der Entwicklung einzelner Persönlichkeiten durch mehrere Inkarnationen, jeweils verbunden mit der Darstellung allgemeiner karmischer Gesetze.

Ich möchte ein Beispiel aus nichtanthroposophischem Zusammenhang anführen, um die Elemente der Konstanz und der Verwandlung zu verdeutlichen: Edgar Cayce[136]. Er ist bekannt geworden als «medialer Diagnostiker», als «der schlafende Prophet». In Trance konnte er den Zustand von Kranken, deren Name und genauer Aufenthaltsort ihm genannt wurden, beschreiben und diagnostizieren. Er gab Anweisungen für oftmals unkonventionelle Heilbehandlungen. Seine Diagnosen und Therapien bewährten sich. In Trance verfügte er über medizinische und andere Kenntnisse, die ihm in wachem Zustand nicht zur Verfügung standen. Da war er ein Mensch voller Hilfsbereitschaft und Gottvertrauen, sensibel und verletzlich. Er hatte große Schwierigkeiten, eine Berufstätigkeit zu finden. Krankheiten traten auf, wenn er Geld verdienen sollte. Als durch «Zufall» seine mediale Begabung aufgefallen war und er auf dieser Grundlage anfing, zu arbeiten, wurde er verklagt wegen unerlaubter Ausübung eines Heilerberufes. Er nannte sich von da an medialer Diagnostiker und gab seine Anweisungen Ärzten, die ihm vertrauten und daraus Verordnungen machten. Seine Angaben wurden mitgeschrieben und dokumentiert. Manchmal wurde er auch benutzt, um in finanziellen Fragen oder anderem zu raten, dann mußte er dies mit körperlichen Schmerzen nachher büßen.

In einer Sitzung sagte er: «Der Betreffende war früher ein Mönch.» Da Cayces Weltbild das der Bibel war, brachte ihn diese Mitteilung in Schwierigkeiten. Aber bisher hatten sich alle seine Angaben als zutreffend erwiesen, so verfolgte man diese neue Spur weiter. In der Folge entstanden auch «Lebensbotschaften», die Lebensdeutungen auf der Grundlage von Reinkarnation und Karma enthielten. Dafür mußten ihm Name und Geburtstag der anfragenden Person genannt werden. Er ging bei der Beschreibung vorausgegangener Leben bis in vorhistorische, atlantische Zeiten zurück. Dabei kamen über diese uralten Zeiten so erstaunliche Einzelheiten heraus, daß man ihn (immer in Trance) fragte, woher er sein Wissen beziehe. Die Antwort war, wenn es sich um Menschen handelte: aus deren Unterbewußtsein; wenn es sich um Kultur- oder Erdzustände handelte: aus der Akasha-Chronik[137].

Cayce wurde auch darüber befragt, woher seine besonderen Fähigkeiten kämen. Die Auskunft (um derentwillen dieses hier eingefügt ist) lautete: 1. Es ist nicht seine erste christliche Inkarnation. 2. Schon in atlantischen Zeiten hatte er Beziehung zu Mysterien und Einweihungen. Wichtig für dieses Leben ist die Zeit im alten Ägypten, wo er Priester in einem Kollegium von Heilern war. Er gebrauchte seine Fähigkeiten auch zu persönlichem materiellem Vorteil. Das ist Ursache dafür, daß er von seinen okkulten Fähigkeiten in dieser Inkarnation nicht bei wachem Bewußtsein, sondern nur in Trance Gebrauch machen konnte. Es erklärt auch, warum er in Schwierigkeiten kam, wenn er Geld verdienen mußte.[138] Nach der ägyptischen Inkarnation war er in Persien verkörpert und gehörte als Arzt zu Truppen auf einem Kriegszug. Er mußte nach einer Verletzung mehrere Tage in der Wüste liegen und mühte sich mit aller Kraft, den Körper zu verlassen. Davon ist die Fähigkeit erhalten geblieben, leicht zu exkarnieren.

Man sieht die Elemente der Wandlung und der Konstanz in intensivem Zusammenwirken. Solche Bilder machen Einzelheiten eines Lebens verständlich.[139]

C. Karma aus der Vergangenheit und für die Zukunft

Es ist nur sinnvoll, aus der Vergangenheit in die Gegenwart solche Folgen anzuschauen, vielleicht von der Gegenwart aus nach möglichen zukünftigen Folgen zu fragen. Wollte man ohne entsprechende Fähigkeiten von gegenwärtigen Zuständen auf Vergangenes schließen, liefe man wahrscheinlich in die Irre. Frank Linde zitiert in einem Aufsatz in den «Flensburger Heften»[140] eine schriftliche Fragebeantwortung Rudolf Steiners unter dem Titel: «Gibt es einen Zufall?» Aus dem Leserkreis wurde die Frage gestellt, ob es denn gar keinen Zufall gebe. Der Fragesteller könne es sich nicht denken, daß es durch das Karma jedes Einzelnen verursacht sein könnte, wenn bei einem Theaterbrand fünfhundert Menschen zugrunde gingen. In seiner schriftlichen Antwort schildert Steiner drei verschiedene Möglichkeiten, wie die karmischen Verhältnisse in einem solchen Falle liegen könnten, um anschließend darauf hinzuweisen, daß es noch viele weitere Möglichkeiten gebe. «Wenn sich die karmischen Verkettungen von fünfhundert Menschen so ausleben, daß diese Menschen bei einem Theaterbrande zugrunde gehen, dann sind unter anderem folgende Fälle möglich:

Erstens: Es brauchen die karmischen Verkettungen keines einzigen der fünfhundert Menschen mit denen eines anderen der Verunglückten etwas zu tun zu haben …

Zweitens: Es ist möglich, daß das gemeinsame Erlebnis der fünfhundert Personen gar nichts mit deren karmischer Vergangenheit zu tun hat, daß sich aber gerade durch dieses … Erlebnis etwas vorbereitet, was sie in der Zukunft karmisch zusammenführt. Vielleicht werden diese fünfhundert Personen in fernen Zeiten zusammen eine gemeinsame Unternehmung ins Werk setzen, und durch das Unglück sind sie *für höhere Welten* zusammengeführt worden …

Drittens: Es kann wirklich ein solcher Fall die Wirkung früherer gemeinsamer Verschuldungen der in Betracht kommenden Personen sein. Dabei sind aber noch unzählige andere Möglichkeiten vorhanden. Es können zum Beispiel alle drei angeführten Möglichkeiten miteinander kombiniert sein usw.»

Zu den unzähligen anderen Möglichkeiten gehört sicher auch, daß es natürlich immer Handlungen gibt, die neu in ein Schicksalsgefüge eintreten, Taten aus innerer Freiheit oder Unglücke, Verbrechen, die für die weitere Schicksalsgestaltung Rohstoff sind, der erst noch in weiteren Prozessen der Gestaltung, oftmals der Heilung bedarf.

Ein Fazit dieser Andeutungen kann die Einsicht sein, daß die Karma-Idee für Spekulationen unendlichen Raum gibt, eventuell sogar mit einiger Spannung. Aber dafür eignen sich andere Gedankenspiele eigentlich besser.

Man steht anders im Leben, wenn man sich sagen kann: Tief in jedem Menschen, unter Schichten von Gewußtem und Vergessenem, gibt es einen Bereich, in dem er über seine Lebensverhältnisse Bescheid weiß. Und aus weiterer Beschäftigung mit karmischen Gesetzmäßigkeiten und Fügungen kann ein sicherer Glaube daran entstehen, daß wichtige, in das Leben eingreifende Ereignisse uns aus einer tiefen Weisheit zukommen. Die notwendigen Ereignisse treten sowieso ein, wie und wann sie kommen sollen. Früher sagte man: das ist Gottes Wille. Die Menschen sind an diesem Willen Gottes irre geworden. Ein dieser alten Frömmigkeit entsprechender Glaube – er kann nicht mehr der alte sein – kann nur aus einer Beschäftigung mit Gesetzmäßigkeiten des Karma wieder entstehen.

Es ist schwierig, von jetzigen Ereignissen auf mögliche Ursachen in der Vergangenheit zu schließen. Eindeutiger ist der Blick auf die Zukunft.

Ein bedrängendes Problem im Zusammenhang mit den Schicksalsfragen ist das von Notwendigkeit und Freiheit. Jeder bringt karmische Notwendigkeiten, Charakteranlagen, Neigungen aus der eigenen Vergangenheit mit, und jeder hat Sehnsucht nach Freiheit. Aber der Freiraum, den uns das Schicksal gewährt, ist in verschiedenen Lebensbereichen und Menschenbeziehungen unterschiedlich groß. Die Schicksale unterscheiden sich insgesamt sehr stark in ihren «Freiheitsgraden». In jedem Schicksal gibt es Fügungen, gibt es Ereignisse, die ungerufen kommen und doch den Eindruck machen, genauestens in dieses Leben zu gehören. Es ist natürlich nicht in jedem Falle leicht, einzusehen oder zu akzeptieren, daß ein soziales oder gesundheitliches Problem unbedingt «jetzt kommen mußte». Leichter fällt es uns, freundliche Fügungen zu akzeptieren.

Zu der Frage, ob es keinen Zufall gebe, gehört die andere Frage, ob alles vorherbestimmt sei. Wir treten unter individuell verschiedenen Voraussetzungen an. Es gibt Schicksale mit vielen vorgegebenen Belastungen, die sich mit Notwendigkeit auswirken werden, und andere, in denen mehr Freiheit herrscht. Es ist sehr lehrreich, unter diesem Aspekt die Biographien der ersten drei Könige des jüdischen Volkes zu betrachten. Sie haben den Rang von Urbildern.

Saul steht unter strengster Führung. Richtige Handlungen gibt es für ihn nur in der Befolgung von Befehlen durch die übergeordnete Autorität. David hat Raum für eigene Entscheidungen und auch vorgegebene Probleme, mit denen er kämpfen muß. Bis auf wenige Ausnahmen entscheidet er richtig. Salomo hat überhaupt nur Freiheit; seine Taten und Unterlassungen haben dann allerdings Konsequenzen.[141] Ich vermute, daß es in fast jeder Biographie Elemente von allen drei dieser Grundtypen gibt.

Zu der Frage von Notwendigkeit und Freiheit im Leben möchte ich die These wagen: In den Aufgaben, die uns das Leben stellt, in dem, *was* wir zu tun haben, gibt es Fügungen, vorgegebene Aufgabenstellungen, wahrscheinlich viel mehr, als wir vermuten. *Wie* wir diese Aufgaben, die das Leben stellt, aufgreifen, aus welchen Kräften, mit welchen Mitteln wir handeln, welche Erfahrungen, Niederlagen, Reifungen wir daran durchmachen, darin sind wir frei, wiederum in viel höherem Maße, als wir es vermuten.

In ergreifender Weise hat der Wiener Psychologe Viktor Frankl dies dargestellt. In seinem bekannten Buch «Trotzdem Ja zum Leben sagen. Ein Psychologe erlebt das Konzentrationslager» faßt er seine Erfahrungen zusammen[142]:

«Ist es wirklich so, daß der Mensch nichts weiter sei als ein Produkt vielfacher Bestimmtheiten und Bedingtheiten, seien sie nun biologisch gemeint oder psychologisch oder soziologisch? Ist der Mensch also wirklich nicht mehr als das zufällige Resultat seiner leiblichen Konstitution, seiner charakterologischen Disposition und seiner gesellschaftlichen Situation? Und, im besonderen: zeigt sich an den seelischen Reaktionen des Menschen auf die besondere, sozial bedingte Umwelt des Lagerlebens tatsächlich, daß er den Einflüssen dieser Daseinsform, denen er gezwungenermaßen unterstellt ist, sich gar nicht entziehen kann? Daß er diesen Einflüssen unterliegen muß? Daß er ‹unter dem Zwang der Verhältnisse›, der dort im Lager herrschenden Lebensverhältnisse, ‹nicht anders kann›?

Nun, diese Frage können wir sowohl erfahrungsmäßig als auch grundsätzlich beantworten. Erfahrungsgemäß insofern, als das Lagerleben selber uns gezeigt hat, daß der Mensch sehr wohl ‹auch anders kann›. Es gäbe Beispiele genug, oft heroische, welche bewiesen haben, daß man etwa die Apathie eben überwinden und die Gereiztheit eben unterdrücken kann; daß also ein Rest von geistiger Freiheit, von freier Einstellung des Ich zur Umwelt auch noch in dieser scheinbar absoluten Zwangslage, äußeren wie inneren, fortbesteht. Wer von denen, die das Konzentrationslager erlebt haben, wüßte nicht von jenen Menschengestalten zu erzählen, die da über die Appellplätze oder durch die Baracken des Lagers gewandelt sind, hier ein gutes Wort, dort den letzten Bissen Brot spendend? Und mögen es auch nur wenige gewesen sein – sie haben Beweiskraft dafür, daß man dem Menschen im Konzentrationslager alles nehmen kann, nur nicht: die letzte menschliche Freiheit, sich zu den gegebenen Verhältnissen so oder so einzustellen. Und es gab ein ‹So oder so›! Und jeder Tag und jede Stunde im Lager gab tausendfältige Gelegenheit, diese innere Entscheidung zu vollziehen, die eine Entscheidung des Menschen für oder gegen den Verfall an jene Mächte der Umwelt darstellt, die dem Menschen sein Eigentliches zu rauben drohen – seine innere Freiheit – und ihn dazu verführen, unter Verzicht auf Freiheit und Würde zum bloßen Spielball und Objekt der äußeren Bedingungen zu werden ...»

Ich halte diese Erfahrung und dieses Bekenntnis für eines der wichtigsten Dokumente in der Geschichte des zwanzigsten Jahrhunderts. Es handelt sich sozusagen um das «experimentum crucis», das entscheidende Experiment. Die Zeit der Lager in unserem Jahrhundert war nicht nur die Zeit der vielen Opfer, sondern auch eine Zeit der wenigen Helden, da «Gott prüfte auf Herzen und Nieren»[143]. Wenn innere Freiheit und Selbstverantwortlichkeit selbst in solchen Lagen ihr Recht behaupten, um wie viel mehr dann nicht in vielen anderen Lebenslagen, in denen man sich so leicht «gehen läßt» und meint, es ginge nicht anders.

Im Jahre 1924 stellte Rudolf Steiner die Aufgabe, ein neues Karmaverständnis zu erlangen, in die Mitte der Anthroposophie. Der erste von einundachtzig Vorträgen zu diesem Thema[144] behandelt den grundlegenden Unterschied zwischen Vergangenheit und Zukunft. Ich referiere: Niemand kann an der Vergangenheit etwas ändern. Was in der Vergangenheit verursacht wurde, wirkt sich mit Notwendigkeit aus. Vor der Geburt sind wir in geistigen Regionen, in denen uns die Veranlagungen der Seele, der Bildekräfte und des Leibes, die persönlichen Eigenarten eingeprägt werden, die uns zu diesem bestimmten individuellen Menschen auf der Erde machen. Eine übermenschliche Macht ist am Werke, die den notwendigen Schicksalsprägungen bis in den Leib Ausdruck gibt. In dieser Region durfte man nach dem letzten Erdenleben «den Schicksalskern» zurücklassen, um nach den Erfahrungen des Lebens und des Gerichtes neu zu werden. Jetzt muß man sich mit diesem alten Schicksal wieder verbinden, durch mächtigere Wesen veranlaßt. Dadurch kommt Zusammenhang und Konstanz in die aufeinanderfolgenden Erdenleben. Reife Individualitäten stimmen mit diesen Notwendigkeiten überein. So kann aus der Anerkennung des eigenen Schicksals das Gefühl der Freiheit entstehen.

Im anthroposophischen Weltbild wird diese Region der Schicksalsvorbereitung als die Mondensphäre bezeichnet, die geistig die Erde umgibt, aber mit ihren Kräften auf die Erde bezogen ist. Durch sie nehmen wir alles auf, was jeden einzelnen Menschen von allen anderen unterscheidet. Die Summe der bisherigen Schicksale, auch der noch vorhandenen Belastungen, ist für jeden Menschen eine andere. Deshalb kann Steiner formulieren: In der Mondensphäre und in dem, was in ihr vor der Geburt aufgenommen wird, ist alles begründet, was den Menschen individuell macht. Diese Prägungen aus der Mondensphäre liegen im Unbewußten, steigen vielleicht in Träumen auf. Aus den Schichten in uns, die von diesen Kräften geprägt sind, entstehen Entschlüsse und Handlungen, mit denen wir unbewußt unsere Schicksale herbeiführen. (In neuerer Zeit hat sich für das Fassen von solchen Entschlüssen die Redensart «aus dem Bauch» eingestellt.) – Viele Handlungen, die wir nur aus «innerer Notwendigkeit» tun, haben ihren Antrieb in dieser Schicht. Mit unbewußter Zielgerichtetheit suchen wir Ereignisse, Begegnungen auf, die unbedingt in unser Schicksal gehören.

Steiner betont immer wieder, daß die Schicksalsführung nur wirkt, insofern es sich um Begegnungen mit Menschen handelt, bis die Begegnung tatsächlich eingetreten ist. Sie ist dadurch charakterisiert, daß der

Anblick oder das Erleben eines solchen Menschen direkt auf unseren Willen wirkt. Wir sehen ihn, hören ihn sprechen und fühlen ihn sogleich in uns. Wir reagieren dann aus ganz anderen, tieferen emotionalen Schichten auf diese Begegnung, als wenn solche unterschwellige Gemeinsamkeit nicht vorliegt. Die Reaktion braucht durchaus nicht nur negativ, aggressiv zu sein. Als Friedrich von Hardenberg (Novalis) an der Bergakademie Freiberg die Tochter des Professors von Charpentier kennenlernte, schrieb er: «Julchen ist ein schleichendes Gift. Man findet sie eh man sich versieht, überall in sich, und es ist um so gefährlicher, je angenehmer es uns deucht.»[145] Kurz darauf verlobte er sich mit ihr. – Von dem Augenblick der Begegnung an hört dieses Karma auf zu wirken, und wir stehen in der anderen Gesetzmäßigkeit, der der Eigenverantwortung und der Freiheit. Mit Notwendigkeit tritt ein vom Schicksal vorgesehenes Ereignis, die Begegnung mit einem bestimmten Menschen, ein. Das Schicksal bestimmt *nicht*, welche Erfahrungen wir dann machen. Gerade wenn man das Wirken von karmischen Ursachen ernst nimmt, muß man sich diese Tatsache immer wieder vergegenwärtigen: Wenn das Ereignis eingetreten ist, hört das Karma auf.

Es ist gegenwärtige persönliche Aufgabe der Lebensgestaltung, nun zu handeln. Die völlig andere Schicksalssphäre, die so entsteht, nennt Steiner «Sonnenkarma». Das Mondenlicht macht träumerisch und deckt tiefere Seelenschichten auf, läßt handeln aus der Macht des Unbewußten. Das Sonnenlicht weckt zu Initiative und zu Taten. Was wir aus den wachen Tageskräften heraus tun und unterlassen, steht nicht unter dem Zwang der Vergangenheit. Aber es hat Wirkungen und Folgen in Zukunft. Für ein christliches Schicksalsverständnis ist es außerordentlich wichtig, dieses zu einer Grundempfindung zu machen: Die Vergangenheit enthält viele Bedingungen, Festlegungen. Darauf beruht mein gegenwärtiges Dasein, auch mein gegenwärtiger Charakter. In jedem Augenblick gilt aber für die Zukunft, daß es nur auf mich selbst ankommt, was ich aus mir und meinem Leben mache. Die guten Impulse des Sonnenkarma sind die einer Lebensgestaltung aus christlichen Motiven. Sie sind überpersönlich, für alle Menschen gleich. Das so in die Zukunft führende Schicksal steht unter dem Zeichen der Freiheit.

Man könnte einwenden, daß natürlich in jedem gegenwärtigen Augenblick alle die Eigenschaften mitwirken, die wir aus unseren Vergangenheiten an uns tragen. Es gibt überwältigend viele Schicksale und Lebenssituationen, in denen nur die vorgegebenen Charakterprägungen aufeinanderprallen. Es fallen einem unzählige Dramen ein, in denen sich die Handlung aus den Charakteren ergibt, wie sie nun einmal sind. Ich meine nicht nur Bühnendramen, sondern auch Lebensdramen. Da kann es sogar sinnvoller sein, enge Lebensverhältnisse aufzulösen, als sie fortzusetzen. Aber dies kann immer nur mit Eingeständnis persönlichen Versagens verantwortungsvoll geschehen.[146] Prinzipiell gilt immer die Erfahrung, von der Viktor Frankl gesprochen hatte. Es gibt diese Freiheit in jedem Lebensaugenblick. Keine Macht der Welt kann sie uns nehmen, die kann sich nur jeder Mensch selbst nehmen. Er begibt sich dieser Freiheit immer dann, wenn er meint, sie nicht zu besitzen oder sie aus innerer Schwäche, die aber eine moralische ist, nicht behaupten will.

«Laßt euch von niemandem so herabziehen, daß ihr ihn haßt. Diese Macht über euch dürft ihr keinem Menschen zugestehen!» rief Martin Luther King seinen Mitstreitern zu. Es ist immer wieder festzustellen, daß diese innere Freiheit auch dort äußere Freiheit und Existenzmöglichkeit schafft, wo nach menschlichem Ermessen nichts mehr zu hoffen ist.

In diesem Bereich gibt es ein besonderes Heiligtum: In dem Vortrag «Die Liebe und ihre Bedeutung in der Welt»[147] schildert Steiner, daß schöpferische Taten aus Liebe, aus reiner Selbstlosigkeit, eine besondere Vollmacht haben. «Den Taten der Liebe der Vergangenheit schulden wir unser Dasein. So stark wir dadurch sind, so stark auch sind wir der Vergangenheit verschuldet, und was wir an Liebe jemals aufbringen können, ist Schuldenbezahlen für unser Dasein. Daher werden wir begreifen die Taten eines hochentwickelten Menschen, denn ein hochentwickelter Mensch hat größere Schulden an die Vergangenheit. Weise ist es, seine Schulden zu bezahlen durch Taten der Liebe. Der Impuls der Liebe wächst mit dem Höherkommen eines Menschen; Weisheit allein genügt dazu nicht. Die Bedeutung der Liebe im Wirken der Welt wollen wir uns so vor die Seele führen: Liebe ist dasjenige, was uns immer auf Lebensschulden der Vergangenheit verweist, und weil wir vom Bezahlen der Schulden für die Zukunft nichts haben, darum haben wir selbst nichts von unseren Liebestaten. Wir müssen unsere Liebestaten zurücklassen in der Welt, da aber sind sie eingeschrieben in das geistige Weltengeschehen. Wir vervollkommnen uns nicht durch unsere Liebestaten, nur durch die anderen Taten, aber die Welt wird reicher durch unsere Liebestaten. Denn Liebe ist das Schöpferische in der Welt.»

Taten aus Liebe bringen Neues in die Welt, sie können nur aus Freiheit entstehen und stehen außerhalb aller Gesetzlichkeit. Sie sind eine Antwort auf die göttlichen Schöpfertaten, denen wir unser Dasein verdanken. Sie haben selbst keine karmischen Folgen, stehen also nicht «unter dem Gesetz». Das heißt auch, daß bei den Empfängern solcher Taten keine Verpflichtungen entstehen. Aus solchen Handlungen entstehen Freiheitsräume, in denen jenseits von karmischen Notwendigkeiten Neues in das Leben einfließen kann, Taten aus Liebe haben die Vollmacht, karmische Verstrickungen ans Ende zu bringen, sie aufzulösen.

Die Liebe steht über dem Gesetz und hat Vollmacht über das Schicksal. Das wäre auch wahr, wenn Steiner es nicht gesagt hätte. Es wurde schon an die Vollmacht über die Sünden erinnert, die Christus den Jüngern am Abend des Ostersonntags überträgt (Joh 20). Die Liebe, so wie Steiner sie schildert, ist die Ausführung dieser Vollmacht. Mit ihrer schöpferischen Kraft hat sie Vollmacht über das Karma.

Man kann dies auch noch abgelöst vom Persönlichen, um einen Grad objektiver betrachten: Der Kampf zwischen Schicksalslasten aus der Vergangenheit und Lebensmöglichkeiten für die Zukunft ist der Kampf Christi in der Schicksalssphäre. Wir stehen in jedem Augenblick in diesem Kampf. Es ist an das Wort des Paulus zu erinnern: «Christus ist des Gesetzes Ende» (Röm 10,4). Das ist er seinem Wesen nach. Das muß auch für das Gesetz des Karma gelten. Von Christus geht die unbedingte Liebe aus, die über jedem Gesetz steht. Es liegt an uns, ob wir handeln «unter dem Gesetz» stehend, oder ob wir diese Freiheit in unser Leben einbringen.

D. Menschheitsschicksal – Einzelkarma und Christus

Eines der größten Rätsel im Bereich der Schicksalsfragen ist der Zusammenhang des Einzelschicksals mit dem anderer Menschen und letztlich mit der Geschichte der Menschheit. Wir haben schon gesehen, daß Menschen, die schicksalsmäßig miteinander verbunden sind, sich gemeinsam auf ein neues Erdenleben vorbereiten und gemeinsam Entschlüsse fassen. An deren Zustandekommen und an der Verwirklichung wirken höhere, mächtigere Wesen mit. So entsteht ein Gewebe von Lebens- und Schicksalsentschlüssen. Steiner spricht von dem «Netz» des Schicksals und bezeichnet dies als ein höchstes, göttliches Kunstwerk. Eine Fuge oder eine Symphonie aus vielen Melodien und Rhythmen kann eine schwache Ahnung von der Vielfalt geben, die in diesem Gewebe verarbeitet ist.

Nicht nur der Einzelne hat eine ewige Biographie, die sich aus der Summe der Inkarnationen ergibt, auch Menschengruppen, Völker, Kulturen haben ihre Entwicklung, ihre Reife, ihr Altern. Sie alle sind Einzelheiten in der großen Biographie der Menschheit. Sie gleicht einem großen Organismus sehr vielgestaltiger Art, in dem die einzelnen Menschen den Zellen, Völker und Kulturen den Organen oder Organsystemen zu vergleichen sind. Allerdings haben die Zellen in diesem Organismus größere Freiheit als in biologischen Organismen! Zudem muß man sich den «Organismus Menschheit» in zeitlicher Entwicklung vorstellen, da Völker und Kulturen ihre Entwicklungszeiten haben und dann auch wieder untergehen. Und selbst dieses Bild erweist sich noch als unzulänglich, denn es gibt vielfältige Sonderinteressen, denen einzelne Glieder des Organismus folgen, die dem Ganzen eher schädlich zu sein scheinen.

Dieses Ganze erhält erst seinen Sinn, wenn man sich in der Nachfolge Lessings[148] vorstellen kann, daß jeder einzelne Mensch in seiner Entwicklung teilnimmt an den verschiedenen Kulturen und ihren Entwicklungen. Ohne diesen Gedanken müßte man sich fragen, ob der Glanz und die Kraft vergangener Kulturen denn gänzlich versunken und verloren sei. Wir wandern im Verlauf unserer eigenen Geschichte durch die große Völkergeschichte und tragen ihre Früchte in uns.

Wir wandern auch durch die verschiedenen Rassen. Jede hat ihre unersetzlichen Besonderheiten. Es gibt außer den Geboten des Christentums keine Idee, die stärker zur Toleranz zwischen Menschen und Menschengruppen beitragen könnte als diese, daß jeder Mensch im Laufe der Geschichte zu vielen Kulturen und Rassen Beziehung aufnimmt, indem er sich in ihnen inkarniert. In einem Menschenverständnis auf der Grundlage von Reinkarnation und Karma ist die jeweilige Erscheinungsform eines Menschen klar zu unterscheiden von der eigentlichen Wirklichkeit der Individualität.[149]

Inzwischen gibt es ganz sicher in allen Völkern Menschen, die aus einer vorigen Inkarnation Christentum in sich tragen, und in sogenannten christlichen Ländern solche, die dem Christentum zum ersten Mal begegnen. Lessings Unterscheidung zwischen dem «sinnlichen Heiden» und dem kulturell und menschlich fortgeschrittenen «geistigen Christen» ist nicht selbstverständlich. Die Entwicklung ist vielgestaltiger, als Lessing sie in seinem großen Entwurf dachte. Er hatte eine sinnvolle Stufenfolge in der Kulturentwicklung Heidentum – Judentum – Christentum erkannt und darin einen Beleg für die Idee wiederholter Erdenleben entdeckt. Die sinnstiftende Kraft dieser Idee ist unbedingt richtig, aber die Wirklichkeit doch vielgestaltiger. Durch diese Idee wird die Geschichte der Menschheit zu meiner eigenen Geschichte.

Die Menschen unterscheiden sich in ihrer Beziehung zu den historischen Völkern. Bei Gestalten wie Heinrich Schliemann kann man sich des Eindrucks nicht erwehren, daß sie bei ihren Forschungen auch der eigenen Vergangenheit auf der Spur sind. Es könnte auch sein, daß Menschen bei ihren Reisen in die Ferne unbewußt oder halbbewußt Beziehung zu vergangenen eigenen Lebensformen aufnehmen.

Bisher gab es ein Bewußtsein von dem Ganzen der Menschheit, so darf man vermuten, nur in der geistigen Welt, bei Gott. Im zwanzigsten Jahrhundert ist zum ersten Mal in der uns bekannten Geschichte auf der Erde ein Bewußtsein von der Menschheit als Ganzheit entstanden. Wir sind mit unserem Empfinden von Menschlichkeit noch nicht auf der Höhe dieser Tatsache angekommen. Wir staunen fortwährend über die Verschiedenheit der Werte und Gewohnheiten in der Fülle der Menschheit. Auch wenn die moderne Zivilisation vieles davon überdeckt, beruhen doch sehr viele Probleme der Gegenwart darauf, daß die Aufgabe gestellt ist, als so vielgestaltige Menschheit einen einheitlichen Organismus zu bilden.

Zu den historischen Besonderheiten der Gegenwart gehört es, daß man an der Erfahrung teilnimmt: Die Menschheit ist *ein* großes Ganzes, *eine* Schicksalsgemeinschaft. Diese Novität in der Geschichte könnte einer der Gründe dafür sein, daß jetzt so viele Menschen auf der Erde leben.[150] Es geschieht vieles in der Gegenwart, was das Selbstverständnis und die Lebensformen der Menschen wahrscheinlich für alle Zukunft ändert. Und es ist abzusehen, daß die Erde nicht mehr unbegrenzt lange so viele Menschen zugleich wird ertragen und ernähren können. Das können weitere Gründe dafür sein, daß jetzt so viele Menschen auf die Erde kommen.

Lessing hatte von einer sinnvollen Figur gesprochen, die sich in der Aufeinanderfolge von Heidentum – Judentum – Christentum zeigt. Dieser Gesichtspunkt ist leicht zu ergänzen durch eine weiträumige Entwicklung, die sich erkennbar durch die Geschichte hindurchzieht: die Entwicklung von der Gruppe zur Individualität, von der Bestimmtheit durch allgemeine Gegebenheiten hin zur Selbstbestimmung des Einzelnen. Die Kraft der Individualität wächst von Inkarnation zu Inkarnation. Viele Wandlungen in der Geschichte, in Kultur und Selbstverständnis werden durch Berücksichtigung dieser Tatsache verstehbar.

Aus der Frühzeit der Menschheit erfahren wir kaum von bedeutenden Einzelpersönlichkeiten. Kultur und Lebensordnung wurden von Gruppen bestimmt. Der Einzelne war aufgehoben und getragen durch seine Zugehörigkeit zu einer Gruppe. Ihr Schicksal hatte höhere Wirklichkeit als das Einzelschicksal. Das änderte sich im Laufe der Geschichte. Aus den letzten Jahrhunderten vor der Zeitenwende erfahren wir zuerst von Persönlichkeiten, die unabhängig erscheinen und ihrerseits andere bestimmen. Auf das Gesetz Gottes oder der Götter folgte das menschliche Gesetz. Auf die unmittelbare Führung durch höhere Wesen oder Gott folgte die Führung durch Menschen. Und lange noch haben die Herrscher ihre Legitimation von «Gottes Gnaden» abgeleitet, wenigstens dem Titel nach. Im Mittelalter wurden die Gruppen kleiner, ihre Formen vielfältiger. Neben die Bindung an die Familie trat als schicksalsbestimmender Faktor der Stand durch den Beruf, in dem es auch auf persönliche Tüchtigkeit ankam.

In der Neuzeit wird dann die Individualität zunehmend maßgebend. Es hat bisher wahrscheinlich nie Lebensformen gegeben, in denen in so großem Ausmaß Erfolg und Mißerfolg, Sinnerfüllung und Leere im Leben des Einzelnen nur von ihm abhängen wie in der Gegenwart. – Das bestimmende Gewicht für die Lebensgestaltung geht im Laufe der Geschichte von der Gruppe auf den Einzelnen über. Ich möchte glauben und hoffen, daß jeder Mensch im Verlauf seiner eigenen langen Geschichte irgendwann in die Lage kommt, daß er selbst frei über sich und seine Zukunft entscheiden kann, daß jeder dahin kommt, nicht von übermächtigen Voraussetzungen quasi bestimmt zu sein, sondern selbst über sich und seine Zukunft entscheiden zu können und damit die Verantwortung für die eigene Zukunft in die eigene Hand zu nehmen.

Wenn man die Geschicke unseres Jahrhunderts betrachtet, in dem übermächtige Zeitereignisse die Lebensumstände so vieler Menschen bestimmt haben, könnte man zu der Vermutung kommen, daß die Zeit der Freiheit für die Individualität auch einmal zu Ende gehen könnte. Dann wird es schwieriger und schwieriger, die eigene Freiheit und Selbstverantwortlichkeit aufrechtzuerhalten. Die christliche Apokalyptik spricht in dieser Hinsicht eine sehr deutliche Sprache. Es ist daran zu erinnern, was schon früher gesagt wurde: Sehr oft setzt uns das Leben vor, *was* wir zu tun haben, und fast immer sind wir frei darin, *wie* wir es tun. Aber die Chance muß man sehen, wollen und ergreifen.

Freiheit und Selbstverantwortlichkeit sind die allgemeinen Ideale der Gegenwart. Es gibt auch Regionen, in denen eine vorgegebene überpersönliche Ordnung regiert, in denen sich also frühere Kulturformen weiterhin erhalten. Es gehört zum Gesamtbild der Menschheit, daß verschiedene «kulturelle Altersstufen» nebeneinander leben. Bis ins zwanzigste Jahrhundert hat es steinzeitliche Lebensformen gegeben, die sich in schweren Bedrängnissen gegenüber der modernen Zivilisation befinden. Menschen, die aus einem streng moslemischen Land in ein freieres, moderneres wechseln, versuchen, in einer Inkarnation mindestens ein Jahrtausend zu überbrücken! Die Richtung der Entwicklung strebt eindeutig der freien, selbstverantwortlichen Individualität zu. Seit mehr als zweitausend Jahren, seit der Entwicklung des römischen (Individual-)Rechtes, ist dies deutlich erkennbar. Wir haben gesehen, daß dies ein christliches Thema ist. Mit dem Christentum ist das Wissen gegeben, daß die Individualität und die persönliche Unabhängigkeit nicht eigentliches Ziel und Selbstzweck sind, sondern die Gemeinschaft derer, die sich freiwillig und selbstlos für das Heil anderer und der Menschheit einsetzen. In vielen Menschen lebt dieses Ideal. Es ist wesenhaft christlich, auch wenn sich die Menschen dessen nicht bewußt sind. Denn das Urbild solchen Verhaltens ist Jesus Christus selbst.[151]

Damit ist das allgemeine Thema «Christentum und Humanismus» berührt. Man könnte meinen, daß dies außerhalb der Themen dieser Arbeit liegt. Es liegt an der Universalität des Christentums, wie es hier verstanden wird, und der Wirklichkeit des höheren Ich, daß dieses Thema doch in diese Arbeit gehört. Heute versteht sich eine «Humanistische Union» als Antithese gegen das (kirchliche) Christentum. Auch in der Renaissance hatten einerseits die Humanisten mit der Kirche wenig im Sinn. Andererseits war den Theologen der Humanismus zu unverbindlich. Der Sache nach wird überall, wo für die Würde und die geistige Freiheit von Menschen gekämpft wird, dem Christlichen Raum geschaffen.[152] Wenn man für den folgenden Satz den Autor erraten sollte, kämen wohl nur wenige darauf, daß er von einem der ersten echten Humanisten – Seneca – und nicht von einem Christen stammt: Der Mensch ist dem Menschen eine heilige Angelegenheit: «homo res sacra homini»[153] (dazu Anhang 5, S. 213). Man kann in dem römischen Humanismus eine Vorbereitung des Römertums auf das Christentum sehen, ebenso wie im antiken Griechenland durch die Philosophie über den Logos in der Welt und im Menschen die Möglichkeit geschaffen wurde, das Christentum zu verstehen.

Wiederum gibt Steiner für diese Entwicklung einen geistigen Hintergrund.[154] Die Begabung der Menschheit mit der Kraft der Individualität liegt weit vor der historisch faßbaren Zeit. Sie entstammt den göttlichen Schöpfergeistern und ist geistig verbunden mit dem Bilden der menschlichen Gestalt. Ein Leib wurde gebildet, der der Ich-Begabung fähig war. Die Entwicklung wurde von eigenwilligen, luziferischen Geistern durchkreuzt, die den Menschen selbstsüchtig machten und das Ich «infizierten». Das wurde schon im Zusammenhang mit dem Sündenfall dargestellt. Es ist aber wichtig und wird an dieser Stelle ergänzt, daß das Ich in seiner wahren Gestalt göttlichen und nicht luziferischen Ursprungs ist. Es blieb in der geistigen Welt über den Menschen. Diese Kraft nannten griechische Philosophen den Daimon. Bei Marc Aurel heißt es: «Mit den Göttern lebt, wer ihnen eine Seele zeigt, die tut, was der Daimon (Genius) will, den Zeus einem jeden als Beherrscher und Führer gegeben hat, eine Abspaltung von seinem eigenen Wesen. Dieser Daimon ist eines jeden Geist und Logos.»[155] Durch die Menschwerdung Christi kam diese Kraft zuerst in Jesus auf die Erde, und durch seine fortdauernde Nähe wurde sie allen Menschen erreichbar. Weil Christus als Mensch auf der Erde gelebt hat, kann es höchstes Ideal sein, ein individueller Mensch zu werden.

«Keiner sei gleich dem Andern
und gleich sei jeder dem Höchsten!
Wie das zu machen?
Es sei jeder vollendet in sich.»[156] *Friedrich Schiller*

Die vorchristlichen Götter hielten den Menschen durch ihre geistige Übermacht in gesetzlich, kulturell und ethnisch bestimmten Gruppen. Die luziferischen Impulse wirkten trennend. Auch die Gruppen waren von divergierenden Kräften bestimmt. Kriege zwischen Menschengruppen wurden als heilige Auseinandersetzungen erlebt, das heißt, daß die Menschen im Kriege nicht ihre eigenen Angelegenheiten betrieben, sondern die höherer Wesen, und dies so erlebten.

Durch das Christliche trat eine Kraft auf den Plan, die die Menschen wieder zueinander führt. Das ist ein wesentlicher Teil der ursprünglichen Pfingstbotschaft. Damit wurde den trennenden Kräften nicht die Macht entzogen. Sie wirken als geschichtsbildende Kräfte weiter. Ja, in der christlichen Apokalyptik wird deutlich gemacht, daß sie im Verlauf der Geschichte noch zunehmen werden (siehe Luk 21 und Parallelen). Die neue Kraft wird hinzugefügt und wirkt ohne äußere Macht. Wir wissen heute, daß «die geistige Vereinigung der Menschheit durch den Christus-Impuls»[157] durch die Anerkennung des Humanen in jedem Menschen eingeleitet und gefördert wird, durch die Achtung vor der Würde der Individualität, die das Bewußtsein von dem unterschiedlichen Schicksal jedes einzelnen Menschen einschließt. Jeder hat und geht seinen eigenen Weg. Gemeinschaften, die den Charakter «christlich» verdienen, müssen in ihrer Struktur und Praxis diese Qualität achten, ja behüten und stärken, das heißt, die einzelnen Glieder der Gemeinschaft frei lassen.

In diesem Zusammenhang ist noch einer anderen Tatsache zu gedenken, die zum Christentum gehört und die durch die Anthroposophie eine besondere Würdigung erhält.

In vorchristlicher Zeit wurde von Seelenwanderung gesprochen, sowohl im Orient wie in Griechenland. Dabei blieb, mit Unterschied zwischen verschiedenen Strömungen, undeutlich, was denn vom Menschen wiederkehre. Es wurde dargestellt, daß eine klare Aussage darüber erst in der Anthroposophie vorliegt. Aus der Seelenwanderung wurde die Reinkarnation des individuellen Geistes. Dieser ist erst mit Christus auf die Erde gekommen. Es gab Individualität und Reinkarnation natürlich schon vor der Zeitenwende. Aber da war das Ich Glied der geistigen Welt, Daimon im Sinne von Plato und Marc Aurel. Auf der Erde anwesend, als Grundlage von individuellen Menschenrechten, ist es erst seit Christus.

Das ist die Grundlage für das Wort des Paulus: «Denn ihr alle, die ihr auf Christus getauft seid, habt Christus angezogen. Hier ist nicht Jude noch Grieche, hier ist nicht Sklave noch Freier, hier ist nicht Mann noch Frau. Denn ihr seid allesamt einer in Christus Jesus» (Gal 3,27f.).

Zeugnisse von einem Selbstverständnis des Menschen als ewige Individualität gab es im Abendland schon vor der Anthroposophie. Die klare Bedeutung des Christlichen im Werden der Individualität ist erst in der Anthroposophie herausgearbeitet. Aus diesem Zusammenhang ergibt sich, daß vor Christus von einer persönlichen Unsterblichkeit des Menschen sinnvollerweise noch nicht gesprochen werden konnte. Von ihr ist zuerst bei Johannes und bei Paulus die Rede.[158]

Ohne Christus war die Gewalt des Irdischen zu stark. Das Heil konnte nur darin bestehen, sich der Erde zu entziehen, Karma durch Leiden und Überwindung der Unwissenheit ans Ende zu bringen. So herrschte im Buddhismus die Grundeinsicht, daß das Heil nur in der Befreiung von Unwissenheit und Schuld zu suchen sei, um die Vereinigung mit dem Göttlichen zu erlangen. Glückselige Auflösung im höheren Sein war das Ziel. Der nachchristliche «Mahajana»-Buddhismus («großer Wagen») erweiterte dies Ziel dahingehend, daß ein Mensch dieses Ziel nicht für sich erstreben könne, sondern daß nur das «Wohl aller geschaffenen Wesen» als Ziel gelten könnte. Schon früh hat Hermann Beckh, der Indologe unter den Begründern der Christengemeinschaft, diese Erweiterung dargestellt als eine objektive Auswirkung des Christentums.[159] Aber das Ziel blieb im Buddhismus immer die Befreiung von dem Irdischen. Steiner unterscheidet deutlich zwischen der Lehre des Gautamo Buddha und der Tat Christi. Im neunten Vortrag über das Lukasevangelium[160] nennt er zunächst das Wesentliche des Christentums:

«Derjenige hat den Glauben, der in sich aufnimmt den Christus, so daß der Christus in ihm lebt, daß sein Ich nicht bloß als ein leeres Gefäß in ihm lebt, sondern einen überfließenden Inhalt hat. Und dieser überfließende Inhalt ist kein anderer als der Inhalt der Liebe.

Warum konnte denn der Christus mit seinen Worten jenes große Beispiel der ‹Heilung durch das Wort› hinstellen? Er konnte es, weil er als der erste, der das ‹Rad der Liebe› – nicht das ‹Rad des Gesetzes› – als eine freie Fähigkeit und Kraft der Menschenseele rollen ließ, weil er in höchstem Maße die Liebe in sich hatte, so überfließend und überschäumend, daß sie überfloß in diejenigen, die in seiner Umgebung gesund werden sollten; weil sein Wort, das er sprach – gleichgültig ob er ‹stehe auf und wandle› oder ‹deine Sünden sind dir vergeben› oder ein anderes Wort – ‹aus seiner im Innern überfließenden Liebe hervorging. Er sprach Worte, die aus einem Überlaufen der Liebe über das Maß des Ich hinaus gesprochen waren. Und die, welche sich ein wenig mit dieser Tatsache erfüllen konnten, nannte der Christus ‹Gläubige› …

Die dreijährige Anwesenheit des Christus auf der Erde – von der Johannes-Taufe bis zum Mysterium von Golgatha – war die Ursache dazu, daß sich auf der Erde hinfort die Liebe immer mehr und mehr in das menschliche Herz, in die menschliche Seele ergießen wird, in das menschliche Ich mit anderen Worten; so daß die Menschen immer mehr und mehr von dem Christus durchzogen sein werden, damit am Ende der Erdenentwickelung das Ich des Menschen ganz ein Christus-erfülltes sein wird. So wie die Lehre vom Mitleid und von der Liebe zuerst durch den Bodhisattva angeregt werden mußte, so mußte die Substanz der Liebe durch denjenigen auf die Erde gebracht werden, der sie aus Himmelshöhen herunterbrachte und sie nach und nach zum Eigentum des eigenen menschlichen Ich werden läßt.»

Durch das Leben Christi auf Erden und die Überwindung des Todes ist eine neue Tatsache eingetreten. Es gibt jetzt eine Liebe zur Erde um Christi willen. Nur auf der Erde kann man den alles überwindenden Impuls zur Menschenliebe aufnehmen und wachsen lassen. Anthroposophisch gesprochen: Man muß auf die Erde kommen, um Christus zu finden, um im Christlichen zu wachsen. Dafür ist Lebensbedingung die Freiheit, die es nur auf der Erde gibt. Neben die Notwendigkeit aus karmischen Gründen, wieder auf die Erde zu kommen, tritt gleichberechtigt oder stärker der Wille, um Christi willen das Erdenleben aufzusuchen. Hier ist die Wirklichkeit der Aussage zu finden: «Der Sohn macht euch wirklich frei» (Joh 8,36). Paulus macht darauf aufmerksam, daß das Christ-Werden der Menschen auch eine erlösende Wirkung hat auf «alle erschaffenen Wesen», wie es im Buddhismus gesucht wird: «Ich bin überzeugt, daß die Leiden der gegenwärtigen Zeit nichts bedeuten im Vergleich zu der Herrlichkeit, die an uns offenbar werden soll. Denn die ganze Schöpfung wartet sehnsüchtig auf das Offenbarwerden der Söhne Gottes. Die Schöpfung ist der Vergänglichkeit unterworfen, nicht aus eigenem Willen, sondern durch den, der sie unterworfen hat. Aber zugleich gab er ihr Hoffnung: Auch die Schöpfung soll von der Sklaverei und Verlorenheit befreit werden zur Freiheit und Herrlichkeit der Söhne Gottes.»[161] Also, auch hier ist Erlösung als ein objektiver Prozeß gedacht. Schließlich führt die christliche Zukunftshoffnung ja zu «einem neuen Himmel und einer neuen Erde». Die Erlösung der Menschen ist eingebettet in die Verwandlung der Welt. Nichts anderes meint die Anthroposophie, wenn sie im Zusammenhang mit dem Wesen und Wirken Christi von objektiven weltverändernden Vorgängen spricht.[162]

VIII. Erlösung und Selbstverantwortlichkeit

Zu den Differenzen zwischen dem traditionellen Christentum und der Überzeugung von der Entwicklung des Menschen in wiederholten Erdenleben gehört die Frage nach der Erlösung, durch die von höheren Mächten eine neue Existenz geschenkt wird. Dem scheint die Lehre von dem Karma, das von jedem selbst zum Ausgleich gebracht werden muß, zu widersprechen. Das tut sie auch nach den geltenden Vorstellungen von Erlösung. Wenn man auf die anthroposophischen Darstellungen eingeht, insbesondere auf die Spannung zwischen höherem und niederem Ich und die Geschichte der Individualität, werden Entwicklungen sicht- und denkbar, die die Widersprüche aufheben. Außerdem verschwinden bei dieser Betrachtung einige Schwierigkeiten der traditionellen Erlösungslehre.

Christen beten: «Führe uns nicht in Versuchung, sondern erlöse uns von dem Bösen.» Darin spricht sich eine Überzeugung und eine Sehnsucht aus: die Überzeugung, daß das Böse Macht über uns hat und wir als einzelne Menschen, die Menschheit im Ganzen Versuchungen ausgesetzt sind, denen wir ohne göttliche Hilfe verfallen würden, und die Sehnsucht, daß dieser Zustand von einer höheren Macht beendet werde. In dem Gebet bleibt offen, wann und wie diese Befreiung von dem Bösen geschehen wird, aber daß sie in näherer oder fernerer Zukunft geschehen soll, wird erhofft und erbeten.

Andererseits ist Inhalt des christlichen Glaubens, daß die Erlösung schon geschehen ist. Christus hat, so sagen Testament und Glaube, die Schuld vor Gott von uns genommen. «Wir haben in ihm einen Fürsprecher bei Gott» (1. Joh 2,1). «Worin er selber gelitten hat und versucht worden ist, da kann er helfen» (Hebr 2,18). Im fünften Kapitel des Briefes an die Römer entwickelt Paulus die Bedeutung des Todes Christi: «Gott aber erweist seine Liebe zu uns darin, daß Christus für uns gestorben ist, als wir noch Sünder waren, um wie viel mehr werden wir nun durch ihn [Christus] bewahrt werden vor dem Zorn, nachdem wir durch sein Blut gerecht geworden sind» (V. 8, 9). Es ist für unser heutiges Lebensgefühl schwer nachvollziehbar, welche Aktualität und Intensität für die Gläubigen in früherer Zeit dieses Gefühl hatte: in dem Zustand der Sünde zu existieren, in einem Zustand also, der von Gott nicht gewollt, ihm entgegengesetzt war. Man konnte eigentlich nur einer furchtbaren Zerstörung durch die höchste Gewalt entgegensehen, wenn man in diesem Zustand nach dem Tod in Gottes Hand kam. Von diesem Gefühl sind solche Aussagen bei Paulus und aus späterer Zeit geprägt. Um so stärker tröstete die Zusage, daß durch Christus dieses Verhängnis überwunden sei. Im Laufe der Zeit wurde aber diese Wahrheit zu einer bloßen Wortformel, die die Menschen nicht mehr ergriff und veränderte.

Im weiteren spricht Paulus Christus die gleiche Bedeutung zu wie Adam: Durch Adam sind wir alle sterblich geworden und (so Paulus) unter den Fluch des Gesetzes gekommen. «Wie nun durch die Sünde des Einen die Verdammnis über alle Menschen gekommen ist, so ist auch durch die Gerechtigkeit des Einen für alle Menschen die Rechtfertigung gekommen, die zum Leben führt» (V. 18). – Das heißt: Wie wir den Leib so erben, wie er «durch Adam» geworden ist, mit allen Folgen, die mit dieser Veränderung verbunden waren, mit der Macht des Leibes über die Seele, gibt es etwas in uns, das geistig von Christus abstammt und das nicht unter dem Gesetz steht. Paulus formuliert für den ganzen Menschen, wir können es auf das höhere Ich beziehen: «Es gibt nun keine Verdammnis für die, die in Christus Jesus sind» (Röm 8, 1; bei Luther hieß es: «Es ist nun nichts Verdammliches an denen, die ...»). In der katholischen Kirche wird stärker auf die objektive Ursache geblickt, die in der leiblichen Vererbung wirkende Erbsünde mit ihrer die Seele an den «sündigen» Leib bindenden Macht und auf die dagegen wirkende Gnade der Sakramente. In der evangelischen Kirche liegt die Betonung mehr auf den seelischen Existenzbedingungen durch Sünde und Gnade. Einig sind beide natürlich in der entscheidenden Ursache für die Erlösung: Leben, Tod und Auferstehung Christi, deren Segenswirkungen sich denen mitteilen, die sich zu Christus als ihrem Gott bekennen und in der

Nachfolge Christi leben. Daraus folgt auch, daß die katholische Kirche auf Wirkenskräfte baut, die das persönlich Erreichbare übersteigen und durch die Kirche in den Sakramenten vermittelt werden können. – Man sieht, daß die Lehre von der Erlösung eine vielgestaltige und vielschichtige ist.

Das Denken über die Erlösung hat immer mit dem Widerspruch zwischen dem zu tun, was im Glauben als schon geschehen verkündet wird, und dem tatsächlichen Bild, das das tägliche Leben bietet. «Die Christen müßten erlöster aussehen, wenn ich an ihren Erlöser glauben sollte», sagt Nietzsche. Die Diskrepanz zwischen dem Heil, das schon Wirklichkeit sein soll, und dem Unheil, in dem sich Christen befinden und das von Christen angerichtet wird, ist zu einem realen Gegenbeweis gegen das Christentum geworden. Dagegen hilft auch nicht, daß auf diesen Gegensatz schon in den Grundlagen hingewiesen ist, wie die am Anfang angeführte Bitte des Vaterunser zeigt.

Eine der Ursachen für diesen Zweifel am Christentum ist aber, daß die traditionelle Überzeugung nur von *einem* Leben ausgeht, in dem sich alles entscheiden muß. Man versteht, daß dann der göttlichen Gnade so viel Bedeutung beigemessen werden muß, damit sie das Fehlende ergänze.

Es hat in der Geschichte des Christentums immer wieder Auseinandersetzungen gegeben über die Bedeutung der Gnade für die Erlösung und die Bedeutung oder Bedeutungslosigkeit dessen, was der Mensch durch eigene Bemühungen erreichen kann oder nicht kann. Dabei hat im Großen immer die orthodoxe Anschauung von der allein ausschlaggebenden Bedeutung der Gnade überwogen. Im Kleinen und Konkreten ist aber auch immer wieder von dem die Rede gewesen, was der Verantwortung des Gläubigen obliegt. Ein schönes Gleichnis für beider Bedeutung fand ein Freund als Inschrift an dem Pfarrhaus in Kloster Hiddensee:

«Gottes
ist Welle und Wind.
Segel und Steuer,
daß ihr den Hafen gewinnt
sind euer.»

Der Widerspruch verliert seine Schärfe, wenn man für das Christ-Werden eine längere Zeit annehmen kann; wenn man von vielen wiederholten Versuchen und Schritten der stufenweisen Realisierung des Christlichen ausgehen kann. Dann kann man das Christliche im Menschen als Keim ansehen, der weiteren Wachstums mächtig ist. «Das Himmelreich ist gleich einem Senfkorn, das ein Mensch nahm und auf seinen Acker säte. Denn es ist das kleinste unter allen Samenkörnern. Wenn es aber gewachsen ist, so ist es größer als alle Kräuter und wird ein Baum ...» (Mat 13; 31,32). Im Rahmen von mehreren oder vielen Erdenleben ist Raum dafür, daß der Keim des Christlichen, das wahre Ich, wächst, daß Früchte des persönlichen Bemühens reifen.

«Überwinde! Jede Stunde,
die du siegreich überwindest,
sei getrost, daß du im Pfunde
deines neuen Lebens findest.

Jede Schmach und jede Schande,
jeder Schmerz und jedes Leiden
wird, bei richtigem Verstande,
deinen Aufstieg mehr entscheiden.»[163]

Das Gedicht verallgemeinert das Motiv des Überwindens, wie es in den Sendschreiben der Apokalypse genannt wird. Der genannte Keim der Zukunft wächst durch Selbstüberwindungen. Wir haben ihn als die Kraft des höheren Ich benannt, das beginnt, sich im Kern der irdischen Persönlichkeit Geltung zu verschaffen. Seine Kraft, die Seele mit höherer Moralität zu durchdringen, wächst von Inkarnation zu Inkarnation, wenn es erst einmal begonnen hat. Man denke an das Gleichnis vom Sauerteig. An der geschichtlichen Entwicklung ist abzulesen, daß diejenigen Kräfte, die die Bibel auf den Sündenfall zurückführt, weiterhin am Werke sind, ja, daß sie wachsen. Auch das ist schon in den Zukunftskapiteln, den Apokalypsen[164] des Neuen Testamentes, vorhergesagt. Zusätzlich heißt es, daß es wenige, einzelne sind, die sich als Überwinder dem Verfall der Kultur und den Untergängen der Natur entringen können. Diese Voraussagen tragen die Signatur des Individuellen. Dessen Wachsen ist allerdings in der Kultur der letzten zweitausend Jahre unübersehbar. Die Spannung zwischen: es ist schon geschehen, und es steht noch bevor, bleibt auch bei dieser Perspektive bestehen, aber die Widersprüche werden als Teile längerer Prozesse einsehbar.

Die bedrängenden Fragen nach der Erlösung, die schon geschehen ist und deren wir doch auch noch bedürfen, können einer weiteren Klärung nähergebracht werden, wenn man sie differenziert anschaut nach Leib, Seele und Geist des Menschen. Wir haben Erlösung zunächst beschrieben als einen Prozeß, der zuerst die Individualität, den Kern der Person erfaßt. Sie hat begonnen, wenn man vor sich selbst und Gott das Bekenntnis ablegen kann: Ich bin Christ – und ich weiß, daß noch viel Unchristliches in mir ist. Sie soll und wird aber schließlich zu einer völligen Verwandlung des ganzen Menschen führen. «Wir werden nicht alle entschlafen, wir werden aber alle verwandelt werden; und das plötzlich, in einem Augenblick, zur Zeit der letzten Posaune» (1. Kor 15,51f.). In der ersten Zeit des Christentums wurde die Nähe des Auferstandenen und seine verwandelnde Kraft so stark erlebt, daß die Überzeugung entstand, jetzt stehe die endgültige Verwandlung nahe bevor. Inzwischen hat die Christenheit gelernt, daß noch viel Zeit bis dahin vergehen wird. Man kann in der Gegenwart beobachten, daß zusammen mit vermehrten direkten Christus-Erfahrungen Weltuntergangs-Ahnungen oder -Phantasien verschiedenster Art auftreten. Aber auch heute besteht wohl Grund für die Überzeugung, daß das Ende der Menschheit auf der Erde nicht unmittelbar bevorsteht. Ich möchte es jedenfalls hoffen, selbst wenn Katastrophen verschiedenster Art zu befürchten sind, durch die die Zahl der auf der Erde lebenden Menschen reduziert werden könnte. Ich hoffe darauf, daß Gott der Menschheit noch weitere Zeiten zur Entwicklung auf der Erde bis zum endgültigen Gericht zugemessen hat.

Die Zeit bis dahin ist als eine Lücke im christlichen Geschichtsbild empfunden worden. Die Verstorbenen müssen warten … Rudolf Frieling hat gezeigt[165], daß diese «eschatologische Lücke im christlichen Weltbild» durch die Annahme längerer Entwicklungszeiten in wiederholten Erdenleben zu schließen ist. Das «Jüngste Gericht» ist dann das abschließende, bestätigende oder zurückweisende Fazit aller bisherigen Gerichtserfahrungen nach den einzelnen Inkarnationen. In der Aufarbeitung des Erdenlebens nach jedem Leben in himmlischer Wahrhaftigkeit deutet sich immer schon der Charakter dieses Jüngsten Gerichtes an. Hier legt die katholische Kirche größeres Gewicht auf die Läuterungen nach dem Leben, während die evangelische Kirche mehr auf das endgültige Gericht am Ende der Zeiten blickt. Für den, der das von außen betrachtet, ergänzen sich beide Sichtweisen so deutlich, daß es töricht wäre, darüber zu streiten, welche der beiden Beschreibungen von Erlösung recht hat.

Man könnte das Verhältnis der Befreiung von den Sünden nach der nachtodlichen Läuterung zu der Erlösung am Ende der Erdenzeit anschauen nach Maßgabe der Begriffe von Summe und Integral. Nach jedem Erdenleben und seiner Aufarbeitung entsteht eine Summe der Lebenserfahrungen, die der geistigen Substanz des Ich hinzugefügt wird. Nach dem Abschluß der Erdenzeit tritt eine Verwandlung ein, wenn der Mensch mit all seinen Prägungen und Erfahrungen erlösungsfähig geworden ist. Summe als Fazit, Integral als Summe höherer Art, durch die eine neue Qualität entsteht. So ist, als Vergleich, der Kreis das Integral der Summe der Richtungen aller (geraden) Tangenten.

Die wirkende Kraft bei der großen Verwandlung ist eine höhere, göttliche. Es muß sich ja um die prinzipielle, endgültige Auferstehung des Menschen in einer neuen Gestalt handeln. Die Auferstehung Christi mit der Verwandlung des Leibes, in dem er sich den Jüngern offenbarte, ist der grundlegende Anfang, das Urbild. «Er selbst ist der Anfang, der Erstgeborene von den Toten» (Kol 1, 18), heißt es in feierlicher Rede: hos estin archä, lateinisch: qui est principium. Das Wunder dieses geistigen Leibes kann kein Mensch aus eigenen Kräften erringen oder schaffen. Die neue Existenz wird geschenkt werden. Und das meint der Begriff Erlösung im religiösen Sinne.

Man stellt sich oft den Vorgang der Erlösung nach Art irdischer Gerichtsverfahren vor. Umgekehrt könnte es Sinn machen, irdische Gerichtsbarkeit als Abbild der himmlischen zu verstehen. Das Urbild ist mächtiger und vielschichtiger als das irdische Abbild. Die Erlösung ist eine Verwandlung der gesamten Existenz, führt zu einem völlig anderen Sein. Paulus hat sie (in 1. Kor 15) als «Bekleidung mit einem geistlichen Leib» beschrieben. Das legt eine Differenzierung nach *Leib* und *Seele* nahe. Der jetzige Leib entstammt der göttlichen Schöpfung, der zukünftige der Auferstehung Christi, auch er wird verliehen. An uns Menschen ist es, die Seele so zu bilden, daß sie diesem Geschenk entsprechen kann, den «geistlichen Leib anziehen» kann, wie Paulus sagt, daß sie ihm «angemessen» ist. Man stelle sich im – nicht bis ins Einzelne gültigen – Vergleich vor, es wird eine Gestalt verliehen, die Flügel hat, aber der Empfänger hat schon längst beschlossen, lieber in der Menge unterzutauchen und immer nur mit dem Strom zu schwimmen. So war er ein Fisch geworden. Man stelle sich vor, dieser Leib sei nur durch innere Initiativkraft zu bewegen, er gebe nur die Möglichkeit zu liebevollem Handeln und die Seele habe die Kraft der Eigeninitiative verloren und hätte sich schon längst für den Haß entschieden. Solche Seelen wären auch für die höchste göttliche Gnade nicht erlösungsfähig.

Zu den Zukunftsperspektiven gehört es, daß die materielle Welt einmal vergehen wird, daß sich der Daseinsraum für die ganze Menschheit so ändern wird wie jetzt beim Tod für jeden einzelnen. Dann werden wir den Wesen gegenübertreten, deren Kräfte jetzt und bis dahin unser Dasein und Leben getragen und erhalten haben. Je nachdem, ob die höhere Welt mit ihren Kräften und Wesen ersehnt, erstrebt oder ob sie geleugnet und verneint wurde, wird die Offenbarung des schöpferischen, reinen, schuldlosen Lebens, das uns dann durchdringt, unterschiedlich erfahren werden: das persönliche Dasein steigernd oder zerstörend. Die Bibel sagt: als Beseligung oder als Zorn Gottes. Diese Erfahrung kann man dann sehr wohl ein selbstbereitetes Karma nennen.

In der «Einheitsübersetzung»[166] des Neuen Testamentes heißt es (Offb 14, 10) von dem, der den Zorn Gottes erfahren muß: «Und er wird mit Feuer und Schwefel gequält vor den Augen der heiligen Engel und des Lammes.» Das klingt so, als ob die Engel und das Lamm Sadisten seien. Nichts könnte die Wahrheit mehr entstellen. Die sinnvolle Übersetzung muß heißen: «Und er wird gequält mit Feuer und Schwefel *durch* den Anblick der heiligen Engel und des Lammes.» («Enopion» heißt griechisch «vor», ist wörtlich: «im Auge, im Anblick», in der Luther-Übersetzung steht neutral: «vor».) Es ist eine Folge unseres eigenen Verhaltens, ob uns die Offenbarung mit ihrem Leben und ihrer Intensität aufbauen oder zerstören wird. Es liegt ganz gewiß nicht im göttlichen Willen, nur einzelne, besondere Auserwählte oder Folgsame zu «belohnen». Die Ursachen dafür, daß voraussichtlich nicht alle erlöst werden, müssen auf der Erde und im Verhalten der Menschen gesucht werden. Im Himmel wird der Mensch, wie er geworden ist, am Ende der Erdenzeit von Gott, der höheren Welt nicht ausgelöscht, sondern anerkannt und beurteilt. So kommt Gericht zustande, griechisch krisis: Trennung.

Um es schließlich einfach und direkt auszusprechen: In dem Gewebe von Gnade und Selbstverantwortlichkeit, von Erlösung und Gericht gilt: die schließliche Erlösung besteht in der Auferstehung in eine neue Existenzform im «geistlichen Leib» (Paulus). Der wird von Gott geschenkt, ist von Christus bereitet. Die *Seele* für diesen Leib (Ich und Seele sind immer eine Einheit) muß der Mensch in diesen Vorgang einbringen. Sie entwickelt sich im (in den) Erdenleben. Die «Zwischenzeiten» im Himmel haben immer schon den Grundcharakter der Konsequenz. Da wird Fazit gezogen und der Mensch nach Maßgabe des Vollbrachten, des Erreichten für ein neues Leben ausgerüstet.

Das Neue Testament spricht sehr deutlich davon, daß wir für unsere Seele prinzipiell und unausweichlich selber die Verantwortung tragen. «Was hülfe es dem Menschen, wenn er die ganze Welt gewönne und nähme doch Schaden an seiner Seele. Oder was könnte der Mensch geben als Lösegeld für seine Seele?» (Mat 16,26) Wofür unser Herz schlägt, wonach es «trachtet», um einen alten Ausdruck zu gebrauchen, das entscheiden wir in jedem Augenblick selbst. Aus Gedanken, Motiven, Regungen des Herzens werden Handlungen. Nach dem Tod wird daraus Schicksal. Das Schicksal (Karma) ist immer der Seele entsprungen, ihr objektiviertes Bild. Was darin dunkel, unbereinigt, verworren ist, was nicht in die höhere Welt auferstehen kann, das unterliegt unserer eigenen Verantwortung. Durch die Anerkennung der gerechten Lebensfrüchte aus den einzelnen Erdenleben durch die höheren Wesen entsteht das Ich in seiner wahren Gestalt. Seine innere Gediegenheit, seine Würde beruht darauf, daß es die Widersprüche gegen das Göttliche, die im Verlaufe seines Werdens geschehen sind, aus eigenem Antrieb auflöst. Schließlich betrachten wir auch im überschaubaren Rahmen eines Erdenlebens die Selbstverantwortlichkeit als ein wesentliches Gut des mündigen Menschen.

An dieser Stelle möchte ich eine kleine Erzählung einfügen.[167] Sie ist frei erfunden, und doch kennt jeder das darin geschilderte Erlebnis:

«Ich bin verurteilt – in letzter Instanz, rechtskräftig. Berufung ist nicht möglich. Es scheint absurd, es scheint widersinnig, aber – so beginne ich zu begreifen – es ist wahr.

Wie kann das sein? Die Frage höre ich – ausgesprochen und unausgesprochen dringt sie von allen Seiten auf mich ein. Die Wunde brennt.

Ich bin verurteilt. Berufung ist nicht möglich, weil keine Stelle zuständig wäre. Der Bundespräsident? Amnestie? Es handelt sich ja nur um eine Lappalie, Kavaliersdelikt sozusagen, kaum der Rede wert. Nein, kein Mord, kein Sittenverbrechen, nichts Spannendes, nichts Mitleiderheischendes. Ein paar laute Worte am unrechten Ort zur unrechten Zeit. Aber der Zorn war echt, ganz ursprünglich und überwältigend. Natürlich war er schnell verraucht. Natürlich mußte das Gesagte entschuldigt und damit aus der Welt geschafft werden. Nichts blieb zu wünschen übrig. Die Verzeihung war allumfassend, wie sie nur aus der Großmut des Gekränkten ausfallen kann: Wir kennen uns doch so gut – reines Mißverständnis – stets bestens zusammengearbeitet – ja, ja auch in Zukunft – noch aufmerksamer – noch entgegenkommender – gerade das kleine Versagen steigert die Achtung vor der ständigen persönlichen, ach was, überpersönlichen Leistung – immer der Ihre –.

Keine Anklage also, keine Vorladung, keine Mahnung wegen Nichterscheinens. Dennoch bin ich verurteilt; es besteht kein Zweifel. Der Richter war scharf und unerbittlich. Ein einziger Blick auf ihn genügte mir, um zu wissen, daß es für mich kein Entrinnen geben würde. Lebenslänglich – für eine Lappalie. Lebenslänglich – für ein paar unbedachte, längst vergessene Worte.

Ich muß ein wenig genauer schildern, was vorgefallen ist – danach, meine ich; die Worte sind, wie gesagt, bereits vergessen.

Er sprach mich plötzlich an, mein Richter. ‹Gibst du deine Schuld zu?› fragte er ziemlich grob. (Nicht ein einziges Mal hat er im Verlauf der Verhandlungen je auf mein eher feinfühliges, sensibles Wesen Rücksicht genommen.) Ich wußte sogleich, wovon er sprach, wenn ich auch vorgab, nichts zu verstehen. Schließlich war ich auf dem Heimweg von jenem Gespräch, das die Luft wieder bereinigt hatte.

‹Ich weiß nicht›, erwiderte ich, Erstaunen vortäuschend. ‹Worum geht es denn?›

‹Ja oder nein›, herrschte er mich an, ‹ja oder nein!›

‹Nun denn: nein›, entgegnete ich gekränkt, ‹solange ich nicht weiß, wovon die Rede ist. Meine unbedachten Worte›, fügte ich unter dem strengen Blick schnell hinzu, ‹sind vergeben und vergessen.›

‹Also sind sie gesprochen worden und du bist schuldig. Gibst du es zu?›

Ich war verwirrt. Natürlich, es wäre ja unsinnig, die Tatsache zu leugnen. Aber, wie gesagt, es gab keine Schuld mehr, denn man hatte mir verziehen. (Im übrigen handelte es sich, das sei festgehalten, um eine Lappalie, die auch ohne den Aufwand des Entschuldigens und Vergebens vergessen worden wäre, folgenlos.)

Bedacht, nicht in eine selbst gelegte Schlinge zu tappen, antwortete ich: ‹Die Tatsache der gesprochenen Worte gebe ich zu; schuldig aber bin ich nicht. Man hat mir verziehen.›

Hatte er verstanden? Jedenfalls tat er meine Antwort mit einer geringschätzigen Achselbewegung ab. ‹Ich verzeihe nicht›, stellte er kühl fest, ‹also bist du schuldig.›

Ja, zum Himmel! Was ging es ihn denn an? Ich versuchte, seine Erwiderung ebenfalls mit Geringschätzung zu beantworten. ‹Egal, was ihr meint›, bemerkte ich möglichst leichthin. ‹Wenn man sich um das Urteil der Menschen kümmern sollte! Hab die Ehre! Ade!›

‹Der Gerichtssaal darf nur auf meine Anordnung hin verlassen werden. Zuwiderhandlungen – schon ein Versuch – führen zur Fesselung des Angeklagten›, verwarnte mich der Richter streng.

Ich war ihm ausgeliefert. Er bestimmte über meine Freiheit. Furcht packte mich. ‹Wie kommen Sie dazu, sich Gewalt über mich anzumaßen?› fuhr ich ihn an. ‹Niemand hat mich verklagt, also darf mich auch niemand richten. Lassen Sie mich gehen!›

‹Es gibt einen Kläger, und also gibt es auch einen Richter›, erwiderte er unbeirrt.

‹Wer hat mich verklagt?› fragte ich, während ich spürte, wie der Boden unter mir zu wanken begann, ‹und wer hat Sie zu meinem Richter bestellt?›

‹Ich›, sagte er ruhig, und dann noch einmal: ‹Ich› – in einer Weise, die mir keinen Zweifel daran ließ, daß er beide Fragen zugleich beantwortete. Er war mein Ankläger, und er war mein Richter.

‹Das ist unzulässig›, protestierte ich kraftlos. ‹Ankläger und Richter darf nicht ein und dieselbe Person sein. Es ist unzulässig.› Aber ich gab mich keiner falschen Hoffnung mehr hin. Ich fühlte, daß er sich die Entscheidung darüber vorbehielt, was zulässig sei und was nicht.

Eindeutig, wie ich erwartet hatte, fiel die Antwort aus: ‹Es ist zulässig.› Doch wie ein Stachel, schmerzhaft und weckend zugleich, fuhren die Worte in mich hinein, die er hinzufügte: ‹Du selbst hast es zugelassen.›

‹Ich selbst?› Ich wollte widersprechen. Doch schon als ich die Frage stellte, erinnerte ich mich, daß er recht hatte. Ja, ich selbst hatte ihn bestellt – als meinen Ankläger und als meinen Richter.

Er sagte nichts mehr; damit, daß ich ihn anerkannte, war das Urteil gefällt. Ein Blick auf ihn genügte, um den letzten Zweifel auszuräumen – an dem Vorgang und an der Unabänderlichkeit des Vorganges. Ein Blick auf ihn bestätigte alles; denn er, mein Ankläger und mein Richter, trug mein eigenes Gesicht.

Es gibt keine Lappalien. Lebenslänglich also. Keine Amnestie.»

Was wir tun, hat seine Folgen in der Welt und in uns. Die Erfahrung von eigenen Nachlässigkeiten und Schwächen trägt nicht wenig zum Reifen der Persönlichkeit bei. Das bleibt uns, lebenslänglich und darüber hinaus.

Für den Ausgleich des Schicksals hat Steiner den Ausdruck gebraucht, «daß der Mensch … imstande ist, sich … im Karma zu erlösen»[168]. Ich halte diesen Ausdruck für ungeschickt oder unangebracht, weil er dem Sinn von «Erlösung» widerspricht. Es gibt vieles, was wir aus eigenen Kräften tun müssen und auch nur selbst bewirken können, um erlösungsfähig zu werden. Aber «Erlösung» in religiösem Sinne meint gerade das, was wir nicht selbst bewirken können: die Anerkennung durch Gott und Christus, die Bestätigung, die das von uns Erstrebte und Erreichte gültig macht und zu der Seele den neuen Adam, die Geistgestalt hinzufügt.[169] So ist das Wort von der Selbsterlösung denn von theologischer Seite immer wieder kritisiert worden, und das dem Worte nach zu Recht, dem Sinne nach nicht. Bei Steiner ist natürlich auch die Wahrheit zu finden, daß wir aus eigenen Kräften zu solcher Befreiung von den karmischen Lasten überhaupt nicht imstande sind. Die Fähigkeit und die Kraft, Schicksale zum Guten zu wenden, ist die Kraft Christi in uns.[170] «Das Karma läuft durch Inkarnationen hindurch, und vorher und nachher stehen Dinge, welche das Karma einleiten und wieder ausgleichen, vorher die Erbsünde und nachher der volle Erfolg des Christus-Impulses, das Eintreten der vollen Gnade.» Mit anderen Worten: Ohne die Hilfe Christi würden sich die Menschen immer weiter in Sünde und belastetes Karma verstricken. Die Möglichkeit, überhaupt altes Karma (gleichbedeutend mit: die Folgen der Sünden) zum Besseren zu wenden, ist nur durch Christus gegeben. Diese Möglichkeit wird ergriffen, wenn die Lebenspraxis von christlichen Motiven durchdrungen wird. «Denn der ganze Mensch kann nur erlöst werden, wenn nicht nur Weisheit, sondern wenn warme Liebeskraft seine ganze Organisation durchströmt. Die Seelen zu erlösen durch die Flut von Liebe, welche der Christus auf die Erde gebracht hat, das war die Aufgabe des Christus. Die Weisheit von der Liebe zu bringen, war die Aufgabe der Bodhisattvas und des Buddha; die Kraft der Liebe der Menschheit zu bringen, war die Aufgabe des Christus. Das müssen wir unterscheiden.»[171]

Man kann von der Voraussetzung ausgehen, daß das Leid, das mich trifft, die Schwierigkeiten, die mir das Leben bereitet, von mir (als dem höheren Ich) selbst gewollt sind, sei es als Folgen von eigenen Verfehlungen, sei es als freiwillig aufgesuchte Aufgabe, um der nur durch dieses Leid zu erlangenden Weisheit und Reife willen. Alle Freude, alle Förderung sind Geschenke der höheren Welt, sind Geschenke Gottes. Die Frage, womit jemand dies oder jenes im Leben verdient habe, gehört der alten, vergangenheitsbezogenen Betrachtungsweise an. Sie hat nur einen (begrenzten) Wert für die erweiterte Selbsterkenntnis, begrenzt deshalb, wie es in zunehmendem Maße nach Steiner auch Leid gibt, dem keine karmische Ursache zugrunde liegt, das aus genannten Gründen freiwillig aufgesucht wird. Es kann geschehen, daß eine reife Individualität jemand anderem dadurch Entwicklungsmöglichkeiten schenkt, daß sie dessen sehr belastetes Schicksal freiwillig übernimmt.[172]

Bei der Frage, was in der Bibel von Karma zu finden sei, hatten wir schon darauf hingewiesen, daß der Blick Christi immer in die Zukunft gerichtet ist. So kann der christliche Sinn immer nur danach fragen, was für ein Gut denn durch Lebensschwierigkeiten, durch Leiden entstehen kann. Dieser Blick für die Zukunft ist therapeutisch und niemals ungehörig oder zudringlich, wie es die Frage nach Ursachen sein kann, wenn sie in bezug auf andere Menschen gestellt wird.

So bringt das Christliche schon da eine Erlösung vom alttestamentlichen Gesetzescharakter, wo es sich um die innere Haltung zu Schicksalsfragen handelt.

In der Sache ist festzustellen, daß nach Steiner die endgültige Erlösung am Ende der Erdenzeit nur durch Christus und die Gnade Gottes möglich ist. – Wenn Steiner in diesem Zusammenhang von Zielen spricht, die «errungen» werden müssen, heißt das, daß man zu einer inneren Verfassung kommen muß, die den göttlich gesetzten Zielen entspricht.

Zum Teil ist der Gesichtspunkt, alles Heil *allein* auf die göttliche Gnade zurückzuführen, eine Frage der Gesinnung und der Definition. Zum Vergleich: Es ist bekannt, daß alle Energie, die wir auf der Erde zur Verfügung haben, von der Sonne kommt. Sie ist der Erde geschenkt. Und trotzdem muß man für Wärme im Herd sorgen, wenn man eine warme Mahlzeit haben will. (Die Zeiten vor der Elektrifizierung geben für diesen Vergleich bessere Bilder her.) So ist es für die seelische Gesundheit wichtig, daß man sich immer dessen bewußt ist, daß man alles der göttlichen Gnade verdankt. Und trotzdem darf diese Haltung niemals zum Nachlassen in den eigenen Anstrengungen führen.

Auf die Erlösung übertragen, heißt das: Der Menschwerdung Christi ist zu verdanken, daß wir das Göttliche nicht mehr ausschließlich in Himmelsfernen ahnen, sondern es auf der Erde – in allem wahrhaft Christlichen – finden können. Damit ist verbunden, daß auch der göttliche Anteil des Menschen, das höhere Ich, auf Erden wirksam werden kann. Das ist die Erlösung, die schon geschehen ist, die Grundlegung.

Und seit der Auferstehung Christi gibt es im Geiste schon das Urbild eines neuen, von Sünde und Tod befreiten Leibes, der am Ende der Zeiten den Menschen verliehen wird, die in der höheren Welt «angenommen werden» können (Luk 17,34). Auf diese Vollendung der Erlösung bezieht sich die letzte Bitte des Vaterunser. Sie ist für uns noch Zukunft. Auch sie ist, wie die Grundlegung, reine Gnade.

Das Mittlere, was die Seele und das Karma betrifft, ist unserem Streben, unserer Verantwortung übertragen. In der Seele durchdringen sich fortwährend Gebundenheit und Freiheit, Gesetz und Gnade. In ihr sind Gericht und Erlösung gegenwärtig in dauerndem Ringen. Für sie sind wir selbst verantwortlich. Wie früher schon bemerkt, hätte ein Gericht nach dem Ende des Lebens (oder der Leben) überhaupt keine Grundlage, wenn alles nur durch Gnade, die natürlich für alle Menschen gleich sein muß, bewirkt worden wäre. Hier muß es ein verantwortliches und deshalb auch mit Konsequenzen verbundenes individuelles Handeln von uns Menschen geben. Auch hier gilt der Gesichtspunkt, daß «alle Energie von der Sonne kommt», daß wir ohne die helfende Nähe Christi ohne jede Möglichkeit zum wirklich Guten wären. Es bleibt ein Rest in der Lebensgestaltung, den wir selber in uns in Kraft setzen müssen.

Diesen Rest hat Steiner als den persönlichen Teil des Karma bezeichnet und ihn vom objektiven Teil unterschieden.[173] Als objektiven Teil bezeichnet er die Tatsache, daß jede Sünde die Welt schlechter macht. Wenn zum Beispiel in einer Gemeinschaft ein Mensch den anderen verletzt, macht sich der eine dem anderen gegenüber schuldig, und außerdem leidet die Gemeinschaft. Die Störung der Gemeinschaft bleibt als Tatsache auch dann bestehen, wenn die Angelegenheit zwischen den beiden persönlich bereinigt ist. Das Vertrauen in die Gemeinsamkeit ist beschädigt. So spricht Steiner von objektiven Wirkungen aller schlechten Gedanken, Worte, Taten. Objektiv gesehen, haben sie darin ihre Ursache, daß das Böse Einfluß hat auf den Menschen. Hier berühren wir wieder das Problem der Theodizee, des Verhältnisses von göttlicher Allmacht und Macht des Bösen. Man kann über diesen Widerspruch auch nur in widersprüchlichen Gedanken sprechen. Einerseits wird darin die objektive Schuld der Menschen – vor Gott – offenbar, andererseits auch eine Verantwortlichkeit Gottes, der den bösen Mächten Einfluß auf die Menschen eingeräumt hat. Paulus spricht von der Schuld der Menschen vor Gott, Steiner spricht von den objektiven Folgen böser Handlungen in der Welt, davon, daß jede schlechte Tat das Böse in der Welt vermehrt. Ich bin mir sicher, daß beide auf denselben geistigen Tatbestand deuten; Paulus schreibt aus himmlischer Perspektive in alttestamentlicher Sprache, Steiner beschreibt moralische Tatsachen. So sprechen auch beide davon, daß diese Schuld durch das Leiden Christi von der Menschheit genommen worden ist. Diese Tatsache macht Erlösung überhaupt erst möglich, sie liegt aller Erlösung zugrunde.

Nun spricht Steiner auch von persönlichen Wirkungen von schlechten Handlungen, von Schädigungen an Täter und Opfer. Für diese und ihre Begleichung sind wir selbst verantwortlich. Den Folgen dieser Schädigungen begegnen wir im Karma. Hier kommt nun der Anteil in Betracht, den wir selbst vollbringen müssen, den wir nur selbst leisten können, weil er unmittelbar mit dem Wesen, der Substanz und Gediegenheit des Ich zusammenhängt. Wenn es in der Offenbarung des Johannes (20, 12) heißt, daß «die Toten gerichtet werden nach ihren Werken», ist nach meinem Dafürhalten von demselben Tatbestand die Rede. – Es wurde schon mehrfach erwähnt, daß nach anthroposophischer Auffassung ein solcher Ausgleich nur durch die Aneignung des Christlichen möglich ist, ebenso wie gute Werke nur dann gut sind, wenn sie von dem Geist der Selbstlosigkeit vollständig durchdrungen sind. Der Anfang zu diesem Weg ist der Glaube an Christus.

Zu der Frage, ob der Glaube (im anspruchsvollen Sinne) nun eine Gnade sei oder eine Tat, gibt es verschiedene Meinungen oder Deutungen. Man könnte sagen, das sei eine Frage der Beurteilung und deshalb nur von untergeordneter Bedeutung. Aber es steht fest, daß es sehr schwer ist, zum Glauben aus innerem Streben zu kommen. So meint man, er sei ein Geschenk Gottes. Sein Anfang ist das Gefühl, daß die Sinnenwelt, die Welt, die wir durch die leiblichen Sinne erfahren, nicht alles ist, daß ihr Wesentliches fehlt, das im Übersinnlichen zu suchen ist. Sein Ziel findet er in Gott und Christus als dem Grund und Ursprung des Seins und des Guten und in dem Gefühl der Gemeinsamkeit mit diesem Ursprung, der Beziehung von Ich zu Du und von Du zu Ich.

Es gibt Menschen, die «haben den Glauben», andere, die ihn erstreben und nicht finden, andere, die ihn nicht haben und nicht vermissen. Bei Steiner findet man, daß es für dieses Geschenk eine Vorübung gibt, durch die man ihm näherkommen kann: Wer in einem Leben intensiv nach Wahrheit sucht, sie erforschen und wissen will, der kann in einem nächsten Leben mit dieser Offenheit in der Seele geboren werden, die überall die Ergänzung der gewöhnlichen Erfahrung durch das Übersinnliche sucht und findet.[174] Wie alles Gute im Leben ist der echte Glaube ein Geschenk, eine Gnade. Dieser Tatsache wird nichts dadurch genommen, daß man verstehen kann, wie sie zustande kommt.

Zusammenfassend ist zu sagen, daß die Bibel von dem Heil spricht, das geschehen ist, und von der Verwandlung der Menschen aus diesem Heil, die der eigenen Verantwortung und schließlich dem göttlichen Gericht unterliegt. In der Anthroposophie ist die Rede davon, daß durch Christus das Erdendasein seinen Sinn und Gehalt bekommen hat und daß das in der Zeitenwende in Erscheinung getretene Urbild im intimsten Sinne angeeignet werden muß. Der Widerspruch wird aufgelöst in einen

Prozeß. Man braucht nicht zu befürchten, daß damit eine Rationalisierung oder Banalisierung tiefer Probleme verbunden ist. Hinter den angedeuteten Zusammenhängen steht das Mysterium, daß nach anthroposophischer Darstellung dem Wirken des Bösen in der Menschheit eine für das Ganze notwendige Rolle zukommt. Seine Aufgabe ist aber natürlich eine negative; der Sinn des Bösen tritt erst dadurch zutage, daß es überwunden ist. Sein Sinn liegt in den Kräften, den Tugenden, die in Menschen durch seine Überwindung entstehen. Danach sind Sünde und Gnade die göttlichen Mittel, durch die der Mensch im Verlauf der Erdengeschichte sein Ziel findet als Ebenbild und Gleichnis Gottes (1. Mose 1,26). In dieser Perspektive ist die Antwort auf die Frage zu finden, die im Buch Hiob ohne Antwort blieb. Hiob mußte erkennen, daß die Kräfte der Zerstörung, des Bösen, denen er als Mensch ausgeliefert war, in Gottes Macht integriert sind in dem sinnvollen Ganzen der Schöpfung. Die Erlösung von dem Bösen bleibt für Christen eine Hoffnung, die in Christus schon Wirklichkeit geworden ist. Über das Biblische hinaus ist in der Anthroposophie angedeutet, daß das überwundene Böse selber eine Verwandlung erfährt. Nicht nur Erlösung der Menschen von dem Bösen, sondern Erlösung der Mächte, die jetzt als Widerstände und Gegner dienen müssen, tritt als neue Perspektive auf. Sie erweitert das biblische Weltbild, in dem der Gegensatz von Gut und Böse, Gott und Teufel, unversöhnt bleibt.

IX. Christus und das Karma der Menschen

Im vorigen Abschnitt wurden die Fragen der Gnade und der Selbstverantwortlichkeit aus der menschlichen Perspektive betrachtet. Das fordert als Ergänzung den Blick auf das Verhalten Jesu Christi und darauf, wie er zum Gesetz des Karma steht.

Das Gesetz des Karma ist auf Christus nicht anwendbar. Er unterliegt ihm nicht. Er kam einmal, nahm Wohnung in dem Leib des Jesus von Nazareth und ist von jeder Sünde frei geblieben. Seine Wiederkunft ist verheißen «in den Wolken», dem Bilde nach also in einer höheren Sphäre, nicht verkörpert als Mensch. So steht er den Menschen, die Versuchungen ausgesetzt sind und Folgen von Versündigungen an sich tragen, frei gegenüber. Moderne Grenzerfahrungen zeigen, daß diese Freiheit nicht Distanz bedeutet. Er ist in den Himmeln das einzige Wesen, das die Grunderfahrungen des irdischen Menschseins bis in die Tiefen von Schwäche, Einsamkeit und Not kennt.

Demgegenüber haben alle Menschen ein Karma, das sie von Leben zu Leben auf der Erde führt. Dabei ist das Karma nach Umfang und Macht die bestimmende Größe. Der Mensch ist das Objekt des Schicksals, das er sich selbst bereitet hat – ein logischer Widerspruch, der sich nur auflösen läßt durch die Erweiterung des Begriffes Mensch um die Größe höheres Ich. Diesen Begriff gab es zu Zeiten des Gautamo Buddha noch nicht. So spricht der Buddhismus von dem «Rad der Wiedergeburt»[175], das sich unerbittlich dreht und die Menschen aus der Geisteswelt wieder auf die Erde führt, ja zwingt.

Von diesem allgemeinen Gesetz sind aus der Überlieferung nur wenige Ausnahmen bekannt geworden: Gautamo Buddha selbst und Henoch, der siebente in der Reihe der Nachkommen Adams. In der Liste der Erzväter heißt es (1. Mose 5,22 f.): «Und Henoch wandelte mit Gott … und weil er mit Gott wandelte, nahm Gott ihn hinweg und er ward nicht mehr gesehen.» Von allen anderen schließen die Angaben mit «… und starb». So tritt die Ausnahme Henoch besonders stark hervor. – Von Elias wurde schon gesprochen. – In der griechischen Mythologie wurde berichtet, daß Menschen in den Kreis der Götter versetzt wurden, einige sind als Sternbilder bekannt, aber dies sind ausnahmslos Halbgötter, also Ausnahmegestalten, die auch in anderer Hinsicht nicht mit gewöhnlichen Menschen vergleichbar waren.

In diese Welt, in der die Menschen unter dem Gesetz der Reinkarnation stehen, tritt Christus ein – ohne «karmische Notwendigkeit». Wie steht diese Gestalt in einer solchen Umgebung?

> «Habt ihr von ihm denn nichts gelesen,
> Kein armes Wort von ihm gehört?
> … Wie er von Liebe nur beweget
> Sich ganz uns hingegeben hat
> Und in die Erde sich geleget
> Zum Grundstein einer Gottesstadt?»[176]

«Von Liebe nur beweget», sagt Novalis. So bekommt das Erscheinen Christi in der Menschheit den Charakter einer freien Tat, außerhalb jeglichen gesetzlichen Zwanges oder eigener Schicksalsverkettung. Christus steht, seiner «Natur» nach, außerhalb des Gesetzes von Sünde und Tod. Aber er fügt sich ein in die irdischen Daseinsbedingungen: «geboren von einem Weibe und unter das Gesetz getan», sagt Paulus (Gal 4, 4). Darüber hinaus machen die Evangelien durch ihren Anfang deutlich, daß das eigentliche Christuswirken erst mit der Taufe im Jordan begann.[177] Der «Geist Gottes» ging ein in Jesus und blieb in ihm. Die katholische Kirche hat sich bemüht, dieses Leben von Anfang an ganz aus der natürlichen Welt und ihren Gesetzen herauszuheben durch die Dogmen der jungfräulichen Empfängnis Jesu und der unbefleckten Empfängnis der Maria.[178] Auch wenn man sich diese Dogmen nicht zu eigen machen kann, ist die Aussage wahr und wichtig, daß dieses Leben im irdischen menschlichen Leibe unter völlig anderen Vorzeichen und Zielsetzungen stand als das aller anderen Menschen. Das Neue Testament läßt keinen Zweifel an der Einmaligkeit dieses Ereignisses. Es ist geschehen ein für allemal und hat durch die Auferstehung zu einer neuen Existenz geführt. Seine Anwesenheit bei den Menschen und die verheißene Wiederkunft sind übersinnliche Tatsachen.

Er wurde nicht nur als Kind durch die Beachtung der rituellen Vorschriften «unter das Gesetz getan», sondern er lebte als Mensch. Er verbarg seine göttliche Vollmacht. Nur in wenigen «Zeichen», wie sie das Johannesevangelium nennt, und in der Verklärung leuchtete davon etwas auf. Viele begegneten ihm und erkannten seine Besonderheit nicht, so in der Synagoge in Nazareth (Luk 4,6f.). Als er im Beginn seiner Wirksamkeit dort aus dem Buch des Propheten Jesaja las: «Der Geist des Herren ruht auf mir, weil er mich gesalbt hat ...» und fortfuhr: «Heute ist dieses Wort der Schrift erfüllt vor euren Ohren», sagten einige: «Das ist doch der Sohn des Josef», in dem Sinne: Den kennen wir doch, was nimmt er sich hier heraus! An anderer Stelle heißt es: «Johannes ist gekommen, aß nicht und trank nicht; so sagen sie: Er ist besessen. Der Menschensohn ist gekommen, ißt und trinkt; so sagen sie: Siehe, was ist dieser Mensch für ein Fresser und Weinsäufer, ein Freund der Zöllner und Sünder!» (Mat 11; 18,19) In der Passion wird er als Unschuldiger angeklagt, gefoltert und verurteilt, und er verteidigt sich nicht. Bei nüchterner Betrachtung seines Verhaltens drängt sich die Überzeugung auf, daß er dieses Ziel gewußt und gewollt hat und es so auch mit herbeigeführt hat. Spätestens da beginnt für den Betrachter die göttliche Dimension unübersehbar zu werden. Er suchte das Todesschicksal auf, als seine Stunde gekommen war. Und auch am Kreuz spricht und handelt er völlig souverän. Er bittet Gott um Vergebung für seine Peiniger, «denn sie wissen nicht, was sie tun» (Luk 23,24). Er setzt den Lieblingsjünger an Sohnes Statt für die Mutter ein. Er betet. Bis zum letzten Wort: «Es ist vollbracht» (Joh 19, 30) handelt er. So bekommt selbst der Tod trotz des brutalen Leidens den Charakter einer Tat. Das ist mehr als nur Gehorsam, von dem Paulus spricht (Phil 2,8). Im Bekenntnis der Christengemeinschaft heißt es aktivisch: «Er *hat* unter Pontius Pilatus den Kreuzestod erlitten.»

Auf dem Wege von der Taufe bis zum Tod zeigt er sich als Lehrer und als Heiler. Bei den Heilungen fällt auf, daß fast immer persönliche Begegnungen zu der Heilung führen. Nur einmal heißt es allgemein: und er heilte alle, die dessen bedurften (Luk 9,11). Oft wird er von Kranken um Heilung gebeten, und er bestätigt, daß ihre Hoffnung und innere Kraft die Heilung durch ihn zumindest mit bewirkt haben: «Dein Glaube hat dich geheilt.» Er geht den Ereignissen des Tages entgegen und greift auf, was ihm begegnet. Die großen Ziele stehen fest, aber er sieht in jedem Augenblick, was um ihn herum geschieht, und überläßt sich dem Leben, das ihm entgegenkommt. Aus allen Handlungen und Worten spricht eine wunderbare Harmonie von Freiheit, Initiative und Gelassenheit, ja Demut dem Leben gegenüber. Gegen alle Konventionen sucht er Gemeinschaft mit den Ausgestoßenen und Verachteten, den Einsamen. Er sucht die Verlorenen. Überall setzt er einem in Regeln, Konventionen und Gesetzen erstarrten Leben gegenüber das souveräne Recht der freien Tat in Kraft und nimmt dafür in Kauf, selbst verachtet zu werden.

Eine besondere Sprache in bezug auf Schicksalsfragen spricht die Szene mit den beiden «Schächern» (Luk 23,39f.), die mit ihm gekreuzigt wurden. Aus dem einen spricht ein zwar verständlicher, aber doch sehr direkter Egoismus: Wenn er schon Gottes Sohn ist, soll er uns aus dieser schrecklichen Lage befreien und uns vom Kreuz helfen. So haben jahrhundertelang unzählige Menschen zu Gott gebetet. Er soll sich doch um meine Not kümmern und sie wegschaffen. Von da geht ein direkter Weg bis zu der bekannten Satire: «Gott, wenn es dich gibt, hilf mir, wenn du kannst.» Darauf gibt es nur die Antwort des anderen Schächers: «Hast du denn gar keine Ehrfurcht vor Gott?» – Wenn man die Anthroposophie befragt nach der Souveränität Christi angesichts des Schicksalsgesetzes, muß man sich vorsehen, sich diese Souveränität nicht auch so vorzustellen wie dieser erstgenannte Schächer. – Er bekommt keine Antwort. Der andere erhebt sich über die körperliche Not in ein moralisches Bewußtsein von Schuld und Unschuld und zeigt mit seinen Worten, daß er Jesus Christus erkannt hat und gegen den äußeren Anschein der Ohnmacht seine Vollmacht kennt: «Wir erleiden eine Strafe für etwas, was wir getan haben, dieser aber hat nichts Unrechtes getan. Jesus, gedenke meiner, wenn du in dein Reich kommst.» Und ihm wird die befreiende Antwort zuteil: «Wahrlich, ich sage dir: Heute wirst du mit mir im Paradies sein.» Das ist in diesem Augenblick die Befreiung des Schächers aus dem schlimmen Schicksal. Er erhält, was auch der andere erbeten hat, aber auf eine andere, erhöhte Weise. Den Tod am Kreuz muß er trotzdem erleiden. Dieses Schicksal geht seinen Gang. Die Erlösung, die er durch Christus erfährt, hebt das Schicksal, das er sich bereitet hat, nicht auf. Sie eröffnet den Weg, den zu gehen ihm gewährt wird, und sie vermittelt eine Ahnung davon, daß es eine Harmonie zwischen Schicksal und Vergebung geben kann, die beidem Raum gibt.[179]

Das Leben und Sterben Jesu Christi hat den Charakter der freien Tat. Wenn man diesen Gedanken vollständig erfaßt, wird ein bewegendes Motiv sichtbar: daß er zu den Sünden der Menschen ein völlig anderes Verhältnis hat als alle anderen Menschen. Er sucht sie auf, zieht sie auf sich und beantwortet sie mit schöpferischen Taten, am Ende mit der offenbarenden, symbolischen Fußwaschung (Joh 13). Als eine Art Besiegelung dieses Charakters kann man es empfinden, daß er den Jüngern unmittelbar nach der Auferstehung, am Abend des Ostersonntags (Joh 20), Vollmacht über die Sünden überträgt. Die Aufforderung zur Feindesliebe in der Bergpredigt hat denselben Charakter.

Seitdem gehört zum christlichen Glauben, daß es nichts Böses auf der Erde gibt, aus dem Christus nicht ein neues, höheres Gutes machen könnte. Und er tut das wahrscheinlich fortwährend im nachtodlichen Bereich und wartet darauf und erwartet, daß die Christen auf Erden so stark werden, daß solches auch hier geschehe. Es geschieht überall im Alltag, wo Böses nicht mit Bösem beantwortet wird, sondern mit Verstehen und Verzeihen.

In diesem Zusammenhang kann man auf das Mysterienwort aus dem Evangelium schauen von dem «Lamm Gottes, das der Welt Sünde trägt» (Joh 1,29). Das besagt noch wesentlich mehr, als vorher angedeutet wurde. Paulus nimmt dieses Motiv auf: Jesus Christus, «der sich selbst für unsere Sünden dahingegeben hat» (Gal 1,4), und spricht von der erlösenden Kraft des schuldlosen Leidens und Todes Christi. Man darf dieses Motiv ausdehnen auf die ganze Menschwerdung Christi. Aber er erscheint trotz seiner geistigen Vollmacht als der machtlose, der ohnmächtige Gott, den Klugen eine Torheit und den Frommen ein Ärgernis. Er verzichtet darauf, die Magie des Guten anzuwenden und so Irrtum und Bosheit in seiner Nähe unwirksam zu machen. In der Ohnmacht, die Christus darlebt, erscheint eine wichtigste Offenbarung: Er achtet die Selbstverantwortlichkeit der Menschen und erkennt damit die Tatsache ihres Karma an. Aber er macht durch seine objektive Hilfe die Heilung möglich; die Sinnfindung des Lebens in der Liebe und Überwindung des Bösen in der Seele.

Steiners Interpretation sagt dasselbe aus: Den objektiven Teil der schlechten Taten, die Vermehrung der Macht des Bösen in der Welt durch jede menschliche Bosheit, hat Christus an sich genommen und verwandelt. Religiös gesprochen: Indem Gott die Schlange ins Paradies ließ, hat Gott bösen Mächten den Zugriff auf den Menschen ermöglicht. Die Folgen dieses Entschlusses bilden die Sünde der Welt, die das Lamm Gottes trägt. Das bezeichnet Steiner als den «objektiven Teil» des Karma, daß durch jede Mitwirkung des Bösen in menschlichen Gedanken und Handlungen die Welt böser wird. Diesen Teil, so ist die Aussage, trägt Christus. Damit ermöglicht er überhaupt die weitere Existenz von Menschen auf der Erde, weil jetzt das Ziel der Entwicklung in Erscheinung getreten ist. «Wär Er nicht erstanden, so wär die Welt vergangen», singen die Christen. Neben der «Sünde der Welt» – Einzahl, also prinzipiell – gibt es auch die Sünden der Menschen, für die jeder selbst verantwortlich ist und gerichtet wird.

In der Offenbarung des Johannes (5. Kap.) kann man ein wunderbares Bild für das Verhältnis Christi zum Schicksal der Menschen finden. Er erscheint dort als «das Lamm, das aussah wie geopfert». Und dieses Lamm handelt. Ehe es erscheint, wird eine beklemmende Stockung genannt: Der «Thronende» hält in der rechten Hand ein Buch, das versiegelt ist. Niemand im Himmel kann die Siegel auflösen und in dem Buche lesen. Zum Motiv des Buches: Am Ende der Offenbarung (20, 11f.), vor der großen Auflösung, werden Bücher aufgeschlagen, und nach dem, was in den Büchern steht, werden die Menschen gerichtet, ein jeder nach seinen Werken. Und es gibt das «Buch des Lebens, das dem Lamm gehört». In ihm stehen die Namen der zu Erlösenden. Es gibt ein «Hauptbuch», sozusagen das Register der Namen. Das gehört dem Lamm – und es gibt die Bücher, in denen die Taten der Menschen stehen. Der Thronende hält das Buch in seiner rechten Hand. Würde er es nicht halten, es gäbe den Zusammenhang der Taten, es gäbe die Schicksale, das Karma, den Zusammenhalt der Individualität mit den Taten nicht. Es ist göttliche Willenskraft notwendig, um den Zusammenhang der Taten im Karma zu erhalten. Das ist ausgedrückt in dem Bild: Der Thronende hält das Buch in seiner rechten Hand. Dieses Buch ist verschlossen mit sieben Siegeln, und niemand in der ganzen Geistes- und Erdenwelt kann das Buch öffnen und darin lesen. Das heißt: Die Schicksale der Menschen wurden selbst für die höhere Welt verschlossen und nicht mehr entzifferbar. Da tritt das Lamm hervor, das aussieht wie geopfert. Es kann die Siegel lösen und in dem Buch lesen. Nur durch die Opferkraft, die Hingabe Christi und seine Erfahrungen als Erdenmensch werden die Schicksale wieder lesbar, kommen wieder in Entwicklung und erhalten Sinn. Diese Tat, aus der überhaupt die Möglichkeit einer guten Zukunft entspringt, wird dann Ausgangspunkt der weiteren Entwicklung. Sie hat die Grundgestalt, daß Erde und Menschheit in Serien von Katastrophen und Untergängen geführt werden. Darüber, in der geistigen Welt, findet allmählich eine neue Menschheit Dasein und Gestalt, ein neuer Himmel und eine neue Erde werden vorbereitet.[180]

Die Grundfigur des Christentums: auf Erden Christus als der Gekreuzigte und darüber im Geiste der Auferstandene, wird so zur sinnbildlichen Figur der weiteren Geschichte. Wir haben in unserem Jahrhundert vielfach Anlaß, dieser Grundfigur zu gedenken.

Die Erlösung der Menschen von dem Bösen durch höhere Gnade einerseits und die Selbstverantwortlichkeit jedes Einzelnen vor Gott, den Menschen und dem eigenen Gewissen andererseits sind keine Alternativen, die sich gegenseitig ausschließen, wie in der Kontroverse: Erlösung oder Selbsterlösung angenommen wird. Es sind zwei Seiten der Vollendung der noch nicht abgeschlossenen Bildung des Menschen.

Aus der Tatsache der Menschwerdung Christi, seiner irdischen Ohnmacht und seiner geistigen Vollmacht leuchtet die Anerkennung der Menschen in ihren Verstrickungen auf der Erde hervor und auch, daß Christus die Selbstverantwortlichkeit der Menschen und damit ihr Karma nicht antastet oder gar außer Kraft setzt.

In dem Grenzerlebnis von George Ritchie findet sich dafür ein sprechendes Beispiel, ein Beleg, wenn man das ernst nehmen will.[181] Er sieht in seinem körperlosen Zustand andere ebensolche Menschen, die sich bemühen, Lebenden etwas zu sagen, und von ihnen nicht wahrgenommen werden. Sie drängen sich an sie heran, reden auf sie ein und sind doch hoffnungslos von ihnen getrennt. Ritchie fragt «das Licht» neben sich: «‹Warum hören sie nicht auf, mit Menschen zu reden, die sie nicht verstehen können?› Von dem Licht neben mir kam der Gedanke: Sie sind Selbstmörder, gebunden an die Folgen ihres Handelns.» – Christus sieht die Selbstmörder in ihrer Not, ist in ihrer Nähe und greift nicht ein, denn ‹sie sind … gebunden an die Folgen ihres Handelns›. G. Ritchie hatte damals keine Ahnung von jenseitigem Leben oder karmischen Folgen.

ERGEBNISSE

X. Christliche Lebensauffassung

Wir betrachten die Auffassung vom Menschwerden in Reinkarnationen, eine Entwicklung im Karma als eine Erweiterung des christlichen Menschenbildes. Das soll nicht so verstanden werden, als ob die früheren Auffassungen von Ursprung, Sinn und Ziel unserer Existenz damit gegenstandslos werden oder als «überholt» abgetan werden sollen. Christliche Lebensauffassung ist auch ohne die erweiterte Sicht möglich. Aber die Erweiterung gibt die Möglichkeit, wesentliche Fragen wenigstens für beantwortbar zu halten, die in dem traditionellen Rahmen unbeantwortbar bleiben, angefangen bei der Grundfrage des Hiob, die ohne Aussicht auf Antwort unzählige Male von Menschen gestellt wurde: «Ich will wissen, warum mich dieses Geschick trifft.» Die Identifizierung mit dem Schicksal wird dadurch erleichtert, daß sie als objektiv gegeben – in dem Willen des wahren Ich – schon vorausgesetzt wird.

Ich möchte mit zwei Beispielen andeuten, was ich mit christlicher Deutung und Bewältigung von schweren Schicksalen meine.[182] Im ersten ist weder von Christentum noch von Reinkarnation die Rede, und doch sind Demut vor dem Schicksal, die vollständige Annahme und Identifizierung und daraus das Finden des Sinnes unübersehbar. Das zweite Beispiel enthält eine seelische Heilung durch eine Therapeutin aufgrund karmischer Einsicht.

Die Autorin (Malerin und Psychotherapeutin) erzählt von einer Begegnung in der Eisenbahn bei der Fahrt durch die ehemalige DDR: «... Der Sommerduft, der durchs offene Fenster drang, machte den scharfen Geruch nach Desinfektionsmitteln erträglich. Der Mann im braunen Anzug und den schweren Schuhen und den strahlend braunen Augen im verknitterten Gesicht schaute abwechselnd auf mich oder die vorbeiwehende Landschaft. Wie er angefangen hat zu sprechen, habe ich nicht bemerkt – als hätt er's von Anfang getan oder gar nicht –, wohl aber, daß eine tiefe heitere Ruhe mich erfüllte, und daß die Bilder seines Lebens wie ein Strom durch mich hindurchflossen, als er schon ausgestiegen war.

Ich schaute ihm durchs Fenster hinterher, wie er das eine Bein hinter sich herzog. Seine Anzugjacke hatte Querrinnen über seinen Rücken gezogen, und der kleine braune Pappkoffer war an einer Ecke aufgestoßen. Er ging wie einer, der ein Ziel hat.

Ich suchte den Horizont ab nach der Mühle, von der er gesprochen hatte. Es mußte da eine Mühle geben, die schon die vierte Generation mit der Kraft ihrer Flügel ernährte.

Er war Müller. Vor dem Krieg war es seine, vom Großvater zum Vater und schließlich auf ihn vererbte Mühle gewesen, bis er eingezogen wurde. Eine Frau und zwei kleine Töchter hatte er gehabt. Er erzählte vom Krieg und der Zeit danach. Ich glaube, er sprach das Wort Glück nie aus, aber seine ganze Person strömte es aus. Er war das erste Mal im Westen gewesen, hatte einen alten Kriegskameraden besucht in Mölln, den einzigen, der übriggeblieben war. Der hatte ein schönes Haus am Möllner See, hatte eine kleine Firma, die gut ging. Er öffnete sein Köfferchen, das er auf dem Schoß hatte. Die Schuhe habe er ihm geschenkt und auch ein Hemd, aber das sei für Feiertage.

Der Andere hatte früher als er nach Hause zurückgekonnt, weil ihm eine Hand abgeschossen worden war. Seine braunen verarbeiteten Hände hielt er mir entgegen: er hatte noch beide. Zwei Zehen habe er amputiert bekommen, erfroren vor Stalingrad, aber er lächelte und hielt seine Ohren: die seien noch da, weil ein anderer ihm seinen Schal um den Kopf gewickelt habe. Angst habe er viel gehabt; nicht so sehr Angst, verwundet zu werden – das habe er sich sogar wünschen können –, vielmehr Angst, aufzugeben vor Erschöpfung, Hunger und Kälte. Aber seine Frau und seine kleinen Mädchen – seine Hände machten eine zarte Bewegung –, das sei wie ein Stern gewesen, wie ein warmer Ofen. Er wurde nicht verletzt, er starb nicht an Erschöpfung, aber er kam in Gefangenschaft.

Erst jetzt, wo seine Bilder noch einmal an mir vorbeizogen, war ich erstaunt, warum ich so glücklich war. Ohne ihn angeschaut, waren sie grausam: sieben Jahre Gefangenschaft in Sibirien, ohne die Möglichkeit, seiner Familie ein Lebenszeichen zu geben oder eins von ihr zu bekommen. Vier Jahre Schwerstarbeit in den sibirischen Wäldern. Morgens um fünf Uhr aufstehen, ein einstündiger Marsch durch Nacht und Kälte; zwölf Stunden Arbeit: Bäumeschlagen, -schälen, -wegschleppen. Essen nur zweimal am Tag. Aber er war dankbar gewesen, arbeiten zu können: und er lachte, als er erzählte, wie sie sich aus alten Lappen, Stroh und Stricken Schuhe gemacht hatten. Ich konnte die warme Milch riechen, in die er seine 200 Gramm Brot – Extraration für die Waldarbeiter – brockte in der dunklen, noch stillen Baracke. ‹Der schönste Augenblick des Tages›, wie er sagte … Er erzählte von seinem Weg durch Kälte und Dunkelheit zum Arbeitsplatz, … vom sibirischen Sternenhimmel und der wohltuend klaren Luft nach der Nacht in der stickigen Baracke und der Dankbarkeit, sich bewegen zu können, eine Arbeit zu haben und nicht eingesperrt zu sein wie die anderen. Sprechen durften sie nicht miteinander, die Aufseher schlugen erbarmungslos mit der Peitsche zu, wenn sie es taten, aber sie lernten es, sich mit den Augen und kleinen Gesten zu verständigen. – Vielleicht waren aus dieser Zeit seine Augen so lebendig.

Als er einen Aufseher vor einem umstürzenden Baum rettete, verschaffte ihm dieser Arbeiten bei Verwandten am Sonntag, denn da war frei. Dafür bekam er ein Mittagessen und manchmal auch ein Stück Brot, und wenn er großes Glück hatte, ein Stück Speck. Das nahm er mit für die anderen.

Die letzten drei Jahre wurden die Gefangenen umgesiedelt, und er mußte am Hochofen arbeiten. Manche kippten vor Erschöpfung einfach in die Glut. Ein kurzes Aufflammen, weg waren sie. Er war kräftiger und sprach nur von der Wärme. Die Zeit des Frierens war vorbei. Auch verdiente er etwas, sehr wenig, aber er brauchte ja auch nichts. In seinen Träumen wurde das Geld zu Geschenken für seine Frau und seine Mädchen und stillte die Sehnsucht nach ihnen.

Als er schließlich aus der Gefangenschaft entlassen wurde, zurück nach Deutschland in kalten Güterwagen, die letzten 200 Kilometer zu Fuß, wieder mit erfrorenen Zehen, da war ihm gewesen, als gäbe es kein größeres Glück.

Seine Mühle sah er schon von weitem. Im Dorf erkannte ihn der Wirt. Er lud ihn zu einem Bier und Schnaps. Von ihm erfuhr er, daß seine Frau vor zwei Jahren seinen besten Freund geheiratet hatte. Er selber war für tot erklärt worden. Der machte jetzt die Mühle. Er war erschrocken, aber er konnte es verstehen. So hatte seine Familie überleben können. Ich habe kein Bild davon, wie es wohl war, als er dort auftauchte; das sagte er nicht. In meiner Erinnerung machte er dort eine Pause. Aber er hatte bis zu seinem 65. Lebensjahr als Arbeiter in seiner ehemaligen Mühle gearbeitet und seine Augen hatten gestrahlt, als er davon erzählte, daß er nun alles wieder hatte, was er liebte, sogar noch den Freund dazu.

Ich kann mich an seine Worte nicht erinnern, aber die Bilder seines Lebens haben sich in mich eingegraben. Jetzt, wo ich versuche, sie zu beschreiben, ohne seine Stimme, seine Gesten und seine Augen, die sie geschaffen haben, fange ich an zu zweifeln wie der ungläubige Thomas, und eine Stimme sagt in mir: Das könnte man noch einmal ganz anders sehen, dann wäre vielleicht alles grausam und ungerecht, aber das wäre dann eines anderen Leben. Seins war offenbar wie der Duft des reifen Sommerkorns …

Die Wirklichkeit hat viele Gesichter, je nachdem, durch wessen Augen sie geht. Seine Augen waren voller Licht. Konnten sie deshalb die Finsternis vertreiben?»

Die Berichterstatterin schließt mit einem Grundmotiv des Johannes-Evangeliums. Einerseits ist es ein Leben voller Selbstverleugnung und Positivität auch den widrigen Umständen gegenüber, voller Verständnis und Menschenliebe, das wahrhaftig als christlich zu bezeichnen ist – und andererseits ganz getragen und gestaltet aus der Kraft des höheren Ich – Erich Fromm würde sagen: im Haben-Modus. Beides ist dasselbe. «Das könnte man noch einmal ganz anders sehen, … aber das wäre dann eines anderen Leben.» Es wäre eine andere Individualität und ein anderes Leben.

Wenn man die Lebenspraxis betrachtet, ist es gleichgültig, ob so ein Leben bewußt oder unbewußt in der Nachfolge Christi getragen und gestaltet wurde. Man kann daran ablesen, wie ein Leben aussieht, wenn Christus als Herr des Karma akzeptiert wird. In der Lebenspraxis verschwinden die Unterschiede zwischen der Lebenspraxis aus christlichem Glauben oder in Erfüllung des Schicksals. Das kann vor dem entwickelten Hintergrund auch nicht anders sein. Der Weg zu einer solchen Harmonie mit dem eigenen Schicksal könnte beträchtlich dadurch erleichtert werden, daß als Wahrheit miteinbezogen wird: Mein persönlicher und mein objektiver Lebenswille begegnet mir in den Schicksalsfügungen, die in mein Leben eingreifen.

In einem zweiten Beispiel möchte ich zeigen, was eine verständnisvolle und hochstehende Therapeutin aufgrund einer karmischen Diagnose an Heilung bewirken kann[183]: «Für die Möglichkeit der Problemlösung möchte ich Ihnen ein sehr markantes Beispiel geben, ... das innerhalb von zwei Sitzungen gelöst worden ist. Es betraf eine Frau, die eine ganz massive Schlangenphobie hatte. Jederzeit und überall sah sie Schlangen. Diese Schlangen bedrohten sie fortwährend, und immer, wenn sie einen Raum betrat, mußte sie ihn nach Schlangen absuchen. In der ersten Sitzung fanden wir heraus, daß sie diese Schlangenfurcht bereits schon als Kleinkind gehabt hat. In der zweiten Sitzung konnte ich sie in eine frühere Inkarnation zurückführen, in der sie sich als ein Junge im Dschungel erlebte.

Der Vater dieses Jungen war sehr streng und versagte ihm manches, was der Junge gerne wollte. Er verbot ihm eines Tages, mit auf die Jagd zu gehen. Nun sah die Frau sich als dieser Junge an einem Fluß sitzen, grübeln und böse Gedanken über den Vater hegen. An diesem Tag verschwand der Vater im Urwald, und er kam nicht von der Jagd zurück. Die anderen Stammesmitglieder wurden unruhig und begannen, ihn zu suchen. Auch der Junge beteiligte sich heimlich an dieser Suche. Er war es, der seinen Vater als einziger entdeckte, und zwar fand er ihn von einer Schlange gebissen. Er konnte nicht mehr laufen und forderte seinen Sohn auf, Hilfe aus dem Dorf zu holen. Der Sohn ging aber nicht in das Dorf zurück, sondern an den Fluß und entschied sich, keine Hilfe zu holen. Deswegen verstarb der Vater.

Dieses Schuldgefühl prägte sich bei dem Jungen so ein, daß er in den magischen Glauben verfiel, das, was er getan hatte, würde eines Tages auf ihn zurückfallen. Er glaubte, daß er dasselbe erleiden würde, was sein Vater erlitten hatte, nämlich durch einen Schlangenbiß zu sterben. Dieses Schuldgefühl verwandelte sich in die Schlangenphobie im nächsten Leben. – Nachdem wir dieses Schuldgefühl aufgearbeitet hatten und den damaligen Vater und die göttliche Gegenwart um Vergebung gebeten hatten, verschwand die Schlangenphobie dieser Frau. Sie schrieb mir nach längerer Zeit, daß diese Phobie nie wieder aufgetreten sei. – Das ist natürlich ein markanter Fall, und es geht keineswegs immer so schnell.»

Solche Therapien könnten zunehmen, wenn sich Therapeuten mit den entsprechenden Fähigkeiten finden. Es wird aber nicht leicht sein, ihre sachliche und menschliche Qualifikation festzustellen.

Das ist vollends unmöglich, wenn man die Praxis eines Therapeuten/einer Therapeutin nur aus einem Buch kennt. Aber zu Darstellungen in einem Buch kann man Stellung nehmen. Von Heide Oehms ist das Buch «Karma-Erkenntnis – Warum?»[184] erschienen. Sie berichtet mit großer Souveränität über ihre geistige Schulung, Karmaforschung und -therapie. Dabei begegnen einleuchtende und nicht einleuchtende Zusammenhänge. Ihre zentrale These, die dem Buch auch den Titel gegeben hat, lautet, «daß nur erkanntes Karma wirklich gelöst und erlöst werden kann. Schuldzuweisungen und vermeintliche Fehler des Anderen werden durch eine wirklich sorgfältig betriebene Karmaforschung in ein anderes Licht gerückt» (S. 46). Dem ist unter Hinweis auf das erste der obigen Beispiele zu entgegnen, daß sehr wohl belastete karmische Verhältnisse aus guten moralischen Kräften getragen und gelöst werden können. Das «nur» ist zu absolut.

Sicherlich gibt es seelische Verknotungen, Zwangszustände, Phobien, die nur therapiert werden können, wenn ihre Ursache durch verantwortungsvolle Karma-Forschung aufgedeckt werden kann. Aber dabei handelt es sich um Ausnahmezustände, in denen die Individualität gegenüber der Seele nicht handlungsfähig ist. Niemand wird gezwungen, einen anderen Menschen zu hassen. (Es sei denn, ein Kind wird dazu erzogen.) Jeder ist für seine seelischen Reaktionen verantwortlich. Man denke an das Plädoyer von Viktor Frankl. Heide Oehms: «Wenn ich einem anderen vergeben will, steigt mir ob meiner eigenen schweren Untaten die Schamröte ins Gesicht, die mir durch meine karmische Erkenntnis bewußt geworden sind. Das Wort vom Vergeben erscheint mir dann zu groß. Nur Christus hat ein Recht, zu vergeben, aber wir müssen unsere gegenseitigen Untaten durch Erkenntnis auf eine neutrale Ebene stellen und versuchen, durch Wiedergutmachung einen Anfang zu setzen, der in der Zukunft allmählich die Fähigkeit wachsen läßt, die karmischen Knoten zu lösen. Dann kann Verzeihung in Vereinigung mit Christus erst den vollen Ausgleich schaffen» (S. 225).

Persönliche Bescheidenheit in Ehren, aber im allgemeinen erhöht die Kenntnis eigener Fehler und Fehlbarkeit die Toleranz und die Fähigkeit, anderen zu verzeihen. Deshalb sind ältere Menschen in der Regel toleranter als Jugendliche. – Die Ahnung von eigenen, in den Tiefen des eigenen Karma verborgenen Schandtaten könnte die Einsicht in die Notwendigkeit der Bitte um Vergebung im Vaterunser steigern: daß wir der Vergebung bedürftig sind, um überhaupt freien Lebensraum zu haben. Vergebung ist ein so kostbares Gut, daß es uns nur geschenkt werden kann, wenn wir es weiterschenken.

Schon das Wissen von karmischen Gesetzmäßigkeiten muß zu der Gewißheit führen, daß mich nichts Wichtiges trifft, das nicht selbst zugezogen oder wichtige Vorübung für Zukünftiges ist. Man ist nur dann von Karma, seiner Macht und Würde überzeugt, wenn man bereit ist, zuzugestehen, daß jeder Mensch ein volles Recht hat, so zu sein, wie er ist – weil sein Charakter und sein Leben Ergebnis langwieriger und vielschichtiger irdisch-himmlischer Entwicklungen sind. Das schließt die Bereitschaft ein, das persönliche Urteil, an das sich so schnell parteiische Empfindungen anschließen, zurückzuhalten. Anerkennen können, was ist: das kann in vollem Ausmaß nur die Liebe: «Es ist, was es ist, sagt die Liebe.»[185] Der These von Heide Oehms, daß Vergebung und Auflösung von karmischen Verknüpfungen nur nach deren Erkenntnis möglich ist, muß mit dem Hinweis auf christliche Lebenspraxis energisch widersprochen werden.

In dem Buch findet man immer wieder kritische Bemerkungen über das Christentum, wie es sich entwickelt hat, Beobachtung von Schädigungen, die viele Menschen durch die Kirche erlitten haben. Die Vermutung liegt nahe, daß ein Zusammenhang zwischen diesen Beobachtungen und der Tatsache besteht, daß Heide Oehms die heilenden Wirkungen des Christentums nicht sachgerecht würdigt.

XI. Die beiden Überzeugungen im Gespräch

A. Christliches Karmaverständnis

Gegen eine Deutung des Lebens durch Karma und wiederholte Erdenleben werden von theologischer Seite Einwendungen erhoben. Einige dieser Einwendungen betreffen Schwierigkeiten, die in der Sache liegen. Sie müssen besprochen werden.

Es hat sich als möglich erwiesen, den Begriff und die Tatsache des Karma in eine christliche Lebensauffassung einzubeziehen. Dadurch verändert manche christliche Wahrheit ihre Gestalt, auch der Begriff des Karma muß sich wandeln: Ohne Christentum hat er nur den Inhalt, daß die jetzige Existenz Ergebnis vergangener Taten ist und die jetzigen Taten die äußere und innere Existenz in Zukunft prägen, ja bedingen. Dem Karmabegriff haftet etwas unerbittlich Gesetzmäßiges an. Das führt zu dem fatalistischen und ohnmächtigen Gefühl: Das ist eben Karma, da kann man nichts machen. Dagegen revoltiert der Individualismus, der die Freiheit und Gestaltungsmöglichkeit erhalten wissen möchte. Dagegen erhebt auch das christliche Empfinden Einspruch, weil es die lebenspendende Kraft der Vergebung kennt und auf göttliche Gnaden vertraut.

Es wurde darauf hingewiesen, daß uns das Leben sehr oft diktiert, was wir zu tun haben, anders, als wir es wünschen. Bei ruhigem Besinnen kann man sich der Erkenntnis nicht verschließen, daß der eigentliche Zuwachs an Kraft der Persönlichkeit und Lebensreife aus der Bewältigung oder dem Durchstehen von Aufgaben entsteht, die man nicht freiwillig ergriffen hat, die das Schicksal auferlegte. Aber keine Macht der

Welt kann vollständig festlegen, *wie* wir solche Forderungen oder Überforderungen im Leben beantworten. Und selbst nach einem Scheitern kann die Hoffnung geschöpft werden, daß im nachtodlichen Erleben um so stärkere Bemühungen angeregt werden, um die Fähigkeiten zu erlangen, die im Leben gefehlt haben. Das Beispiel und Zeugnis von Viktor Frankl sprechen deutlich genug von dieser Freiheit im Wie.

Daneben steht das Beispiel der beiden Schächer am Kreuz und Jesu Christi selbst, steht die erlösende Kraft der freien, aus Liebe geborenen Tat, die Macht der Vergebung. Der Zukunftsaspekt: Was kann aus dieser Schwierigkeit Neues entstehen, befreit von dem rein gesetzmäßigen Karmabegriff. Insofern er vergangenheitsbezogen ist, erstickt er in seiner Strenge jede Hoffnung und Initiative. Ich gebrauche deshalb lieber den Begriff Schicksal, der im Sinne von Schickung aus höherer Weisheit anders offen ist für zukünftige Entwicklungen. In der Anthroposophie wird darauf aufmerksam gemacht, daß zu dem gesetzmäßig sich auswirkenden (Monden-)Karma es den Zukunftsaspekt gibt, der als «Sonnenkarma» bezeichnet wird und unter anderen Vorzeichen steht. Ich habe diesen Zukunftsaspekt als den eigentlich christlichen charakterisiert. So tritt als Konsequenz der bisherigen Betrachtungen die Erkenntnis auf, daß sich nicht nur Verschiedenes im Christentum ändert, wenn Reinkarnation und Karma als Tatsache angenommen werden, sondern daß sich auch der Karmabegriff ändert. Er muß aus der alttestamentlichen Sphäre des Gesetzes in die christliche der Gnade, der Liebe und der Freiheit transformiert werden. Wir haben gesehen, daß in der Anthroposophie diese Verwandlung vorliegt. Begriff und Wirklichkeit des Schicksals werden offener, versöhnlicher. Die Fesselung durch den reinen Konsequenz-Charakter des Karma möchte ich die ahrimanische Gefahr auf diesem Gebiet nennen. Man kann ihr nicht dadurch entgehen, daß man sie nur durchschaut. Eine geistesgegenwärtige und zukunftsbezogene dynamische Lebenshaltung ist dafür notwendig.

Es geht dabei nicht nur um eine Verwandlung des Karmabegriffes, sondern um zwei grundsätzlich verschiedene Lebenshaltungen. Dem klassischen Karmagedanken ist eine Haltung verpflichtet, die das Böse vermeidet. Ihren kürzesten Ausdruck hat sie in dem Vers gefunden: «Was du nicht willst, das man dir tu, das füg auch keinem andern zu.»[186] Dagegen ist nichts einzuwenden. Aber die andere Lebenshaltung wird deutlich, wenn man damit vergleicht, wie diese Regel lautet, wenn Christus sie ausspricht: «Alles, was ihr von anderen erwartet, das tut auch ihnen. Darin besteht das Gesetz und die Propheten» (Mt 7, 12, Formulierung der Einheitsübersetzung von 1979). Da geht es um das Finden und Erfinden des Guten. Die Freiheit und das Christentum beginnen erst auf dieser Seite der Wasserscheide.

Es gibt auch die luziferische Gefahr. Sie liegt in einer unsachgemäßen Gelassenheit gegenüber den gegenwärtigen Aufgabenstellungen nach dem Motto: Was ich jetzt nicht schaffe, kann ich ja noch das nächste Mal erledigen. Niemand, der wiederholte Erdenleben ernstlich in Betracht zieht, kommt um diese Versuchung herum. Es wäre ein Mißbrauch der Schicksalsidee, wenn durch sie Gleichgültigkeit gegenüber den direkten gegenwärtigen Anforderungen des Lebens entstehen würde. Jeder Augenblick hat seine unwiederbringlichen Aufgaben und Chancen. Was jetzt nicht ergriffen wird, obwohl es «zum Programm» gehört, wird höchstens unter erschwerten Bedingungen, das heißt mit weniger Gestaltungsfreiheit, nachzuholen sein. Gegenüber orientalischer Gelassenheit, die lieber über den praktischen Aufgaben schweben möchte, betonen die Bibel und das Abendland die konkreten Aufgabenstellungen hier und jetzt. Dem Springer im klassischen Altertum, der sich seiner großen Fähigkeiten rühmte, sie aber nicht vorführen wollte, wurde geantwortet: «hic Rhodos, hic salta» (hier ist Rhodos, hier springe). Der Gedanke an wiederholte Leben erweitert das Zeitgefühl. «Ist nicht die ganze Ewigkeit mein?» schließt Lessing seinen Aufsatz «Über die Erziehung des Menschengeschlechts». Aber dieser größere Atem darf sich niemals zulasten der Wichtigkeit des gegenwärtigen Augenblicks auswirken. Es war von jeher eine Frucht ernsteren Geistesstrebens, daß die alltäglichen Probleme kleiner und die allgemeinen Moral- und Sinnfragen größer wurden. Die Maßstäbe ändern sich.

Eine christliche Schicksalsauffassung muß sich ihren Raum immer erkämpfen zwischen diesen beiden extremen Tendenzen und Verzerrungen, dem Gefühl der Fesselung an das Gesetz und dem freien Schweben in geistigen Gefilden unter Vernachlässigung der konkreten Aufgaben.

Die Anthroposophie ist vorwiegend individualistisch. Sie spricht von den Zielen, die der einzelne erreichen muß. Das Christentum ist altruistisch gestimmt: Christ ist, wer die Sorgen und Nöte anderer Menschen wichtiger nimmt als die eigenen.

Das ergibt eine Spannung zwischen selbstbezogenen und gemeinschaftsbezogenen Zielen und – auch wenn es unmodern klingt – zwischen Selbstverwirklichung und Selbstverleugnung. Die (von mir kritisierte und relativierte) Rede von «Selbsterlösung» im persönlichen Karma macht einerseits die starke Ich-Tendenz mancher Anthroposophen deutlich. Sie ist im Selbstverständnis vieler Anthroposophen vorhanden, auch wenn Steiner dies als luziferisches Ideal bezeichnete.[187] Andererseits hat sich auch im Christentum ein Streben nach persönlicher Seligkeit geltend gemacht, das als Antrieb zwar wirksam, aber doch als religiöser Egoismus noch nicht auf der Höhe des Christentums ist. Folgerichtig setzt an dieser Stelle auch die grundlegende Religionskritik Sigmund Freuds an.[188] Angelus Silesius sagt dazu:

> «Mensch, dienst du Gott um Gut, um Seligkeit, um Lohn:
> So dienst du ihm noch nicht aus Liebe wie ein Sohn.»[189]

Das Problem ist nicht durch Hinweise auf theologische oder allgemein-anthroposophische Grundlagen zu bewältigen, sondern nur in der Lebenspraxis.

Es gibt auch in der Anthroposophie genügend Hinweise auf überpersönliche Ziele.

Das Zielbild ist nicht die karmafrei gewordene unabhängige Persönlichkeit, sondern die Gemeinschaft der freien Individualitäten, die ihre Fähigkeiten in den Dienst überpersönlicher Ziele stellen, beispielsweise in therapeutischen und pädagogischen Aufgaben. Selbsterlösung als absoluter Zweck muß in jedem Fall als luziferisches Ideal bezeichnet werden. Aber das Ziel, möglichst wenig schlechtes Karma zu schaffen, um für das Mitwirken am Fortschritt der Menschheit frei zu werden, ist weder in der Anthroposophie noch im Christentum zu verachten. Die Anthroposophie zeigt gerade, daß jede Bemühung auf diesem Felde nicht der «persönlichen Seligkeit» dient, sondern der Menschheit, ja, der Evolution insgesamt. Steiner hat bei der Beschreibung der kommenden Zeiten darauf hingewiesen, daß ein künftiges Sozialgefühl sich darin zeigen wird, daß man sich nicht wird glücklich fühlen können, wenn man weiß, daß ein anderer Mensch unglücklich ist. Die Kraft des Mitleidens, die Wege zur Überwindung oder Linderung des Unglücks findet, wird ins Große wachsen und allgemeine Grundlage des Lebens werden. Da mag man denken, daß dann ja kaum einer glücklich sein könnte, und vielleicht davor erschrecken. Aber man kann das Wachsen dieser Empfindung feststellen im idealistischen Sozialismus: Besitz ist Raub, solange es Armut gibt – und als Ideal von Jugendlichen.

Schließlich ist deutlich davon gesprochen, daß Menschen sich zu Gemeinschaften zusammenschließen müssen, in denen ein höherer Geist lebt als nur die Summe der Individualitäten.[190] In solchen Gemeinschaften kann das Schicksal von einzelnen Gliedern dieser Gemeinschaft anders getragen werden. Überraschenderweise gebraucht Steiner hier (1910) den Begriff «Kirche»: «Will man die Gemeinde ‹Kirche› nennen, so legt sich die Kirche damit die Verpflichtung auf, die Sünden des einzelnen auf sich zu nehmen, sein Karma mit zu tragen. Es handelt sich nicht um das, was man heute ‹Sündenvergebung› nennt, sondern um ein reales Band, um ein Aufsichnehmen von Sünden. Und darum handelt es sich, daß die Gemeinde dies bewußt auf sich nimmt.»

Wahrscheinlich hat Steiner hier eine andere Praxis im Blick als die katholische. Die Erfahrung, daß man sich durch die Zugehörigkeit zu einer Gemeinschaft in jeder Hinsicht im Leben getragen wissen kann, dürfte ein Anfang davon sein. Das gilt insbesondere für die Auseinandersetzung mit dem Bösen. Die Bitte im Vaterunser heißt nicht: «Erlöse mich», sondern «erlöse uns von dem Bösen». Darin kommt zum Ausdruck, daß eine nur persönliche Erlösung nicht zu erstreben ist, jedenfalls nicht im Christentum.

Trotz dieser Perspektiven entsteht aus der Beschäftigung mit der Anthroposophie von selbst und oft unbemerkt eine Verstärkung der Egozentrik in dem Gefühl, eine bedeutende Persönlichkeit zu sein, weil man so viele bedeutende Ideen in sich trägt. Man muß darauf aufmerksam werden, um diese «Nebenwirkung» der Beschäftigung mit der Anthroposophie auszugleichen. Der Ausgleich liegt in der energischen Erziehung zur Devotion vor Wahrheit und Erkenntnis.

«Betont muß werden, daß es sich beim höheren Wissen *nicht* um Verehrung von Menschen, sondern um eine solche gegenüber *Wahrheit* und *Erkenntnis* handelt.»[191]

Wenn man Karma als den objektiven Teil des Ich begreift, tritt die Würde und Hoheit des Karma in den Hintergrund.[192] Am Zustandekommen des Schicksals vor der Geburt und auch in seiner Aktualisierung im Leben wirken immer höhere, göttliche Kräfte mit. Wenn aus Taten «Karma» geworden ist, hat die ganze geistige Welt mitgewirkt. Jedes Schicksal kommt aus Gottes Hand, ob wir es nun Gottes Willen oder Karma nennen. Die letztere Benennung und Deutung bezeichnet allerdings ein wesentliches Mitwirken des davon Betroffenen. Dieser doppelte Gesichtspunkt ist die einzige Möglichkeit angesichts der unterschiedlichen Schicksale, einen Glauben an göttliche Gerechtigkeit zu erhalten. «Das Karma ist die Gerechtigkeit Gottes auf Erden.» Dieser Satz stammt aus dem neunzehnten Jahrhundert, von dem Spiritisten Kardec.[193] «Gutes haben wir von Gott angenommen, Schlechtes sollten wir nicht annehmen?» fragte Hiob (2,10). Die religiöse Perspektive tritt leicht zurück, wenn der Blick nur auf das Ich gerichtet ist, das Karma schafft. («Das ist *mein* Karma, geht niemand etwas an.») Aber das ist ein Schatten und nicht die Sache selbst. Die Diagnose des Problems lautet: Das Ego eignet sich eine Wahrheit an, die dem höheren Ich zugehört, ein Tatbestand, der auch sonst im Seelenleben zu beobachten ist. Selbst die beste Überzeugung, das wahrste Weltbild sind nicht vor Mißbrauch sicher. Die Seele ist sehr erfinderisch, wenn es um Schlupflöcher für schlechte Gewohnheiten geht.

Ein grundlegend wichtiger Beitrag der Anthroposophie zu einer christlichen Schicksalsauffassung wurde bisher nicht erwähnt. Seit 1909 sprach Steiner davon, daß jetzt Christus der Herr des Karma werde[194] (Anhang 6, S. 216). Das heißt: Er ist nicht mehr nur der Erlöser und der Tröster der Menschen, der Überwinder des Todes, sondern er nimmt sich aufs neue der Sündenlast der ganzen Menschheit an und wird zum Beistand, Helfer und Rater bei der Bewältigung von Schuld und Folgen von Sünden. Er ist der einzige Mensch gewesen, der außerhalb des Schicksals stand – «und er ist von der Sünde frei geblieben» (Hebr 4,15). Die Tatsache seiner Menschwerdung und sein Verhalten zeigen, daß er die Schicksale der Menschen anerkannt hat. Er wirkte nicht mit einer Magie des Guten, um Irrtum und bösen Willen aus den Menschen zu vertreiben, wie das Beispiel des Judas, der Pharisäer und anderer zeigen. Man muß sich ihm zuwenden, sich ihm öffnen. Aber er nimmt sich der Menschen in ihrem Zustand an.

Wie Steiner das als objektives, überpersönliches Ereignis schildert, bedeutet es eine geistige Veränderung prinzipieller Art. Ich sehe diese Veränderung im fünften Kapitel der Apokalypse in dem tief eindrucksvollen Bild vorgebildet, daß das Lamm aus der Hand des Thronenden das verschlossene Buch übernimmt, es öffnen und darin lesen kann. Fortan sind nicht mehr nur die objektive Gerechtigkeit und der Ausgleich – der in Ewigkeit thronende Gott – Grundmotive der Schicksalsbildung, sondern Hingabe (Opfer), Überwindung von Zwang und Vergebung von Schuld, für die das Lamm Symbol ist.

Zwei wesentliche Veränderungen (neben anderem) in unserem Jahrhundert, die äußerlich keinen Zusammenhang mit dieser Darstellung Steiners haben, kann man als Auswirkung dieser neuen Tatsache ansehen. Die eine Veränderung findet sich im öffentlichen Rechtsempfinden, anfangend nach dem Zweiten Weltkrieg, wenn ich es recht sehe: Strafe kann nicht mehr nur Vergeltung sein, sondern sie muß gerechtfertigt werden als Schutz der anderen vor Straftätern, und sie muß so durchgeführt werden, daß sie therapeutische Wirkungen hat – ein genuin christliches Motiv. Nicht, daß diese Gesichtspunkte überall durchgeführt werden, aber das allgemeine Empfinden von dem, was rechtens sei, hat sich geändert.

Die andere allgemeine Veränderung, die einen Zusammenhang mit christlichen Grundsätzen erkennen läßt, ist, daß sich Maßstäbe der Ethik gewandelt haben. Während früher die Ethik von überpersönlichen allgemeinen Grundsätzen bestimmt war, gilt jetzt persönliche und situationsbezogene Ethik. Den Anfang der Geltung dieser neuen Maßstäbe sehe ich in Deutschland in der Zeit nach dem Ersten Weltkrieg. Für jeden Menschen und in jeder Situation muß man die angemessenen Grundsätze neu finden. Was gut ist, steht nicht mehr ein für allemal fest, sondern muß in jeder Situation individuell schöpferisch hervorgebracht und verantwortet werden. Diese Individualisierung entspricht dem Übergang von dem Gott in Ewigkeit zu Christus, dem Sohn und erhöhten Menschen, der in die Zeit eingetreten ist.

Man kann einen geistigen Hintergrund für diese Veränderung in Folgendem sehen: Nach Steiner müssen sich die Menschen nach dem Tod nicht mehr vor «Moses mit dem scharfen Gesetz» verantworten, der mächtigsten Gestalt des übergeordneten Gesetzes, sondern vor Christus.[195] Daß Christus im Zusammenhang mit der Lebensrückschau und – in aller Liebe – mit gerichtsähnlichen Erlebnissen erfahren wird, ist durch vielfältige Grenzerlebnisse, die Steiner so nicht vorausgesagt hat, an der Todesschwelle bekannt geworden. Und: Die Schicksale werden in Zukunft so geordnet werden, daß der notwendige Ausgleich zugleich das größtmögliche Heil für andere mit sich bringt. Das ist schwieriger vorzustellen. Die Forderung nach einer anderen Art der Strafzumessung und des Strafvollzuges kann direktes Beispiel für solche Schicksalsgestaltung sein.

Eine Erfahrung, die mit dem Ergreifen des Schicksals um der zukünftigen Aufgaben willen zu tun hat, schildert die Amerikanerin Betty J. Eadie.[196] In einem Schwellenerlebnis nach einer Operation erfährt sie viele Offenbarungen. Sie fühlt sich in der unmittelbaren Nähe «des Lichtes» endlich zuhause. «Ich fühlte seinen überwältigenden Geist und wußte, daß ich seit jeher ein Teil von Ihm, ja in der Tat niemals von Ihm getrennt gewesen war. Und ich wußte, daß ich es wert war, bei Ihm zu sein und Ihn zu umarmen. Ich wußte, daß Er sich all meiner Sünden und Fehler bewußt war, doch diese waren für Ihn ohne Belang.» – Das «Ich wußte, daß ich es wert war» mag erstaunen, stimmt aber mit den Aussagen anderer überein, daß von Ihm die stärkste Positivität, Bejahung ausgeht. Bei Betty Eadie bewirkt dies eine betont subjektive Regung. Nach vielen Erfahrungen wird ihr bedeutet, daß sie wieder in den Leib zurückkehren muß. Sie will diesen seligen Ort aber nicht verlassen. Sie wird vor einem Rat von zwölf Männern zu einem Lebensrückblick veranlaßt: «Es überraschte mich, daß ich so viele Informationen in so kurzer Zeit in mich aufnehmen konnte. Mein Verständnis umfaßte wesentlich mehr, als meine Erinnerung an die einzelnen Ereignisse meines Lebens hätte reproduzieren können. Ich durchlebte nicht nur meine eigenen Emotionen eines jeden Augenblicks, sondern auch die meiner Mitmenschen. Ich erfuhr, was sie über mich dachten und fühlten. Bisweilen wurden mir plötzlich bestimmte Dinge klar. ‹Ja›, sagte ich mir dann, ‹oh ja, jetzt ist mir alles klar. Wer hätte das gedacht? Ja natürlich, so macht das Ganze Sinn.› Und ich erkannte die Enttäuschung, die ich anderen bereitet hatte, und ich mußte schmerzvoll das Gesicht verziehen, als mich ihre Gefühle der von mir verschuldeten Enttäuschung überfluteten. Ich wurde das ganze Ausmaß des Leids gewahr, das ich verursacht hatte.

Ich fing an zu zittern. Ich erkannte, wie viel Schmerz ich anderen mit meinen Wutausbrüchen und meiner üblen Laune bereitet hatte – einen Schmerz, den ich nun selbst durchlitt. Ich sah, wie selbstsüchtig ich gewesen war, und mein Herz schrie nach Erlösung. Wie hatte ich nur so wenig einfühlsam sein können?

Dann spürte ich inmitten meines Schmerzes, wie mich die Liebe der Männer des Rates durchdrang. Sie betrachteten mein Leben voll Verständnis und Barmherzigkeit. All meine besonderen Lebensumstände wurden in Betracht gezogen, meine Kindheit, meine Erziehung, die Schmerzen, die mir andere zugefügt hatten, die Möglichkeiten, die ich erhalten hatte oder die mir verwehrt geblieben waren. Und ich erkannte, daß der Rat nicht über mich urteilte. Ich selbst war es, die mich verurteilte. Die Liebe und Barmherzigkeit der Männer war absolut.» Sie darf dann auch Gutes sehen, das von ihr ausgegangen ist.

Danach will sie ihr Leben auf der Erde nicht mehr fortsetzen. «‹Ich bin fertig mit der Erde.› Jesus stand unweit von mir zu meiner Rechten, eingehüllt in sein gleißendes Licht. Nun trat er vor, und ich fühlte seine Besorgnis. Doch gleichzeitig war er belustigt. Er lächelte, und ich spürte sein Verständnis für meinen Wunsch, hier zu bleiben. Ich stand auf, und Er sprach zu den Räten: ‹Wir sollten ihr zeigen, wie ihre künftige Aufgabe aussieht.› Dann wandte Er sich mir zu und sagte: ‹Wir geben dir jetzt deine Aufgabe zu erkennen, damit du dich besser entscheiden kannst. Doch danach mußt du dich entschließen. Wenn du zu deinem Leben auf Erden zurückkehren willst, wird deine Aufgabe und vieles von dem, was dir hier gezeigt wurde, aus deinem Gedächtnis gestrichen.›

Zögernd willigte ich ein, und mir wurde meine Aufgabe gezeigt. Nachher wußte ich, daß ich zurückkehren mußte. Obgleich mich der Gedanke daran, diese herrliche Welt des Lichtes und der Liebe verlassen zu müssen, mit Widerwillen und Ungewißheit erfüllte, zwang mich die Dringlichkeit meiner Aufgabe zur Rückkehr. Doch zuvor ließ ich mir von jedem einzelnen der Anwesenden ein Versprechen geben, auch von Jesus. Ich bat sie, mir ihr Wort zu geben, mich heimzuholen, sobald meine Aufgabe erfüllt sei. Ich wollte nicht eine Minute länger auf Erden bleiben als unbedingt notwendig. Denn mein Zuhause war doch hier. Sie akzeptierten meinen Wunsch, und alles Notwendige für meine Rückkehr wurde veranlaßt.

Dann trat der Erlöser auf mich zu und brachte mir Seine Freude über meine Entscheidung zum Ausdruck. Er betonte nochmals, daß ich mich bei meiner Rückkehr zur Erde nicht mehr daran erinnern würde, was mir über meine Aufgabe gezeigt worden war. ‹Wenn du auf der Erde bist, darfst du nicht ständig darüber nachgrübeln, was deine Aufgabe ist›, sagte Er, ‹es wird alles zur rechten Zeit geschehen.›»

An dieser wie auch an anderen Begegnungen wird deutlich, wie Christus die Freiheit achtet und Entscheidungen in dem Menschen entstehen läßt. Durch diese Bejahung der Persönlichkeit bildet sich im Ich die Kraft der Eigenverantwortlichkeit für das Schicksal. – Im Alten Testament hieß es: Wer Gott sieht, der stirbt. Jetzt heißt es: Wer Christus sieht, beginnt zu leben.

Es berührt sich mit dem schon früher betonten und an den Evangelien abgelesenen Gesichtspunkt, daß das Interesse Christi für die Menschen immer auf die Zukunft gerichtet ist. Das würde für die Lebenspraxis noch einmal die christliche Fragestellung unterstreichen, daß nicht nach den Ursachen zu fragen ist, sondern nach den möglichen Früchten. Es ist also nicht die Frage (an Gott) zu stellen: Womit habe ich das verdient? So wie sie oft gestellt wird, ist sie mehr Ausdruck eines selbstbezogenen Zweifels als der Frömmigkeit. Schicksalsschwierigkeiten lösen sich, wenn man die Frage an Christus richtet, um welchen Gutes willen ich denn dies jetzt durchmachen muß.

Das Motiv: Christus, der Herr des Karma, verlangt von uns eine andere Lebensauffassung. Sie ist eigentlich in der Öffentlichkeit schon vorhanden und wurde beschrieben mit der Individualisierung der Moralität. Man könnte es überspitzt formulieren: Es gibt für alle Probleme, die den einzelnen Menschen betreffen, keine objektiv richtigen Lösungen mehr, sondern nur solche, die für die Beteiligten gut sind, die aus den jeweiligen Umständen entwickelt werden müssen. Für den christlichen Glauben heißt das: Wenn wir Christus als Herrn des Karma in unserem Leben einsetzen, wird er es für uns. Im Johannesevangelium (3,36; Aussage Johannes' des Täufers) ist ein wesentliches Mitwirken des Menschen ausgesprochen: «Wer an den Sohn glaubt, der hat das ewige Leben. Wer sich dem Sohn verschließt, wird das Leben nicht schauen, sondern der Zorn Gottes bleibt über ihm.» Man möchte aus heutiger Perspektive sagen:

der hat den Keim, den Anfang ewigen Lebens. Und wer sich diesem Leben verschließt, fällt in schmerzvolle Verhärtungen.

Nach Steiner sind die wachsende Gewißheit im Wissen von Karma und Reinkarnation und die vermehrt auftretenden direkten Christus-Begegnungen die Folge der neuen Nähe Christi zu den Menschen.[197] Beides hat einen inneren Zusammenhang. Denn Christus bringt das Wissen von Reinkarnation und die Erkenntnis des Karma mit sich. Deshalb handelt es sich nicht um eine vorübergehende Erscheinung, sondern um eine grundsätzliche Wende geistiger Art, wie sie für das irdische Bild vom Himmel zur Zeit des Kopernikus geschehen ist. Das heißt, daß Schicksalsverständnis fortan nur von Christus her zu erlangen ist.

Dabei ist als erstes zu bemerken, daß das Karmagesetz selber aus seiner Starrheit befreit und nur noch als Mittel der Kontinuität im Entstehen der Menschheit und in der Bildung des Menschen verstanden wird. In dieser Form tritt bei Lessing die Idee der Reinkarnation im Blick auf das größere Ganze, die Menschheit und ihre Geschichte, auf. Gegenüber dem Gott in Ewigkeit ist Christus der Gott, der in die Zeit eintaucht und in ihr mitlebt. Er ist der Gott der Verwandlung. Was Er ergreift, wird lebendig, löst sich aus der Starre des Todes, so auch das Karmagesetz. Mitleiden und Vergeben werden als schicksalsbildende und Karma auflösende Kräfte erkannt. Das Urbild dafür ist die Antwort Christi auf die Anklage gegen die Ehebrecherin (Joh 8). Er veranlaßt, daß kein Urteil gesprochen und so ein neuer Lebensraum eröffnet wird.

Christus, der Herr des Karma – das Buch des Lebens, das dem Lamm gehört –: das bezeichnet eine neue Tatsache in der geistigen Welt über der Menschheit. Steiner hat sie als jetzt in Kraft tretend gekennzeichnet. Es ist an uns, diese Tatsache für uns in Kraft zu setzen. Ich sehe diese Aufgabe ausgedrückt in dem Wort: «Wer mir nachfolgen will, der verleugne sich selbst [im Sinne der Überwindung der Beschränkung auf sich selbst und der Impulse des niederen Ich], nehme sein Kreuz auf sich [bejahe sein Schicksal] und folge mir nach» (Mat 16,24).

Es wird häufig so dargestellt, als ob die abendländische Idee der Reinkarnation ein Kind des Entwicklungsgedankens des neunzehnten Jahrhunderts wäre. «Der moderne Reinkarnationsglaube ist ein Kind des 19. Jahrhunderts und teilt dessen Fortschrittsoptimismus.»[198] Das ist die Verkehrung der historischen Wahrheit in ihr Gegenteil. Die grundlegende Schrift Lessings erschien 1780, als in der Naturbetrachtung noch keine Rede von Evolution war.[199] Als Lessing und Goethe den Gedanken der Entwicklung gebildet hatten, wurde er auf die Evolution der Natur übertragen und materialistisch ausgestaltet. Evolution wurde als Mechanismus gedacht. Also: Die Idee der Evolution in der Natur ist ein vermaterialisierter Abkömmling der Idee von der Entwicklung der Menschheit, an der jeder durch wiederholte Erdenleben Anteil hat. In der Tat lebt und denkt man mit der Vorstellung von Reinkarnation und Karma in Entwicklungen. Es handelt sich bei dem Problem, daß die Überzeugung von Reinkarnation und Karma für die allgemeine christliche Welt darstellt, auch um die Frage, ob dieses traditionsbewußte Christentum den Gedanken und die Dynamik einer allgemeinen Entwicklung des Menschen aufnehmen kann.

Im hinduistischen und buddhistischen Weltbild gibt es nicht den Zeitbegriff, mit dem wir leben. Die Zeit kreist ohne Anfang und Ende in großen Runden, denen kleinere eingelagert sind. Die Bewegungen der Planeten und ihrer Monde sind dafür ein Bild. Die Bibel und das Abendland leben mit einer Vorstellung von Zeit, die Anfang, Mitte und Ziel hat. Der Begriff der Entwicklung, zumal in seiner Ausgestaltung durch die Anthroposophie, könnte zwischen diesen beiden Begriffen vermitteln. Für die Zeit der Menschheit auf der Erde gilt das abendländische Bild.

Die sinngebende Mitte ist die Erscheinung Christi als Mensch. Von ihm geht als Lehre, Tat und Kraft die Menschenliebe aus. Weisheitslehrer, die diesen Impuls vertreten, sind Helfer Christi, auch wenn sie sich nicht ausdrücklich auf ihn beziehen. Durch Ihn verwandelt sich das Gebot der Menschenliebe in unmittelbaren Lebensantrieb. Um ihm zu folgen, sind Selbstüberwindungen notwendig. Man weiß sich und alle anderen auf dem Wege. Damit ändert sich auch das Verhältnis zu allen anderen Menschen. Das Wissen von dem Weg der Entwicklung, seinen Gefährdungen und seinem Ziel ist die eigentliche Grundlage der Toleranz. Jeder ist in Entwicklung. Man begeht ein Unrecht, wenn man ihn mit einem Urteil auf den jetzigen Zustand fixiert. Man muß anerkennen, daß jeder Mensch schon durch viele Kulturen hindurchgegangen ist und noch durch viele weitere Entwicklungen hindurchgehen wird. So entsteht Toleranz zwischen Kulturen und Rassen, um der menschlichen Individualität willen. Die kann man in einem Menschen nur ahnen aus der Stimmung der Positivität und der Achtung vor dem Geheimnis, das jeder in sich trägt.

Bisher gehörte das Behüten und Verbreiten von Wahrheit zu den Aufgaben der Kirchen. Wenn nun jeder Mensch die sinngebende Wahrheit in sich selbst trägt, ändert sich auch die Aufgabe der Kirchen. Sie können in diesem Zusammenhang nur noch den Sinn haben, auf diesem Wege Orientierung zu geben und Kraftquelle zu sein. Ihre Aufgabe muß sein, die Nähe Christi fühlbar, erlebbar und wirksam zu machen.[200]

B. Zum Stand der Diskussion

Aus dem Neuen Testament und der christlichen Tradition ist die Lehre von Reinkarnation und Karma nicht zu begründen. Das bindet die Kirchen und veranlaßt sie zu Ablehnungen. Es wurde gezeigt, daß sie aus diesen Quellen nicht zu widerlegen ist, wenn es gelingt, die Auffassung von Karma zu verwandeln und mit christlichem Geist zu durchdringen. Das ist geistiges und religiöses Neuland, auch wenn die Grundlagen dazu schon in den beiden vergangenen Jahrhunderten gelegt worden sind. Es wird noch einige Zeit vergehen, bis diese neue Auffassung von Schicksal allgemeine Überzeugung wird.

Die letzte offizielle Stellungnahme der römisch-katholischen Kirche zum Thema Reinkarnation findet sich in einem Text der «Internationalen Theologenkommission» zu «Fragen der Eschatologie»[201]. Er wurde 1992 veröffentlicht und faßt die alten kirchlichen Argumente gegen Reinkarnation und Karma zusammen. Nach den in dieser Schrift vorgelegten Gedanken können diese Argumente nur als überholt und überwunden bezeichnet werden. Es ist aber zu bezweifeln, daß die katholische Kirche das zur Kenntnis nimmt. In dem Dokument wird das Thema Reinkarnation wie folgt zusammengefaßt und kommentiert:

«9.2.1 Es gibt viele irdische Existenzen. Unser aktuelles irdisches Leben ist weder unser erstes leibliches Dasein noch wird es das letzte sein. Wir haben schon früher gelebt und werden noch wiederholt in einem immer neuen materiellen Leib leben.

9.2.2 Es ist ein Gesetz in der Natur, daß sie sich hinbewegt auf einen beständigen Fortschritt bis hin zur Vollkommenheit. Dieses selbe Gesetz führt die Seelen zu einem immer neuen Leben und erlaubt kein Zurück, ja, nicht einmal ein endgültiges Stehenbleiben.

A forteriori (erst recht) ist ein endgültiger Zustand ewiger Verdammnis ausgeschlossen. Nach vielen oder wenigen Jahrhunderten (secoli) werden alle zur endgültigen Vollkommenheit eines reinen Geistes gelangen (Verneinung der Hölle).[202]

9.2.3 Das endgültige Ziel wird gemäß den eigenen Verdiensten erreicht; in jeder neuen Existenz macht die Seele gemäß ihren eigenen

Kräften Fortschritte. Alles begangene Böse wird mittels persönlicher Sühne (Buße, espiazioni) wiedergutgemacht (riparato), die der eigene Geist in einer neuen und schwierigeren Inkarnation erleidet (Verneinung der Erlösung).

9.2.4 In dem Maße, in dem die Seele auf eine endgültige Vollkommenheit hin fortschreitet, wird sie in ihren neuen Inkarnationen einen jedesmal weniger materiellen Leib annehmen. In diesem Sinne hat die Seele die Tendenz zu einer endgültigen Unabhängigkeit vom Leib. Auf diesem Weg wird die Seele einen definitiven Zustand erreichen, in dem sie endgültig für immer frei vom Leib und unabhängig von der Materie leben wird (Verneinung der Auferstehung).»[203] (Weiteres dazu Anh. 7, S. 222.)

Man sieht daran, wie schwer es selbst hochrangige Theologen haben, überhaupt zu sehen, was vorliegt. Es ist die jahrhundertalte Methode von Kirchen im Umgang mit Ketzern: Abweichende Überzeugungen werden karikiert, um so Gründe zu haben, sie abzulehnen.

Darin kommt aber nicht in erster Linie böser Wille, sondern schlicht Unfähigkeit im objektiven Erkennen fremder Anschauungen zum Ausdruck.

Seit die abendländischen Vorstellungen der Reinkarnation vermehrt in die Betrachtungen einbezogen werden, ist die Ablehnung von theologischer Seite nicht mehr so kraß wie noch vor zwanzig Jahren. Auf einige Einzelheiten der gegenwärtigen Diskussion muß eingegangen werden.

Mein Haupteinwand gegen die Kritik von theologischer Seite an Reinkarnation und Karma im Christentum ist der folgende: Die Bücher von evangelischen und katholischen Theologen zum Thema sprechen immer von Reinkarnations*vorstellungen* oder dem Reinkarnations*modell*.[204] Sie fragen, was diese Modelle leisten, was durch sie erklärt wird und welche Fragen offen bleiben. Es wird dann auch untersucht, woher die Gedanken kommen, mit denen in den Modellen gearbeitet wird. Das mag in wissenschaftlicher Diskussion so geboten sein. Man bleibt zu den betrachteten Inhalten in Distanz. Demgegenüber ist Rüdiger Sachau in der Darstellung der Gedanken einen wesentlichen Schritt weiter gegangen, indem er die Empathie, das Einfühlungsvermögen als Methode der wissenschaftlichen Darstellung zu Hilfe nimmt. Er kommt damit der Sache, um die es geht, am nächsten und stellt die offenen Fragen so, daß ein Gespräch möglich wird.

Es geht ja nicht um mehr oder weniger brauchbare Modelle, sondern um die möglichst zutreffende Beschreibung von geistigen Tatbeständen und Zusammenhängen. Wenn es ernst wird, heißt es immer, darüber könne man nur «im Glauben» Aussagen machen. Nun ist der Glaube in dieser Hinsicht gerade der Sinn für die Kraft und Bedeutung geistiger Tatsachen (Hebr 11,1f.). Die Wirklichkeiten, die der Glaube ahnt, müssen vom Denken befragt werden hinsichtlich ihrer Voraussetzungen und ihrer Folgen. Sie erhalten dadurch Kontur und Deutlichkeit. Nur muß das Denken lebendig und bescheiden genug sein, vorsichtig prüfendem Tasten ähnlich, um den geistigen Tatsachen in ihrer Lebendigkeit und Vielschichtigkeit zu entsprechen.

Insgesamt kann man feststellen, daß Theologen anfangen zu entdecken, daß die Differenzen zwischen den abendländischen Bildern von Reinkarnation und Karma und dem Christentum nicht so schwerwiegend sind, wie bisher immer behauptet wurde. Vielleicht kann auch diese Arbeit zu der Einsicht beitragen, daß, zumal in der anthroposophischen Sicht, eine Harmonisierung mit den gewohnten christlichen Vorstellungen möglich ist.

Norbert Bischofberger kam zu dem Fazit, daß Reinkarnation mit dem Christentum vereinbar sei, aber nicht notwendigerweise aus ihm folge. Er zitiert Überlegungen von Karl Rahner, der sich an einer Stelle der Möglichkeit nähert, ein weiteres Erdenleben für notwendig zu halten: wenn getaufte Christen in so jungen Jahren sterben, daß sie noch keine eigene Glaubensentscheidung haben treffen können. Nur wenn eine solche positive eigene Entscheidung im Leben getroffen worden ist, sei Erlösung möglich.[205] Damit ist von Rahner eine allgemeine Hoffnung angesprochen, die sich mit wiederholten Erdenleben verbindet: die Möglichkeit, weiter wachsen zu können im Streben nach der Verwirklichung des Christlichen. Man erlebt dieses in sich und anderen immer als schwach und anfänglich. Das Bild vom höheren Ich, das in immer neuen Leben die von Gesetzlichkeiten verschiedenster Art besetzten dichteren Bereiche der Existenz durchdringt und reinigt, macht Hoffnung und scheint der Wirklichkeit angemessen. Es stimmt überein mit der zunehmenden Individualisierung.

Die Ideale des Christentums sind so umfassend und hoch, daß *ein* Leben zu ihrer Verwirklichung wirklich nicht ausreicht. Wenn die Verwandlung aber im Kern begonnen hat, wird sie sich auch in weiterem Wachstum geltend machen. Nicht nur die unmündig Verstorbenen bedürfen dieser weiteren Möglichkeiten. Wenn man allerdings meint, das Christentum sei schon erfüllt mit dem «Gnadenruf Gottes und der entsprechenden menschlichen Antwort»[206], um Christ zu werden, ist die Lage anders. Was fehlt, wird die göttliche Gnade ergänzen. Vielleicht tritt hier ein grundlegender Unterschied in Erscheinung: Wie groß man vom Christentum und seinen Zielen denkt und was man von sich als Christ erwartet. Die Aussagen des Neuen Testamentes über das, was von Christen zu erwarten ist, sprechen eine andere Sprache. Sie verlangen mehr, als in einem Leben zu erreichen ist, sehr wenige Heilige ausgenommen.

In vielen Veröffentlichungen hat man sich mit offensichtlich unrichtigen Argumenten oder polemischen Formulierungen auseinanderzusetzen, und das auch bei Autoren, die sich erkennbar um Verständnis der fremden Anschauungen bemühen.

So Reinhart Hummel: «Man mag darüber streiten, ob ein Steinzeitmensch unbedingt auf dem Weg der Reinkarnation ins Kino gehen können muß» (S. 121). Das ist angesichts der Ahnung, daß jeder Mensch in vielfältiger Weise an den Kulturen der Menschheit teilnimmt, doch wohl zumindest ein schlechtes Beispiel.

Klaus von Stieglitz nennt Steiners Unterscheidung von objektiven Folgen schlechter Taten in der Welt und den persönlichen Schädigungen an Täter und Opfer «Steiners gespaltene Vergebung»[207]. Das schmerzt. Er kennt doch das dahinter stehende Problem der Vergebung, die schon geschehen ist, und der, die erst nach einem «Jüngsten Gericht» erfolgen wird. So hat seine polemische Formulierung nicht einmal Wert als Argument. Sein Beitrag vom 30. März 1997[208] ist versöhnlicher und sucht die Verständigung. Er sucht die Harmonisierung zwischen beiden Betrachtungsweisen, zugespitzt auf die Alternative: Karma, das selbst ausgeglichen werden muß, oder Erlösung durch Jesus Christus, findet aber bei Steiner nicht die große Bedeutung der Liebe, die diese Kluft überbrückt.

Als nicht sachgerechte Argumentation sei folgendes Beispiel angeführt[209]: Der Autor knüpft inhaltlich an den viel verwendeten Satz an «Was der Mensch sät, wird er ernten» (Gal 6,7). «Das beliebte Bild von Saat und Ernte dient im Zusammenhang mit dem Auferstehungsglauben dazu, Kontinuität und Diskontinuität der Person auszudrücken. ‹Was gesät wird, ist verweslich, was auferweckt wird, unverweslich.› ‹Gesät wird ein irdischer Leib, auferweckt ein überirdischer Leib› (1. Kor 15, 42 und 44). Martin Luther hat das in einer winterlichen Predigt so ausgedrückt: ‹Wir sind unseres Herren Gottes Saat. Denn er will uns säen und will Ackermann sein und uns zur Sommerzeit hervorbringen.› Mit dem Auferstehungsleib wird der Mensch – so Paulus – ‹umkleidet›. Das Sterbliche muß vom Leben ‹verschlungen› und mit Unsterblichkeit ‹bekleidet› werden, nicht umgekehrt, wie in den Reinkarnationsvorstellungen, nach denen der unsterbliche Personkern mit neuen sterblichen Hüllen umkleidet wird. In diesen biblischen Bildern kommt zum Ausdruck, daß das ewige Leben dem Menschen nur als Geschenk zuteil werden kann.» Paulus spricht in Gal 6,7 vom Gericht, in 1. Kor 15 von der Auferstehung, das sind tatsächlich zwei verschiedene Sachen. Es dürfte zumindest exegetisch gewagt sein, sie so zu verknüpfen, als wäre von derselben Sache die Rede, denn in der Auferstehung wird gerade nicht geerntet, was gesät wurde. Das Ganze dann aber zu einem Argument gegen Reinkarnation zu verwenden, ist illegal, bei genauem Hinsehen ohne jede Überzeugungskraft. Von Reinkarnation redet Paulus nicht, weder hier noch anderswo, weder zustimmend noch ablehnend. Wiederverkörperungen auf Erden widersprechen nicht der «Auferstehung am Jüngsten Tage». Das müßte der Autor eigentlich selbst überschauen.

Reinkarnation ist eine echte Erweiterung des Menschenbildes. Man kann sie nicht aus neutestamentlichen Darstellungen ableiten wollen. Wer sie aber als Tatsache anerkennt, fragt, wie sie mit dem Christentum in Übereinstimmung zu denken ist. Das ist hier geschehen.

Noch ein Beispiel von Hummel (S. 109): «Der Holocaust ist auch für den Karma- und Reinkarnationsglauben ein kaum zu bewältigendes Problem. Alle Versuche, ihn aus individuellen oder kollektiven karmischen Zusammenhängen zu erklären – wie der bereits erwähnte von Garma C.C. Chang –, wirken peinlich. An der Holocaustthematik wird deutlich, daß dieser Glaube mit fiktiven Schuldzuweisungen arbeitet, die das moralische Empfinden gerade nicht befriedigen können, sondern empören müssen.» Tatsächlich scheitert ein unchristliches Karmaverständnis an dieser Stelle ebenso wie der naive Glaube an den gerechten Gott. Allerdings könnte in diesem Zusammenhang – wie auch bei dem Tod von kleinen Kindern – der Gedanke Trost bringen, daß das jetzt abgebrochene Leben nicht das einzige ist. Sicher ist es unstatthaft und unangebracht, bei den Opfern des Holocaust nur dem Gesichtspunkt der karmischen Schuld das Wort zu reden. Es gibt selbstverständlich neue Unglücke, die nicht auf karmische Ursachen zurückgehen. Auch der Hinweis auf eine Menschheitsbiographie, deren Notwendigkeiten die individuellen Lebensläufe überlagern können, hilft etwas weiter. Es handelte sich um ein Stück Apokalypse.

In erster Linie hilft aber weiter, daß das Thema dieser Schicksale für Täter und Opfer die Auseinandersetzung mit dem Haß war und das Problem von dessen Überwindung hinterließ. Selbst da darf man für die Zukunft auf Lösungen hoffen, auch wenn man sie sich nur schwer im einzelnen vorstellen kann. Es gibt aber die leuchtenden Beispiele für die Bewältigung dieser gigantischen Aufgabe. So kann der Gedanke an Entwicklungsmöglichkeiten im Rahmen des Karma die Härte des Problems mildern. – Eine etwas bittere Bemerkung zum Abschluß: Völkermord ist als Argument brauchbar gegen die Macht des Guten und gegen die Existenz Gottes, jetzt also auch gegen Reinkarnation – oder eben unbrauchbar in diesem wie in anderem Zusammenhang. Die Einwendungen gegen taktlose Argumentationen sind natürlich anzuerkennen. Über die Frage, warum wer was zu erleiden hat, mögen diejenigen Auskunft geben, die dazu fähig sind. Wer das nicht kann, der schweige.

Es könnten noch manche Beispiele für unsachgemäße Argumente, die das Gespräch erschweren, angeführt werden, natürlich auch von anderen Autoren. Insgesamt ist aber festzustellen, daß in theologischen Darstellungen das Bemühen um eine sachgerechte Argumentation zunimmt.

Den letzten wesentlichen Beitrag von evangelischer Seite zum Gespräch mit der Anthroposophie hat Klaus Bannach vorgelegt.[210] Er untersucht in ausführlicher und sachgerechter Darstellung der Anthroposophie vor allem Steiners Begriffsbildung. Ausgehend von Hegel und Schelling kommt er zu dem Ergebnis, daß Steiner nicht nur in seinem philosophischen Frühwerk sondern auch später voll auf der Höhe seiner Zeit war.[211]

Ähnlich wie Rüdiger Sachau arbeitet er Fragen heraus, die aus dem religiösen Bewußtsein an die Anthroposophie zu stellen sind.

Große Befriedigung gewährt die Lektüre der Abschnitte, in denen Bannach vielen Kritikern der Anthroposophie nachweist, daß sie sich selbst auf unsicherem Grund bewegen. Ein Beispiel: «Rudolf Steiner befindet sich mit der Auffassung, der kosmische Christus repräsentiere das Ganze der Wirklichkeit und eröffne dadurch für den einzelnen Menschen den Weg in die Freiheit, da er ihm den ‹Wahnsinn des Eigendünkels› (Hegel) bewußt mache, auf gutem biblischem Grund.» (Seite 140; das Zitat ist ein gutes Beispiel für das Niveau der Arbeit.)

Und doch fällt auch bei Bannach auf, wie schwer es nicht-anthroposophischen Autoren fällt, Steiner richtig zu lesen: Auf Seite 226 heißt es im Zusammenhang mit den Entwicklungen und Verwandlungen zwischen zwei Erdenleben: «Die Schwierigkeit … liegt darin, daß Rudolf Steiner genau so wenig wie der Buddhismus eine individuelle Reinkarnation lehrt, und zwar deshalb nicht, weil der Mensch ein Individuum nur auf der Erde sein kann. Erst sie ist der Ort der Ausbildung der menschlichen Individualität. Im Reich des Geistigen ist der Mensch lediglich ein Gattungswesen.» Weiter, auf Seite 229: «Was ist ‹der Mensch›? Wenn Steiner seit der ‹Philosophie der Freiheit› immer wieder versichert, als Geistwesen sei der Mensch Gattungswesen.» – Man kann darüber streiten, ob Steiner lehrt oder beschreibt. «Die Geisteswissenschaft lehrt …» Aber das könnte spitzfindig klingen. Zur Sache ist zu sagen, daß Steiner immer von der Wiederverkörperung der Individualität gesprochen hat.[212]

Das folgende Zitat[213] zeigt, wie Klaus Bannach die anstehenden Fragen behandelt und wie weit er auch bereit ist, evangelische Überzeugungen in Frage zu stellen:

«Christus, der karmische Richter, beseitigt die Tatenfolgen der Sünde in ihrer Auswirkung auf den kosmischen Prozeß. Mit seinem Gewissen muß der Sünder selbst zurecht kommen. Das bedeutet, daß dem Menschen in der Auseinandersetzung mit den oft so katastrophalen Folgen seines Tuns die Konfrontation mit Selbstvorwürfen oder moralischen Anklagen durch andere und durch sich selber nicht erspart bleibt. Wir können die moralische Seite nicht auf andere, auch nicht auf Christus abschieben. Aber die objektiven Folgen unserer Schuld werden uns nicht zum Schicksal. Wir können uns trotz unseres moralischen Versagens daran machen, sie zu beseitigen, neu die Chance der Freiheit ins Spiel zu bringen.

Paulus und Luther meinen nun freilich gerade umgekehrt, daß der Mensch mit seinem Gewissen ins reine kommen muß, daß er, um frei handeln zu können, der Vergebung seiner Schuld bedarf. Und das setzt in der Beobachtung der moralischen Sachverhalte doch wohl noch tiefer an. Der Mensch handelt nach Röm 7, 15ff. und bringt doch nur Taten hervor, die seinen Absichten widersprechen. Oft scheinen die Folgen seines Tuns zunächst sogar positiv zu sein (Erfindung des Otto-Motors, Spaltung des Atoms) und erweisen sich erst viel später, unter Umständen erst nach dem Tod ihres Urhebers als schuldhaft, weil sie – zunächst nicht absehbar – böse Folgen hervorrufen. Der Mensch ist aus der Janusköpfigkeit seines Tuns grundsätzlich nicht entlassen. Unter solcher Perspektive überhaupt handeln und damit Verantwortung auf sich nehmen zu können, braucht er die Gewißheit, daß er trotz der unausweichlichen Schuldvorwürfe leben kann, also Vergebung der Schuld erfährt. Die Vergebung der Sünde eröffnet Freiheitsräume in einem sich immer wieder einstellenden Schuldzusammenhang.

Aber auch hier entsteht natürlich ein Problem: sind uns die positiven Folgen unseres Tuns wirklich noch wichtig genug, wenn alles Gewicht auf dem getrösteten Gewissen liegt? Wenn die Entlassung aus den Schuldvorwürfen sozusagen schon von vornherein feststeht? Kann Gnade nicht ‹billig› werden? Und sind Menschen nicht allzu oft bereit, dem guten Gewissen vor den zweifelhaften Folgen ihres Tuns den Vorzug zu geben, oder gar das gute Gewissen, die gute Gesinnung gegen zweifelhafte Folgen ihres Tuns auszuspielen oder zu vergessen, danach zu fragen, welche bösen Folgen ein gutes Gewissen haben kann? Die anthroposophische Nötigung, die Folgen von Schuld, welcher Art auch immer, selbst aufarbeiten zu müssen, ist jedenfalls nicht so leicht von der Hand zu weisen.»

Nicht, daß ich jedem Satz zustimmen könnte, aber wenn unterschiedliche Sichtweisen und Überzeugungen so differenziert, sachlich und tolerant einander gegenübergestellt werden, sind Gespräche sinnvoll – und notwendig sind sie auch.

Die Anregung zu dieser Darstellung gaben die kritischen und berechtigten Anfragen von Rüdiger Sachau (Seite 12 in Kurzfassung, ausführlich in Anhang 1, S. 205). Die geschilderten Gesichtspunkte haben folgende Antworten gebracht:

1. Frage: Ist das Sprechen über Reinkarnation und Karma nicht oft sehr rational? Leiden wird erklärbar, aber nur so, daß dem Leidenden auch noch die Schuld an seinem Zustand aufgebürdet wird. Das Christentum stellt sich bedingungslos auf die Seite der Opfer und fragt nicht nach den Ursachen.

Antwort: Schicksal ist eine vielschichtige Wirklichkeit. Rationale Erklärungssucht ist ihm niemals angemessen. Die christliche Auffassung, die hier entwickelt wurde, stellt sich auf die Seite der Opfer und fragt nach Zukunftsaspekten, sucht Linderung und Heilung.

2. Frage: Wie verhalten sich die Eigenverantwortlichkeit des Menschen und die Gnade Gottes zueinander? Nach christlicher Auffassung bliebe auch nach vielen Leben immer noch ein unendlicher Abstand zwischen Mensch und Gott, der nur in Christus aufgehoben ist. Der christliche Glaube stellt das Vertrauen auf Gott in den Mittelpunkt. Das Verständnis von Karma ist zumindest synergistisch, nimmt ein wesentliches Mitwirken des Menschen an.

Antwort: Da der unendliche Abstand zwischen Gott und Mensch in Christus aufgehoben ist, muß dies auch für das Wesen Christi gelten, wie es in dem wahrhaften Christen erscheint. Davon hat Paulus gesprochen. Aber das hat bis zur endgültigen Erlösung vorläufigen Charakter. In der Erlösung wird die unendliche Differenz zu Gott um Christi willen aufgehoben sein (siehe Off 21).

Zur Frage der Erlösung und ihrer Voraussetzungen wurde in dem Kapitel «Erlösung und Selbstverantwortlichkeit» dargestellt und begründet, daß wir für unsere Seele nach den Aussagen des Neuen Testamentes selbst verantwortlich sind. Zur Seele gehört auch ihr selbst bereitetes Schicksal. Das Gericht zieht ein Fazit und verleiht dem Gewordenen die Qualität der Dauer. Ich bekenne mich zu einem wesentlichen Mitwirken des Einzelnen am Werden der Individualität, nur möglich aus der Kraft Christi in uns, die Voraussetzungen für die Erlösung schaffen muß. Die Erlösung ist Bestätigung und Erhöhung durch Christus und Gott. Wir haben einen Teil selbst zu leisten, um erlösungsfähig zu werden. Erlösung kommt von Gott.

Wie das Verhältnis Gottes zu den Menschen in dieser fernen Zukunft auch vorzustellen sein mag, es ist in jedem Falle durch große Nähe gekennzeichnet, wie sie am Ende der Apokalypse angedeutet ist. Die Verwandlungen, die das Ende mit sich bringen wird, sind so einschneidend, daß man es bei den Bildern des Zieles belassen kann. Der Glaube an Gott macht den großen Rahmen von Anfang, Mitte und Ziel sichtbar und verhindert den Verfall in Sinn- und Perspektivlosigkeit. In den Einzelheiten müssen wir uns selber zurechtfinden.

3. Frage: Wo bleibt bei den Reinkarnationsvorstellungen die Wahrheit, daß der Mensch von Gott geschaffen ist? Was vom Menschen reinkarniert sich?

Antwort: Nachdem sich die Kraft der Individualität langsam herangebildet hat, kann man jetzt von der Wiederverkörperung des menschlichen Geistes sprechen im Unterschied zu der vorchristlichen Seelenwanderung. Zur Klarheit wird sicher die saubere Unterscheidung von niederem und höherem Ich beitragen. Auch in dem Prozeß der Reinkarnationen schafft der Mensch sich nicht selbst. Das Entstehen, Wachsen und Reifen der Menschheit bedarf der dauernden Obhut und Stütze Gottes und aller Engel. Darauf muß man vertrauen. Zur Reife der Individualität gehört, daß sie die höheren Mächte anerkennt und weiß, wem sie sich verdankt.

4. Frage: Kann man sich damit zufriedengeben, daß Gott hinter einem unpersönlichen Schicksalsgesetz sozusagen verschwindet?

Antwort: Das Karmagesetz ist die Gerechtigkeit Gottes auf Erden. In der Anerkennung dieser Wahrheit besteht heute die einzige Möglichkeit, den Glauben an eine Gerechtigkeit Gottes, die nicht nur jenseitig, nachtodlich wirkt, aufrechtzuerhalten.

In der Mitte des entworfenen Bildes steht Christus, da es sich um den Menschen handelt. In einem religiösen Schicksalsverständnis ist die Möglichkeit zu dem Erlebnis enthalten, das Schicksal aus Gottes Hand zu empfangen. Es könnte Frucht der Besinnung oder Meditation sein, daß zum Zustandekommen des Schicksals viele himmlische Mächte zusammenwirken, daß eine ähnliche Demut vor dem Schicksal entsteht wie früher, als man es «aus Gottes Hand» annahm.

Eine anderer Gesichtspunkt ist der folgende: Lebensbedingungen und Charakter der Menschen sind von Anfang an so unterschiedlich, daß die

Vorstellung zunehmend unmöglich wird, daß die Seelen ihr Leben neugeschaffen aus der Hand des Schöpfers antreten. Gott verschwindet nicht nur hinter einem unpersönlichen Schicksalsgesetz, sondern hinter den Ungleichheiten und Ungerechtigkeiten des Lebens. Hier ist zumindest in der Vorstellung, daß wir unser Leben mit unterschiedlichen Anfangsbedingungen beginnen, die Möglichkeit gegeben, an eine göttliche Gerechtigkeit auch auf Erden zu glauben. «Gott» verbürgt die Einheitlichkeit der Welt. Wir leben in einer unüberschaubaren und kaum durchschaubaren Fülle von auseinanderfallenden Einzelheiten. Der Weg zur «Einheit der Wirklichkeit» (von Brück) ist weit.

5. Frage: Wie verhält sich der zyklische Zeitbegriff des karmischen Gesetzes zu dem linearen Zeitbegriff der Bibel mit Anfang, Mitte und Ende der Zeit?

Antwort: Hier gibt es keinen Unterschied zwischen dem biblischen und dem anthroposophischen Menschenbild, wohl aber zu dem hinduistischen, wenn man sich auf das Werden des Menschen auf der Erde bezieht, und das ist der für das Leben konkrete Gesichtspunkt. Hier wurde nicht in die Betrachtung einbezogen, wie das Menschheitskarma mit dem Weltenwerden zusammenhängt. Das würde die Betrachtung noch einmal mächtig ausweiten. Für die Erdenzeit gilt, daß das Menschenwerden Anfang, Mitte und Ziel hat.

XII. Kurzes Fazit

Ausgangspunkt war die Feststellung, daß die Lehre von wiederholten Erdenleben bisher keine Lehre des Christentums ist. Sie ist aber eine Tatsache, die sich nicht nur Steiners okkulter Forschung ergibt, sondern bei immer mehr Menschen Lebenserfahrung wird, wenn auch in unterschiedlichsten und manchmal durchaus kritisch zu befragenden Formen. Steiner sagte zu Rittelmeyer («Lebensbegegnung», S. 32): «Das muß man hinnehmen, wie es ist.»

Man muß sich damit nicht abfinden (was Steiner ja auch nicht getan hat). Zwei völlig verschiedene Lebensdeutungen sind nebeneinander getreten. Wir haben versucht, sie übereinander zu halten, und sind der Frage nachgegangen, ob sich nur ein Gewirr aus zwei Bildern oder eine neue, in sich schlüssige und zusammenhängende Figur ergibt. Ich hoffe gezeigt zu haben, daß es möglich, ja sinnvoll ist, Reinkarnation und Karma im christlichen Zusammenhang zu bedenken, und daß so wesentliche Fragen beantwortet werden, die im traditionellen christlichen Weltbild offenbleiben müssen.

Das so entstandene Bild fügt der Lehre vom Karma eine neue Dimension hinzu. Sie darf nicht nur Idee und Lehre bleiben, sondern muß durch Praxis von Christen Lebenswirklichkeit werden. Das Neue, Christliche tritt in Erscheinung, wenn es sich erweist, daß Bejahen des Schicksals, daß Verstehen und Vergeben, freiwillig aus Liebe getragenes Leid den karmischen Zwängen überlegen sind. Nicht daß das Karma negiert würde, aber es wird mit anderem Sinn erfüllt. Das Wort Christi gilt, daß er nicht gekommen ist, das Gesetz aufzulösen, sondern zu erfüllen (Mat 5,17). Liebe erlöst Karma. Auch hier ist «Christus des Gesetzes Ende» (Paulus an die Römer 10,4).

Die wesentlichen Gesichtspunkte sind:

- eine christliche Karma-Idee, die nicht nur von Folge und Vergeltung spricht, sondern von Individualität, Selbstverantwortung, Freiheit, Heilung und Vergebung;
- die Unterscheidung von niederem Ich, dem Kern des normalen Selbstbewußtseins, das nach dem Tode zerstört wird, und höherem Ich, das der Träger der Kontinuität und des eigentlichen Schicksals ist. Dem gewöhnlichen Ich eignet die Präsenz auf der Erde, in ihm sammelt sich die Erfahrung, die den Menschen individuell macht. Im höheren Ich sammeln sich die geläuterten Erfahrungen, sind Trennung und Entfremdung von Gott überwunden. Ihm eignet die Konstanz des geistigen Wesens, die Harmonie mit Gott und Christus;
- die Wahrheit des höheren Ich, die durch die Identifizierung Christi mit den Menschen und des Menschen-Ich mit Christus erscheint;
- grundlegende christliche Heilswahrheiten (Gerechtigkeit, Gericht, Erlösung) wandeln ihre Gestalt, aber ihr Gehalt tritt deutlicher, konkreter in Erscheinung als vorher.

Wenn Menschen zweitausend Jahre lang mit dem Blick auf nur ein Erdenleben gelebt und in diesem Rahmen durch das Christentum Sinnerfüllung und Trost gefunden haben, wird dieses nicht dadurch falsch, daß andere ihr Leben in einem weiteren Rahmen deuten. Andererseits darf es nicht geschehen, daß Menschen sich vom Christentum abwenden müssen, weil sie durch innere Gewißheit oder direkte Erfahrungen von wiederholten Erdenleben überzeugt sind, die Kirchen aber diese Erfahrungen ausschließen. Es ist niemandem zu verdenken, wenn er diese Ausweitung nicht mitmachen will. Aber es sollte auch niemand verketzert werden, der als Christ diesen weiteren Rahmen für sinnvoll hält. Ich plädiere dafür, Reinkarnation und Überzeugung von Karma als Erweiterung des Christentums und nicht als Alternative anzusehen.

Also:

Es ist die Lehre nicht für jeden,
doch keiner sei verworfen drum.

ANHANG

Ausführlichere Zitate

Anhang 1 zu Seite 12
(Sachau, Seite 283f., zitiert – ausgenommen zwei – ohne Anmerkungen)

«Fünf wesentliche Differenzen zu den Reinkarnationsvorstellungen lassen sich aus christlich-theologischer Sicht festhalten:

1. Der Versuch, menschliches Schicksal und Leiden durch Reinkarnation und Karma rational zu erklären, verfehlt die Tiefe der Kontingenzerfahrungen.[214] Die Theodizeefrage ist nicht zu beantworten, und die rationalen Erklärungen des Schreckens müssen als Fluchtversuche zurückgewiesen werden. Die Deutung von Kontingenz durch Reinkarnation und Karma beläßt den Menschen nicht nur in seiner schweren Situation, sondern gibt ihm zusätzlich die Verantwortung für ihr Zustandekommen. Reinkarnation, so der Einwand, macht die Welt zwar rationaler, aber auch kälter und unmenschlicher. Denn diese Rationalität okkupiert lerntheoretisch das Leid der Opfer und verharmlost das Böse im kosmischen Wechselspiel zur Bedeutungslosigkeit. Die christliche und auch die jüdische Haltung will sich dagegen parteilich auf die Seite der Opfer begeben und fragt nicht nach den metaphysischen Ursachen.

Weiter ist an der Rationalität des okkulten Wissens die Vermeidung menschlicher Reaktionsformen zu kritisieren. Gefühle wie Trauer und Schmerz angesichts der Unerträglichkeit des Seins werden auf Distanz gehalten. Die Reduktion von Kontingenz ist auch eine Reduktion von Gefühlen. Gestattet sind nur die Emotionen, die als Evidenzquellen der Reinkarnationsvorstellungen und als Bestätigung des okkulten Kontextes dienen. Wer Sinnlosigkeit erfährt, hat noch nicht die richtige Einstellung. Krankheit muß ein Weg, Schicksal eine Chance zur Verbesserung durch Lernen sein. Christlich wird das Recht, unvollkommen zu sein, gegen diesen Perfektionsdrang gestellt. Gegen den ‹Mythos von der Ganzheit› und Allzusammenhänglichkeit wird auch das fragmentarische Leben bejaht.

2. Die christliche Religion ist nach evangelischem Verständnis durch die Erfahrung und Verkündigung der unverdienten und unverdienbaren Gnade Gottes bestimmt. Die Reinkarnationsvorstellungen müssen nicht auf Selbsterlösung hinauslaufen, wie manchmal fälschlich unterstellt wird, aber sie sind synergistisch: Gnade und menschliche Leistung sollen zusammenwirken.[215] Die ethische Stimulation, die von dieser Auffassung ausgehen kann, ist nicht zu bestreiten, obwohl sie nicht zwingend ist. Reinkarnation kann ebenso wie eine falsch verstandene Gnade als Flucht vor verbindlichem Verhalten mißbraucht werden. Der reinkarnatorische Entwicklungsgedanke steht im Konflikt zur Radikalität der rechtfertigenden Gnade durch Gott. Nach christlicher Auffassung bliebe auch nach vielen Leben immer noch ein unendlicher Abstand zwischen Mensch und Gott, der allein in Christus aufgehoben ist. Der Entwicklungsoptimismus der Reinkarnationsvorstellungen zeigt eine Auffassung, die keine Grenzen akzeptiert und manchmal Züge von Allmachtsphantasien trägt. Der christliche Glaube stellt das Vertrauen auf Gott in den Mittelpunkt.

3. Reinkarnationsvorstellungen setzen in den meisten Fällen einen präexistenten göttlichen Kern im Menschen voraus, der nicht geschaffen ist. Damit ist die Gefahr einer dualistischen Spaltung zwischen ewigem Sein und vorläufiger Materie gegeben. Nach christlicher Auffassung ergeht die menschliche Identität aus einem Beziehungsgeschehen: Schöpfung durch Gott. Dieses identitätsbegründende Verhältnis wird durch die Präexistenzvorstellung aufgelöst. Die Kritik an einer Schöpfung aus dem Nichts zieht sich durch die Reinkarnationsvorstellungen seit Schopenhauer. Schließlich bleibt undeutlich, was in den Reinkarnationsvorstellungen die Kontinuität der Person durch die wechselnden Inkarnationen ausmacht.

4. Die Auflösung der Personalität Gottes in eine karmische Gesetzesstruktur ist mit der christlichen Auffassung nicht vereinbar.[216] Zwar müssen die Gottesbilder nicht nur personal konfiguriert sein, aber die

mit einer personalisierten Beschreibung verbundenen Eigenschaften wie Gottes Liebe lassen sich nicht mit einer gesetzhaften Struktur adäquat erfassen. Die im Modernisierungsprozeß aufkommenden Reinkarnationsvorstellungen gehen mit einer Abkehr von den Gottesvorstellungen einher, da diese der Entfaltung der Autonomie im Wege stehen. Die Verlagerung Gottes in den äußersten Transzendenzhintergrund kann nicht als akzeptable Lösung des spannungsvollen Verhältnisses von menschlicher Freiheit und göttlichem Handeln angesehen werden.

5. Dem christlichen Glauben liegt eine lineare Zeitauffassung zugrunde, die zum Ausdruck bringt, daß jeder Augenblick unwiederholbar einmalig ist. Dieser Glaube, orientiert an der Einmaligkeit Christi und seinem Handeln, soll den Ernst des jetzigen Lebens vor Augen führen. Auch unterläuft eine Wiederholung des Lebens die Realität des Todes. Die christliche Ethik kennt sehr wohl den Gedanken, daß jeder die Früchte seines Tuns erntet, aber nicht im nächsten Leben, sondern im eschatologischen Gericht. Mit der Einmaligkeit hängt die Auffassung von Geschichte zusammen. Das Christentum verkündigt den in die Kontingenz der Geschichte eingegangenen Gott und nicht eine überzeitliche Gottheit. Der Geschichte wird ebenso wie der Materie eine Bedeutung zuerkannt, die über das Äußerliche hinausgeht.»

Anhang 2 zu Seite 22
Zum Monotheismus schreibt Kelber[217] unter dem Gesichtspunkt der Entwicklung der Individualität:

(Der Monotheismus) «hängt auf das engste mit der Ichentwicklung der Menschheit zusammen. Eine Menschheit vor der Ausbildung der Individualität wäre nicht in der Lage gewesen, sich die geistige Welt im Bilde *eines* Gottes vorzustellen. Die Voraussetzung dazu war, daß der Mensch die Fülle der eigenen Seelenkräfte unter das Szepter eines inneren Führungsprinzipes, eines Hegemonikon[218], eben des Ich, gebracht hatte. Wie das Auge das Wahrnehmungsorgan für das Licht ist und die Seele das Organ für das ‹Göttliche› im allgemeinen und in seiner Vielfalt, so ist erst das Ich das Organ für den Einen höchsten Gott. Dieser Eine war und regierte zur Zeit der polytheistischen Religionen nicht weniger als später, und zur Zeit des Monotheismus gab es nicht weniger ‹Götter› in der geistigen Welt als früher. In der Verehrung der vielen Götter spiegelte sich ein seelischer Zustand der Menschen, der weder das Walten der vielfältigen Kräfte, die sich in der Natur bekunden, noch derer, die den Mikrokosmos der Seele mit ihren verschiedenen Trieben, Kräften, Ängsten und Idealen bilden, in eine Einheit fassen konnte. Und so waren auch die vielen Götter keineswegs im gleichen Sinne geistige Personen, wie das im Monotheismus bei der *einen* Gottheit auftritt. Es waren vielmehr Namen für unfaßbare Kräftewesen, die in *dieser* Beziehung noch eine gewisse Verwandtschaft hatten mit dem ‹Numinosen›[219], das wir etwa bei Sturm oder Gewitter, an der Herrlichkeit der Sonne oder der Gewalt des Wachstums erleben.

Der Weg durch die Logosophie von acht Jahrhunderten kann uns lehren, wie der reine christliche Monotheismus schrittweise am Logos und durch den Logos entsteht. Die innere Vernunftkraft, die zugleich der Schöpfung zugrunde liegt, hatte auch in der Stoa schon die Stellung zwischen Gott oder den Göttern und dem Menschen inne, die später das Mittlertum des Sohnesgottes ausmacht. Aus dem Judentum kam die eigenartige, zwar strenge, aber durchaus noch nicht klar auf den Vatergott bezogene Vorform des Monotheismus. Man könnte Jahwe, den Gott des Volkes Israel, einen Statthalter des Vatergottes nennen, bis dieser durch den Sohnesgott offenbar wurde. Aber der jüdische Monotheismus erbrachte schon den Gedanken des philonischen Logos als Sohnes Gottes. Die Aufnahme dieser Gedankenform durch *Johannes, Paulus* und die frühen griechischen Väter ergab erst das eigentliche christliche Bild Gottes. Der Monotheismus ist durch den Logos entstanden, der Vatergott wurde erst durch den ‹Sohn› offenbar. Wir sehen diesem Prozeß bei Philo in einer wichtigen Phase zu. Sein: to on, to ontoos on (griech.: Das Seiende, das allein durch das Sein Seiende) ist eben nicht mehr der Jahwe des Alten Testaments, sondern eine gültige Vorform des christlichen Vatergott-Bildes. Auf dem Wege einer gewissen Abstraktion sprengt Philo die Grenzen des jüdischen Gottesbildes und schafft sozusagen den Raum für den christlichen Vatergott.»

Kelber beschreibt geistesgeschichtlich einen Prozeß. Ergänzend zu dieser Sicht möchte ich in dem Entstehen des alttestamentlichen Monotheismus auch eine göttliche Tat erkennen. Der *eine* Gott, dem alles entstammt und in dem alles gegründet ist, *offenbart sich* den Menschen, zuerst durch Jahwe dem Abraham und seinen Nachkommen, dann in andersartiger Andeutung den Philosophen, die den Begriff des ewigen Seins erfassen, dann durch Jesus Christus, den «Sohn», als der «Vater».

Anhang 3 zu Seite 83
Zum Thema höheres und niederes Ich: Rudolf Steiner in den Vorträgen: Die Apokalypse des Johannes, GA 104, Anfang des 8. Vortrages, Nürnberg, 25.6.1908 (S. 156 der Ausgabe von 1962)

«Wenn jetzt schon wiederholt davon gesprochen worden ist, daß unsere ... Kulturstufen ihr Ende finden werden durch den Krieg aller gegen alle, so müssen wir uns einen solchen Krieg aller gegen alle eigentlich ganz anders vorstellen, als man bis jetzt gewohnt ist, sich Kriege vorzustellen. Wir müssen nur einmal ins Auge fassen, was die Grundlage, die eigentliche Ursache dieses Krieges ist. Diese Grundlage oder Ursache ist das Überhandnehmen des Egoismus, der Ichsucht, der Selbstheit des Menschen. Und wir sind ja nunmehr in unseren Betrachtungen so weit fortgeschritten, daß wir gesehen haben, welch zweischneidiges, scharfes Schwert dieses Ich des Menschen ist. Wer nicht begreift, daß dieses Ich ein zweischneidiges Schwert ist, der wird kaum den ganzen Sinn der Menschheits- und Weltenentwickelung verstehen. Auf der einen Seite ist dieses Ich die Ursache dessen, daß die Menschen in sich selbst sich verhärten, daß sie alles, was ihnen zur Verfügung stehen kann an äußeren Dingen und inneren Gütern, in den Dienst dieses ihres Ichs einbeziehen wollen. Es ist dieses Ich die Ursache, daß sich alle Wünsche des Menschen darauf richten, dieses Ich als solches zu befriedigen. Wie dieses Ich danach strebt, einen Teil des gemeinsamen Erdenbesitzes an sich heranzubringen als sein Eigentum, wie dieses Ich danach strebt, aus seinem Gebiete alle anderen Iche hinwegzutreiben, sie zu bekriegen, zu bekämpfen: das ist die eine Seite des Ichs. Aber auf der anderen Seite dürfen wir nicht vergessen, daß dieses Ich zugleich dasjenige ist, was dem Menschen seine Selbständigkeit, seine innere Freiheit gibt, was den Menschen im wahrsten Sinne des Wortes erhöht. In diesem Ich ist seine Würde begründet. Es ist die Anlage zum Göttlichen im Menschen.

Dieser Ich-Begriff macht vielen Menschen Schwierigkeit. Es ist uns ja klar geworden, daß sich das Ich des Menschen herausentwickelt hat aus einer Gruppenseelenhaftigkeit, aus einer Art umfassenden All-Ichs, aus dem es sich herausdifferenziert hat. Unrichtig wäre es, wenn der Mensch wieder das Verlangen haben würde, mit seinem Ich unterzugehen in irgendein Allbewußtsein, in irgendein Gesamtbewußtsein. Alles, was den Menschen streben läßt, sein Ich zu verlieren, mit ihm aufzugehen in ein Allbewußtsein, ist ein Erzeugnis der Schwäche. Nur der allein versteht das Ich, der da weiß, daß, nachdem er sich dieses Ich errungen hat im Laufe der kosmischen Entwickelung, es nunmehr unverlierbar ist, und der Mensch muß vor allen Dingen nach der starken Kraft streben, wenn er die Weltenmission versteht, dieses Ich immer innerlicher, immer göttlicher zu machen ... Die wahre anthroposophische Weltanschauung kann nur als Endziel die Gemeinschaft der selbständig und frei gewordenen Iche, der individuell gewordenen Iche hinstellen. Das ist ja gerade die Erdenmission, die sich durch die Liebe ausdrückt, daß das Ich dem Ich frei gegenüberstehen lernt. Keine Liebe ist vollkommen, die hervorgeht aus Zwang, aus dem Zusammengekettetsein. Einzig und allein dann, wenn jedes Ich so frei und selbständig ist, daß es auch nicht lieben kann, ist seine Liebe eine völlig freie Gabe. Das ist sozusagen der göttliche Weltenplan, dieses Ich so selbständig zu machen, daß es aus Freiheit selbst dem Gott die Liebe als ein individuelles Wesen entgegenbringen kann. Es würde heißen, die Menschen an Fäden der Abhängigkeit führen, wenn sie irgendwie zur Liebe, wenn auch nur im entferntesten, gezwungen werden könnten.

So wird das Ich das Unterpfand sein des höchsten Zieles des Menschen. So ist es aber zu gleicher Zeit, wenn es nicht die Liebe findet, wenn es sich in sich verhärtet, der Verführer, der ihn in den Abgrund stürzt. Dann ist es dasjenige, was die Menschen voneinander trennt, was sie aufruft zum großen Krieg aller gegen alle, nicht nur zum Krieg der Völker gegen Völker – denn der Volksbegriff wird dann gar nicht mehr die Bedeutung haben, die er heute hat –, sondern zum Kriege des einzelnen gegen den einzelnen auf den mannigfaltigsten Gebieten des Lebens, zum Krieg der Stände gegen die Stände, der Kasten gegen die Kasten, der Geschlechter gegen die Geschlechter. Auf allen Gebieten des Lebens wird also das Ich zum Zankapfel werden, und daher dürfen wir sagen, daß das Ich auf der einen Seite zum Höchsten und auf der anderen zum Tiefsten führen kann. Deshalb ist es ein scharfes, zweischneidiges Schwert. Und derjenige, der da den Menschen gebracht hat das volle Ich-Bewußtsein, der Christus Jesus, er wird, wie wir gesehen haben, symbolisch in unserer Apokalypse mit Recht dargestellt als derjenige, der das scharfe, zweischneidige Schwert im Munde hat.

Wir haben es ja als hohe Errungenschaft des Menschen hingestellt, daß er zu diesem freien Ich-Begriff gerade durch das Christentum hat aufsteigen können. Der Christus Jesus hat dieses Ich in vollem Umfange gebracht. Daher muß dieses Ich gerade durch das scharfe, zweischneidige Schwert ausgedrückt werden ... Und daß dieses scharfe, zweischneidige Schwert aus dem Munde des Menschensohnes geht[220], das ist wieder begreiflich, denn als der Mensch mit vollem Bewußtsein aussprechen gelernt hat das Ich, da war es ihm gegeben, auf das Höchste hinaufzusteigen, in das Tiefste hinunterzusinken. Das scharfe, zweischneidige Schwert ist eines der wichtigsten Symbole, die uns in der Apokalypse entgegentreten.»

Anhang 4 zu Seite 118
Klaus von Stieglitz: Reinkarnation und Karma im Lichte der Auferstehung Jesu Christi, in: Dialog und Unterscheidung, Festschrift für Reinhart Hummel, EZW Texte, Sonderausgabe 15, Berlin 2000, S.217. Ausführlicher in: Einladung zur Freiheit, S.89f.

Er knüpft an das Wort vom Kreuz an: «Wahrlich, ich sage dir: Heute wirst du mit mir im Paradies sein» (Luk 23,43). «Im Lichte dieses Wortes wenden wir uns der Frage ‹Christus und Karma› zu. Ich möchte sie an der starken Bewegung verdeutlichen, die es für das Verhältnis ‹Christus und Karma› im Denken Rudolf Steiners gibt. Die Äußerungen Steiners zu Karma und Reinkarnation in den Jahren nach der Jahrhundertwende sind christuslos. Eine Schrift heißt: ‹Reinkarnation und Karma, vom Standpunkte der modernen Naturwissenschaft notwendige Vorstellungen› (1903, GA 34, 1982, 67ff.). Diese Vorstellungen sind christuslos.[221] In den folgenden Jahren tritt das Mysterium von Golgatha immer mehr in die Mitte des Steinerschen Denkens. Nun sieht er in dem Christus den

Helfer beim karmischen Ausgleich, den der Mensch schaffen muß (1907, GA 100, 1981, 262ff.). 1909 wird das gesamte Karma-Gesetz auf den Christus zurückgeführt (GA 107, 1988, 235). 1911 wird der Christus ‹Herr des Karma› genannt. Er ordnet die karmischen Verhältnisse der Menschen im Zusammenhang mit dem Erden-Karma (GA 131, 1988, 215).

1914 bricht die Frage auf, wie sich die Vergebungsvollmacht des Christus, die im Neuen Testament eindeutig bezeugt ist, zu der ungebrochenen Geltung des Karma-Gesetzes verhält. Rudolf Steiner spricht von Schwierigkeiten, die hier liegen, und davon, daß man tief ‹hineinschürfen› muß in das Christentum (GA 155, 178).

Wie sieht die Lösung aus? Steiner sieht in der Schuld eines Menschen einen persönlich-karmischen Teil und einen kosmischen Teil. Die kosmische Wirkung der Schuld behindert den Weltenfortgang. Durch diese Teilung gewinnt das Christus-Wort Lukas 23,43 folgende Gestalt: ‹Ich bin bei deiner Tat; du wirst ja durch dein Karma später das für dich zu tun haben, was die Tat für dich bedeutet. Aber was die Tat für die Welt bedeutet – wenn es trivial ausgedrückt werden darf –, das ist meine Sache› (ebd. 185).

Steiner: ‹Es ist eine sehr wichtige Unterscheidung, die wir da machen› (ebd.). Für das Verhältnis Christus–Karma ist weitere Bewegung eingetreten. Der Christus ordnet nicht nur Karma, er vergibt Schuld, wenn auch in einem begrenzten, karmisch genannten Sinn. Wie unlöslich das persönliche Karma an dem einzelnen Menschen haftet, zeigt eine Deutung der Begegnung Jesu mit der Ehebrecherin. Jesus Christus schreibt Zeichen auf die Erde (Joh 8,6). Dazu: ‹Für die Ehebrecherin kann ihre Tat nicht ausgelöscht werden. Christus schreibt sie in die Erde hinein› (ebd., 188).

Mit Blick auf Kirche und Beichte meint Rudolf Steiner, daß die hier ausgesprochene Vergebung ‹nie und nimmer› Karma beeinträchtigen darf (ebd. 187). Sie ist nur Hilfe zur Erkenntnis. Es ist nicht einmal wünschenswert, daß volle Vergebung geschieht. Die Kräfte des Menschen sollen durch die Arbeit am karmischen Ausgleich wachsen. Steiner teilt als ein Wort des Christus mit: ‹Ich werde euch so lange in euer Schicksal auf diese Erde hineinstellen, bis ihr euer Karma abgetragen habt› (1912, GA 143, 1983, 147).»

Man sieht an dieser Aufstellung, wie sehr das Thema bei Rudolf Steiner in Entwicklung begriffen ist. Das braucht nicht nur daran zu liegen, daß er selbst das Dargestellte erst nach und nach in Erfahrung gebracht hat. Es handelt sich um echte Neuland-Gewinnung. Die geht auch weiter, in der christlichen Lebenspraxis.

Anhang 5 zu Seite 141
Zum Thema Christentum und Humanismus:
Rudolf Frieling in: Christentum und Wiederverkörperung, S. 80f.

«In den großen vorchristlichen Kulturen überstrahlte das Anschauen der göttlichen Schöpferwelten noch weithin das Bewußtsein des Menschen um sein eigenes Wesen. Das Bewußtsein um das ‹Ich bin› lag weithin noch im Schlummer. Der Christus konnte nicht früher kommen, als bis ‹die Zeit erfüllt war›, als bis das Bewußtsein des Menschen um sein Ich-Wesen wenigstens bis zu einem gewissen Grade aufgewacht war. Dieses Aufwachen trat in der griechisch-lateinischen Kulturepoche ein. Gegen die Zeitenwende hin, im 2. vorchristlichen Jahrhundert, beginnt erstmals ein ausgesprochener ‹Humanismus› sich zu artikulieren, in der Begegnung römischer und griechischer Persönlichkeiten über die nationalen Schranken hinweg auf ‹rein menschlicher Basis›. Das geschah in dem Kreis, der sich um den jüngeren Scipio bildete und dem der aus Griechenland ‹deportierte› Polybios angehörte, als Zivilgefangener. Der Stoiker Panaitios und der Lustspieldichter Terenz, ein freigelassener Sklave, stießen ebenfalls zu diesem Kreise. Dieses Hinstreben nach dem rein Menschlichen lag damals in der Luft. Terenz hatte einen ungewöhnlichen Theater-Erfolg, als er in seinem ‹Heautontimorumenos› den alten Cremens in einer gar nicht einmal besonders sententiös gemeinten Art die Worte sagen ließ: ‹homo sum, humani nihil a me alienum puto› (I 1,25). ‹Ich bin ein Mensch, nichts Menschliches ist mir fremd.› Noch nach einem halben Jahrtausend weiß der Kirchenvater Augustin, wie dieser Satz damals einschlug. ‹Dieser Sentenz haben, wie man überliefert, sogar die mit törichten und ungebildeten Leuten vollbesetzten Theater applaudiert› (Brief an Macedonius). – Über den Stoiker Poseidonius findet dann die Humanitas ihren Weg zu Cicero (106–43). R. Reitzenstein sagt[222], daß die griechische Sprache noch kein eigentliches Wort dafür geschaffen habe,,ja selbst der Begriff ist noch unterentwickelt. Erst bei den Römern finden wir immer wieder die Worte ‹echter Mensch› und ‹Menschentum›, humanus und humanitas ... Dem ‹homo romanus›, wie ihn Cato forderte, ist in einem bestimmten Kreise mit Bewußtsein der homo humanus entgegengestellt worden. Das griechische Wort ‹philanthropia› hatte diesen spezifischen Klang noch nicht. So kommt das im Neuen Testament gemeinte in bezug auf den Begriff der Menschlichkeit ausnahmsweise in der lateinischen Übersetzung noch deutlicher zur Geltung als im griechischen Urtext. Lukas berichtet in der Apostelgeschichte, wie der Hauptmann Julius den gefangenen Paulus ‹humane› behandelt (27,3), und er rühmt die ungewöhnliche ‹humanitas› der Malteser (wegen ihrer semitischen Sprache als ‹barbaroi› bezeichnet) den Schiffbrüchigen gegenüber (28,2). Paulus spricht im Titusbrief (3,4) bedeutsam von der ‹humanitas› Gottes, die durch Christus erschienen ist – ‹Menschlichkeit Gottes ...› Man wird heute geneigt sein, in dieser aufkommenden ‹Humanitätsgesinnung› der Antike einen der Umweltfaktoren zu sehen, die das Christentum hervorbrachten. Wenn man in dem Herannahen des Christus-Wesens zur Inkarnation hin einen geistig-objektiven Vorgang anerkennen kann, wird man solche Phänomene wie das Auftauchen der ‹humanitas› eher nach Analogie einer Morgenröte betrachten, welche den nachfolgenden Sonnenaufgang nicht verursacht, sondern umgekehrt als zeitlich Früheres von dem zeitlich Späteren verursacht wird.[223]

Als ein Zeitgenosse des Paulus spricht Seneca ein so großartiges Wort aus wie: ‹homo res sacra homini›, der Mensch ist dem Menschen eine heilige Angelegenheit. Und doch war Seneca kein Christ. Wir stehen vor der Tatsache, daß der erwachende ‹Humanismus› neben dem Christentum einherging. Daß in dem Christus Jesus das ureigene ‹Humanum› als wirkliches Urbild erschienen war, konnte von dem Bewußtsein der frühen Christenheit nicht in vollem Umfange erfaßt werden. Man zog keine Verbindungen vom ‹Ecce homo› (Joh 19,5) zur ‹Humanitas›. Pilatus wird sich nicht bewußt gewesen sein, was er damit aussprach, aber er war in diesem Moment der Interpret der Weltgeschichte. Die ‹Humanisten› hatten das Ideal, die Christenheit hatte die Realität, aber nicht voll um sie wissend, wie denn auch das Ich-bin-Motiv, welches das Johannes-Evangelium beherrscht, in der ganzen christlichen Geistesgeschichte nur im äußerlichen Sinne einer gewöhnlichen Selbstaussage und nicht in seiner ungeheuren prinzipiellen Bedeutung genommen worden ist: als Offenbarung eines den zur Ichheit berufenen Menschen zutiefst angehenden Mysteriums. Ebenso ist es eine merkwürdige Tatsache, daß im Alten Testament das gewaltige Urwort der Genesis (1,26) vom Menschen als ‹Ebenbild und Gleichnis Gottes› sich wie ein einsam ragender Hochgipfel ausnimmt, der ganz für sich allein dasteht. Es wird auf diese Magna Charta des Menschentums, abgesehen von ganz wenigen Stellen (1. Mose 5,1; 9,6; Psalm 8,6; 82,6; Sir 17,3), im Alten Testament sonst nicht zurückgegriffen. Man war mit seinem Bewußtsein dieser erhabenen Inspiration einfach noch nicht nachgekommen. Die christliche Kirche hat dann, so gut sie es vermochte, die in Christus Jesus stattgehabte Menschwerdung Gottes dogmatisch festgelegt, ohne sich darüber voll klarzuwerden, daß diese Menschwerdung ihre Konsequenz auch für das ‹Humanum› hat.

Als die Theaterbesucher dem homo-Wort des Terenz zujubelten, da war es wohl in erster Linie der Aspekt der uns alle verbindenden, durch unsere Menschengeburt gegebenen Kameradschaft im Menschlichen, bis hin zum toleranten Verstehen auch des ‹Allzumenschlichen›. Das Bewußtsein um die Mangelhaftigkeit und Bedrohtheit irdischer Menschen-Existenz ist gewiß auch ein Bestandteil des ‹Humanum›. Aber durch das Eingegangensein des Christus in die Menschen-Existenz, wobei er die als göttlich mitgebrachten Kräfte in menschliche transformierte und wirklich ‹als Mensch› durch das Erdenschicksal ging, hat das Humanum eine Erweiterung erfahren. Zu Ostern stand der Christus nicht nur als Gott aus dem Grabe auf, sondern auch ‹als Mensch›. Auch für den Auferstandenen und den zum Himmel Fahrenden gilt das ‹ecce homo›. Was da an einem Menschenwesen geschah, das gehört seitdem prinzipiell der ganzen Menschheit an. Zum Vollbegriff des ‹Humanum› gehört nicht bloß die Schwäche und Hinfälligkeit, sondern ebenso auch, was diese zu überwinden vermag: das Auferstehliche und das Himmelfahrtliche. Der am 23. Januar 1945 in Plötzensee hingerichtete Theodor Haubach hat dafür ein Empfinden gehabt: ‹Je mehr ich versuche, in die dunkle Welt der beiden Testamente einzudringen, desto mehr drängt sich mir der Gedanke auf, daß in den letzten Jahrhunderten ein wesentlicher Gedanke der göttlichen Botschaft verdunkelt worden ist, nämlich der, daß der Mensch nicht nur abgefallen, sündig, klein und erbärmlich ist, sondern auf der anderen Seite des Göttlichen teilhaftig werden kann in einem Maße, wie es unser dunkles Zeitalter überhaupt nicht mehr begreift› (6. Juli 1944).[224]

Was nach dem Ausgang der Antike als sich fortsetzende Strömung des ‹Humanismus› auftrat, das ist doch auch immer wieder, von wenigen Ausnahmen abgesehen, neben dem Christentum hergegangen, stand ihm sogar gelegentlich in einer gewissen Spannung fremd wo nicht feindlich gegenüber. So zur Zeit der Renaissance, wo tiefere Geister auf die antiken Mysterien hinblickten, während andere ihr Hauptideal darin sahen, ein elegantes Latein im Stil Ciceros zu schreiben. Pico della Mirandola suchte die Zusammenschau. – Dann folgte die Welle des Humanismus im Zeichen des deutschen Idealismus. Goethe kam nahe an die Verbindung von Humanitas und Christentum heran; in dem großangelegten Gedicht: ‹Die Geheimnisse› heißt die zentrale Gestalt ‹Humanus›, und das Zeichen des Rosenkreuzes deutet auf christliche Esoterik hin – jedoch das Gedicht blieb Fragment. Die ‹reine Menschlichkeit›, die ‹alle menschlichen Gebrechen sühnt›[225], wurde noch nicht wesenhaft-konkret in dem Christus erkannt. Was nach dem Tod Goethes als Materialismus hereinbrach, das hat dann die ‹Humanität› zu einer Devise gemacht als etwas, was man an die Stelle des erledigt geglaubten Christentums setzen wollte … Angesichts der naturwissenschaftlichen ‹Anthropologie›, die an den eigentlichen ‹Anthropos› nicht herankommt, ist es verständlich, daß in der heutigen Theologie das Wort ‹Humanismus› keinen guten Klang hat und daß man sich bemüht, Christentum und Humanismus nach Möglichkeit auseinanderzudividieren, so wie andererseits der ‹Humanismus› gegen das Christentum ausgespielt wird.»

Anhang 6 zu Seite 184
Texte aus Vorträgen Rudolf Steiners zu dem Thema:
Christus, der Herr des Karma

Die Zusammenfügung von Inhalten aus dem Evangelium mit anthroposophischen Anschauungen dürfte für einige schwer zu akzeptieren sein. Während ich sonst die Darstellungen Steiners immer zu religiösen Fragestellungen in Beziehung gesetzt habe, liegt mir daran, auch die rein anthroposophische Darstellung zu dokumentieren.

I. Aus GA 94, «Kosmogonie»,
Notizen von Vorträgen in verschiedenen Städten,
Februar bis November 1906,
hier: München, 6. November 1906:

Auch wenn es sich bei diesem Zitat nur um Notizen handelt, ist diese Stelle wegen des Zeitpunktes und der Nähe zu den späteren Äußerungen zu diesem Thema wichtig.

«In der moralischen Welt hängt alles wie Ursache und Wirkung zusammen, und das Richten gehört zu dem, was ausgeübt wird durch das tiefste und reinste Erdenwesen. In okkulten Schriftzügen ist alles das, was der Mensch getan hat, eingeschrieben in die Akasha-Chronik. Hat man das in der Zukunft einst erfaßt, so wird man nicht mehr weltlich strafen. Der Christus zeigt, wie in Zukunft die Gerichtsbarkeit gehandhabt wird, in Kapital 8, Vers 1–11 des Johannes-Evangeliums: Es ist die Geschichte von der Ehebrecherin. Was Christus da sagt und tut, will zeigen, daß in der Erden-Akasha-Chronik all das eingeschrieben ist, was der Mensch getan hat. Das ist die unmittelbare Übergabe der Rechtsprechung an das sich selbst erfüllende Karmagesetz. Das lebendige Bewußtsein der Akasha-Chronik der Erde ist Christus selbst, darum wird ihm der Vater das Gericht übertragen, und er hat Macht, die Sünden zu vergeben und auf sich zu nehmen (Joh.-Ev. 5, 21, 22, 23): ‹Denn wie der Vater die Toten auferweckt und macht sie lebendig, also auch der Sohn macht lebendig, welche er will. Denn der Vater richtet niemand, alles Gericht hat er dem Sohn gegeben, auf daß sie alle den Sohn ehren, wie sie den Vater ehren. Wer den Sohn nicht ehrt, der ehrt den Vater nicht, der ihn gesandt hat.›

In Christus lebt das ganze Erdenkarma der Menschen, er ist das lebendig verkörperte Erdenkarma. Darum die Lehre des Christentums von dem persönlichen lebendigen Verhältnis jedes einzelnen zu Christus, welches zugleich das Bewußtsein gibt, daß Christus die Sünden vergibt, daß irgendwo der Ausgleich im Christus Jesus zu suchen ist. Die Erlösung ist bei ihm zu suchen, die Erdengerechtigkeit stellt er dar. So werden Sie jeden Satz des Johannes-Evangeliums begreifen können, wenn Sie es in dieser subtilen Weise studieren und sich wieder und wieder darin versenken, um tiefer in das Johannes-Evangelium einzudringen …»

II. Aus GA 103, Das Johannes-Evangelium,
Hamburg, 18.–31. Mai 1908, 7. Vortrag vom 26. Mai
(S. 140 der Ausgabe von 1955):

«Nehmen wir zu alledem, was wir heute gesagt haben, das hinzu, daß der Christus sagt: Das tiefste Geheimnis meines Wesens ist das ‹Ich-Bin›; und die wahre und ewige Gewalt des ‹Ich-Bin› oder des Ich, die die Kraft hat, die anderen Leiber zu durchdringen, muß einfließen in den Menschen ... Halten wir uns das einmal vor, und nehmen wir es ganz ernst, vollständig ernst, daß dadurch, daß der Christus den wahren Besitz des Ich für jeden Menschen vermitteln will, er den Gott in jedem Menschen wecken, den Herrn und König in jedem Menschen nach und nach entzünden will. Was zeigt sich uns dann? Dann stellt sich uns nichts Geringeres dar, als daß der Christus im eminentesten Sinne die Karma-Idee, das Karmagesetz zum Ausdruck bringt. Denn wird man einmal die Karma-Idee vollständig verstehen, dann wird man sie in diesem christlichen Sinne verstehen. Sie bedeutet nichts Geringeres, als daß kein Mensch sich aufwerfe zum Richter über das Innerste eines anderen Menschen. Wer die Karma-Idee noch nicht in diesem Sinne erfaßt hat, hat sie nicht in ihrer Tiefe erfaßt. Solange ein Mensch über den anderen richtet, so lange stellt ein Mensch den anderen unter den Zwang des eigenen Ich. Wenn aber einer wirklich an das ‹Ich-Bin› im christlichen Sinne glaubt, richtet er nicht; dann sagt er: Ich weiß, daß das Karma der große Ausgleicher ist. Was du auch getan hast, ich richte nicht! – Nehmen wir einmal an, man brächte einen Sünder vor einen, der das Christus-Wort in Wahrheit versteht. Was wird er diesem Sünder gegenüber für ein Benehmen haben? Nehmen wir an, alle, die da Christen sein wollen, würden diesen Menschen einer schweren Sünde anklagen. Der wirkliche Christ würde sagen: Was ihr auch vorbringt, ob er es getan hat oder nicht, respektiert muß werden das ‹Ich-Bin›, dem Karma muß es überlassen werden, dem großen Gesetz, das das Gesetz des Christus-Geistes selber ist. Dem Christus selber muß es überlassen bleiben. – Karma vollzieht sich im Laufe der Erdenentwickelung; wir können es dieser Entwickelung selber überlassen, welche Strafe Karma über den Menschen verhängt. Man würde sich vielleicht zur Erde wenden und zu den Anklägern sagen: Kümmert euch um euch selbst! Der Erde obliegt es, die Strafe zum Ausdruck zu bringen. Schreiben wir es also in die Erde ein, wo es ja ohnehin als Karma eingeschrieben ist! ...»

(Es folgt die Szene aus Johannes 8 mit der Ehebrecherin bis:)

«‹Weib, wo sind sie, deine Verkläger? Hat dich niemand verdammt?› Er spricht das, um alles Von-außen-Richten abzulenken und hinzuweisen auf das innere Karma. ‹Sie aber sprach: Herr, niemand.› Sie ist ihrem Karma überlassen. Da ist es das einzige, nicht weiter an die Strafe zu denken, die im Karma sich erfüllt, sondern sich zu bessern. ‹Jesus aber sprach: So verdamme ich dich auch nicht; gehe hin und sündige hinfort nicht mehr.›

So sehen wir, wie mit der tiefsten Idee des Christus, mit der Bedeutung seiner Wesenheit für die Erde, die Karma-Idee zusammenhängt. Habt ihr meine Wesenheit begriffen, dann habt ihr auch den begriffen, dessen Wesen ich ausdrücke, und daß das ‹Ich-Bin› den Ausgleich herbeiführt. – Selbständigkeit und innere Geschlossenheit, das ist es, was der Christus als Impuls den Menschen gegeben hat.

Die Menschen sind heute noch nicht sehr weit gelangt, das wahre, innere Christentum zu begreifen. Aber wenn die Menschen verstehen lernen, was in einer solchen Schrift liegt, wie es das Johannes-Evangelium ist, werden sie die in ihr liegenden Impulse nach und nach aufnehmen. Dann wird sich in einer fernen Zukunft das christliche Ideal erfüllen.»

III. Aus GA 143, Erfahrungen des Übersinnlichen –
Die Wege der Seele zu Christus, Stockholm, 16. und 17. April 1912–
16. April (S. 130 der Ausgabe von 1983):

«Nehmen wir einmal an, ein Mensch wüchse auf einer einsamen Insel heran. Diejenigen, die ihn erziehen, erzählten ihm nichts von dem, was in der Welt geschieht in bezug auf den Christus-Namen und auf die Evangelien, sondern sie erzählten ihm nur das, was in der Kultur da ist, ... ohne den Christus-Namen zu gebrauchen.[226] Was unter dem Einfluß des Christus in der Kultur entstanden ist, aber entkleidet des Christus-Namens, das würde man an ihn heranbringen. Was würde da geschehen? Dann würde bei einem solchen Menschen folgende Stimmung auftreten müssen, eines Tages würde er sagen: In mir lebt etwas, was meiner allgemeinen Menschheitsorganisation gemäß ist, daran kann ich zunächst nicht heran. Denn das, worin mein Ich-Bewußtsein lebt, es stellt sich mir so dar, daß ich da etwas brauche, was mir durch die Menschheitskultur nicht zukommen kann, einen Impuls aus den geistigen Welten, um das Ich wieder kräftiger zu machen in seiner Organisation, von der es sich emanzipiert hat. – Wenn ein solcher Mensch nur stark empfinden kann, was der Mensch braucht, dann kann über ihn etwas kommen, woraus er erkennt: es müsse unmittelbar aus den geistigen Welten etwas herausströmen, was sich unmittelbar einlebt in sein Ich. Er weiß nicht, daß das Christus heißt, er weiß aber, daß er sich in seinem Bewußtsein durchdringen kann davon, daß er das, was aus den geistigen Welten zu ihm kommt, hegen kann in seinem Ich. Dann wird ihm etwas kommen, wovon er sich sagen darf: Nun ja, ich kann krank sein, ich kann schwach sein, ich kann sterben, aber von meinem Ich aus kann ich mich stärker machen, kann ich etwas in meine Organisation hineinsenden, was mir Stärke, was mir Kraft gibt unmittelbar aus den geistigen Welten heraus. – Wie er es nennt, ist gleich. Wenn der Mensch zu dieser Empfindung kommt, dann ist er vom Christus-Impuls ergriffen. Nicht derjenige, der sagt, daß er etwas haben kann von einem Lehrer, der von Inkarnationen zu Inkarnationen gegangen ist, sondern derjenige, der empfindet, daß unmittelbar aus der geistigen Welt Impulse der Kraft, der Stärke kommen können, der ist vom Christus-Impuls ergriffen. Diese innere Erfahrung können die Menschen machen, ohne sie können die Menschen nicht leben, ohne sie werden die Menschen in der Zukunft nicht leben können. Sie können diese innere Erfahrung machen aus dem Grunde, weil einmal drei Jahre lang objektiv in dem Jesus von Nazareth gelebt hat dieser Impuls, der unmittelbar aus den geistigen Welten hereinkam. So wahr es ist, daß man ein Samenkorn in die Erde legen kann und daß viele andere Samenkörner aus diesem einen hervorkommen können, ebenso wahr ist es, daß einmal in die Menschheit gelegt worden ist der Christus-Impuls, und daß seit jener Zeit etwas da ist in der Menschheit, was früher nicht da war.»

17. Mai, S. 147:

«In unserem … Zeitraume werden die Menschen hinzufügen die großen Lehren von Karma zu dem anderen, sie werden lernen, ihr Karma verstehen ... Sie werden lernen zu begreifen die Vorstellung: Ich bin auf die Erde durch die Geburt hineingestellt; mein Schicksal ist auf der Erde, ich erlebe Freude und Leid, ich muß verstehen, daß das, was ich erlebe als Freude und Leid, nicht umsonst an mich herantritt, daß es mein Karma ist und daß es zu mir kommt, weil es mein Karma ist, mein großer Erzieher. Ich blicke auf das, was vor meiner Geburt war, was mich in diese Inkarnation hineingestellt hat, weil dieses mein Schicksal für meine Weiterentwickelung notwendig ist. Wer hat mich hergeschickt? Wer wird mich so lange hineinstellen in mein Schicksal auf dieser Erde, bis ich mein Karma abgetragen habe? Ich werde dies danken dem Christus, daß die Menschen immer wieder berufen werden können zum Erleiden der Schicksale, bis sie ihr Karma auf Erden abgetragen haben ... Die Menschen werden, je mehr wir uns der Zukunft nähern, lernen, daß sie mit dem Christus vereinigt waren vor der Geburt, daß sie von ihm die Gnade erlebt haben, ihr altes Karma in den Inkarnationen abzutragen.

... Als zu einem Richter, als zu einem Herrn des Karma werden die Menschen in der Aufeinanderfolge der Inkarnationen aufschauen zu dem Christus, wenn sie ihr Schicksal erleben. So werden die Menschen zu ihrem Schicksal stehen, daß sie dadurch angeregt werden, ihre Seelen immer mehr zu vertiefen, bis sie sich sagen können: Mir wird dies Schicksal nicht zuerteilt durch eine unpersönliche Macht, mir wird dies Schicksal zuerteilt durch dasjenige, mit dem ich mich verwandt fühle in meinem innersten Wesen. Im Karma selbst nehme ich wahr, was mit meinem Wesen verwandt ist. Mein Karma habe ich gern, weil es mich besser und besser macht. – So lernt man Karma lieben, und dann ist dies der Impuls, den Christus zu erkennen. Ihr Karma lieben, lernten die Menschen erst durch das Mysterium von Golgatha. Und immer weiter und weiter wird dies gehen, und immer mehr werden die Menschen lernen, daß unter Luzifers Einfluß allein die Erde niemals an ihr Ziel hätte kommen können, daß die Menschheitsentwickelung immer mehr hätte verderben müssen ohne den Christus ...

Daher ist dies Geheimnis von Golgatha, von dem, was sich abgespielt hat am Anfange unserer Zeitrechnung, wovon ausgegangen ist die Saat dieses einzigartigen Todes, die nun aufgeht als die Liebe des Menschen zu seinem Schicksal, zu seinem Karma, in einer besonderen Art der Menschheit überliefert worden ...

Der Tod auf Golgatha wirkt wie ein Same in der menschlichen Seele, die da fühlt ihre Beziehung zum Christus. So war es mit dem Mysterium von Golgatha: Der Eine ist gestorben, so wie wir einen Samen nehmen können und ihn in die Erde legen können, daß er aufsprießt auf dem Acker und dasjenige sich vermehrt, was aus dem einen Samen aufgegangen ist. So wurde der Tod eines Gottes am Kreuze realisiert. Das Samenkorn wurde ausgestreut auf Golgatha, der Boden war die menschliche Seele; was aufsprießt, sind die Beziehungen des Menschen zum übersinnlichen Christus, der nie mehr verschwinden wird aus der Evolution der Erde, der immer auf die allerverschiedenste Weise den Menschen erscheinen wird. So wie die Menschen ihn physisch geschaut haben zur Zeit des Mysteriums von Golgatha, so werden sie in einer nahen Zukunft sich erheben zu einem ätherischen Christus-Bilde: sie werden den Christus schauen, wie Paulus ihn geschaut hat.»

Anhang 7 zu Seite 193
Aus dem Dokument der «Internationalen Theologenkommission» der römisch-katholischen Kirche zu «Fragen der Eschatologie», auf italienisch veröffentlicht in der Zeitschrift «La Civiltà Cattolica» vom 7. März 1992, 143. Jahrgang, Seite 486f., übersetzt von Dr. Wilhelm Maas

«9.1 Mit dem Wort ‹Reinkarnation› (oder auch mit anderen gleichbedeutenden Worten wie den griechischen Begriffen Metempsychosis oder Metemsomatosis) wird eine Lehre bezeichnet, die behauptet: Die menschliche Seele nimmt nach dem Tode einen anderen Leib an und inkarniert sich so von neuem. Es handelt sich um einen aus dem Heidentum stammenden Begriff, welcher, weil er der Heiligen Schrift und der Tradition der Kirche vollkommen widerspricht, vom christlichen Glauben und von christlicher Theologie immer zurückgewiesen worden ist. (Anm. 107: Vgl. L. Scheffczyk, Der Reinkarnationsgedanke in der altchristlichen Literatur, München 1985.)

Die ‹Reinkarnation› ist heute in der Welt weit verbreitet, auch im Westen, und bei sehr vielen, die sich selbst als Christen bezeichnen. Viele Massenkommunikationsmittel verkünden sie. Darüber hinaus wird der

Einfluß östlicher Religion und Philosophie, die die Reinkarnation vertreten, mit jedem Tag stärker. Einem solchen Einfluß muß man offenbar auch das Anwachsen einer synkretistischen Mentalität zuschreiben. Die Leichtigkeit, mit der viele die Reinkarnation annehmen, verdankt sich vielleicht teilweise einer spontanen und instinktiven Reaktion auf den wachsenden Materialismus. Im Denken vieler Zeitgenossen wird dieses irdische Leben als zu kurz angesehen, um in allen Handlungen die Möglichkeiten eines Menschen verwirklichen oder die in ihm begangenen Fehler überwinden oder korrigieren zu können.

Der kirchliche Glaube bietet dieser Denkweise eine vollständige Antwort an. Es ist zwar wahr, daß das Leben zu kurz ist, so daß alle in ihm begangenen Fehler überwunden oder korrigiert werden könnten; aber die eschatologische Reinigung wird vollkommen sein. Niemandem ist es möglich, in der so kurzen Zeit eines einzigen irdischen Lebens in allen Handlungen die Möglichkeiten eines Menschen zu verwirklichen; aber die endgültige Auferstehung in Herrlichkeit wird den Menschen in einen Zustand führen, der all sein Sehnen übersteigt.

9.2 Ohne daß es möglich ist, hier im einzelnen alle Aspekte darzulegen, mit denen die verschiedenen Vertreter der Reinkarnationslehre ihr System ausstatten, kann die Tendenz zum heute im Westen vorherrschenden ‹Reinkarnationismus› synthetisch auf vier Punkte reduziert werden. (Anm. 108: In nicht wenigen orientalischen Kulturen wird die Reinkarnation mit größerem Nachdruck unter den Aspekten der Läuterung vorgestellt, noch mehr manchmal unter dem Aspekt der Strafe, was die westliche Form zurückweist. Darum wird die Reinkarnation als etwas Schmerzhaftes empfunden, dem der Mensch zu entfliehen trachtet. Die Befreiung aus diesem Kreislauf wird von den einen als Frucht eigener Stärke, von den anderen als Geschenk betrachtet.)

9.2.1 Es gibt viele irdische Existenzen. Unser aktuelles irdisches Leben ist weder unser erstes leibliches Dasein noch wird es das letzte sein. Wir haben schon früher gelebt und werden noch wiederholt in einem immer neuen materiellen Leib leben.

9.2.2 Es ist ein Gesetz in der Natur, daß sie sich hinbewegt auf einen beständigen Fortschritt bis hin zur Vollkommenheit. Dieses selbe Gesetz führt die Seelen zu einem immer neuen Leben und erlaubt kein Zurück, ja, nicht einmal ein endgültiges Stehenbleiben. *A forteriori* (erst recht) ist ein endgültiger Zustand ewiger Verdammnis ausgeschlossen. Nach vielen oder wenigen Jahrhunderten (secoli) werden alle zur endgültigen Vollkommenheit eines reinen Geistes gelangen (Verneinung der Hölle).

9.2.3 Das endgültige Ziel wird gemäß den eigenen Verdiensten erreicht; in jeder neuen Existenz macht die Seele gemäß ihren eigenen Kräften Fortschritte. Alles begangene Böse wird mittels persönlicher Sühne (Buße, espiazioni) wiedergutgemacht (riparato), die der eigene Geist in einer neuen und schwierigeren Inkarnation erleidet (Verneinung der Erlösung).

9.2.4 In dem Maße, in dem die Seele auf eine endgültige Vollkommenheit hin fortschreitet, wird sie in ihren neuen Inkarnationen einen jedesmal weniger materiellen Leib annehmen. In diesem Sinne hat die Seele die Tendenz zu einer endgültigen Unabhängigkeit vom Leib. Auf diesem Weg wird die Seele einen definitiven Zustand erreichen, in dem sie endgültig für immer frei vom Leib und unabhängig von der Materie leben wird (Verneinung der Auferstehung).

9.3 Diese vier Elemente, die das Menschenbild der Reinkarnationslehre konstituieren, widersprechen den zentralen Aussagen der christlichen Offenbarung. Man braucht nicht weiter auf seiner Verschiedenheit im Vergleich zur spezifisch christlichen Anthropologie zu insistieren. Das Christentum verteidigt eine Dualität, die Reinkarnationslehre einen Dualismus, in dem der Leib reines Instrument der Seele ist, der nach jeder irdischen Existenz verlassen wird, um einen anderen, ganz verschiedenen, anzunehmen. Auf dem Gebiet der Eschatologie lehnt die Reinkarnationslehre die Möglichkeit einer ewigen Verdammnis und den Gedanken der Auferstehung des Fleisches ab.

Aber ihr Hauptirrtum besteht in der Ablehnung der christlichen Soteriologie (Erlösungslehre). Die Seele erlöst sich durch ihre eigene Kraft. Auf diese Weise vertritt sie die Soteriologie der Selbsterlösung (autoredentrice), in vollem Gegensatz zur christlichen Soteriologie einer Fremderlösung (eteroredentrice). Wenn nun die Erlösung von außen sich verbietet, kann ich nicht mehr, in keiner Weise, von Christus als dem Erlöser sprechen. Der Kern der neutestamentlichen Soteriologie ist in diesen Worten enthalten: ‹Und dies zum Lob und zur Herrlichkeit seiner Gnade, die (Gott) in seinem geliebten Sohn geschenkt hat; in ihm haben wir die Erlösung durch sein Blut, die Vergebung der Sünden nach dem Reichtum seiner Gnade› (Eph 1,6–8). Mit diesem zentralen Punkt *steht und fällt* jede Lehre über die Kirche, die Sakramente und die Gnade. So wird das Gravierende der in diesem Problem implizierten Lehren deutlich, und so versteht es sich, daß das kirchliche Lehramt ein solches System unter dem Namen der ‹Theosophie› zurückgewiesen hat. (Anm. 109: Sanctum Officium, Responsio de doctrinis theosophicis, in: Denzingen-Schönmetzer Nr. 3648, bezieht sich auf diese Gesamtheit von Ideen.)

Den spezifischen, von den Vertretern der Reinkarnationslehre vertretenen Punkt der Wiederholbarkeit des menschlichen Lebens betreffend ist der Satz aus dem Hebräerbrief, Kap. 9, Vers 27, bekannt: ‹Und wie es den Menschen gesetzt ist, einmal zu sterben, darnach aber das Gericht ...› Das Zweite Vatikanische Konzil zitierte dieses Zeugnis für die Lehre, daß unser irdischer Lebenslauf nur ein einziger ist. (Anm. 110: Vgl. Vaticanum II, Dogmatische Konstitution ‹Lumen Gentium›, Nr. 48, in Acta Apostolica Sedis 57 [1965], 54. Es ist eine wohlbekannte historische Tatsache, daß die Worte ‹nach Ablauf unseres irdischen Lebenslaufes› bei der letzten Redaktion durch eine Eingabe [votum] von 123 Vätern eingefügt wurden, um so die Einzigkeit dieses irdischen Lebens gegen die Vertreter einer Reinkarnationslehre zu behaupten›: Ad caput VII de Ecclesia, modus 30, in Acta Synodalia 3/8, 143.)

Im Phänomen des ‹Reinkarnationismus› kommen vielleicht bestimmte Bestrebungen zutage, sich vom Materialismus zu befreien. Wenn auch dem nichts entgegensteht, so erlaubt diese Dimension der ‹spiritualistischen› Bewegung in keiner Weise zu verbergen, wie sehr die Reinkarnationslehre der Botschaft des Evangeliums widerspricht.»

Anhang 8 zu Seite 198
Rudolf Steiner, GA 9: Theosophie, Kapitel: Wiederverkörperung des Geistes und Schicksal

«Der menschliche Geist ist seine eigene Gattung. Und wie der Mensch als physisches Gattungswesen seine Eigenschaften innerhalb der Gattung vererbt, so der Geist innerhalb seiner Gattung, das heißt innerhalb seiner selbst. In einem Leben erscheint der menschliche Geist als Wiederholung seiner selbst mit den Früchten seiner vorigen Erlebnisse in vorhergehenden Lebensläufen.» Jeder Mensch ist seine eigene Gattung, stammt von sich selbst, den vorherigen Inkarnationen ab. Es ist mindestens ein Mißverständnis, wenn Bannach diesen Sätzen entnimmt, daß der Mensch im Geiste ein Gattungswesen sei. Das gilt auch von den weiteren Stellen, auf die er sich bezieht:

«Der physische Leib unterliegt den Gesetzen der Vererbung. Der Menschengeist dagegen muß sich immer wieder und wieder verkörpern; und sein Gesetz besteht darin, daß er die Früchte der vorigen Leben in die folgenden hinübernimmt. Die Seele lebt in der Gegenwart. Aber dieses Leben in der Gegenwart ist nicht unabhängig von den vorhergehenden Leben. Der sich verkörpernde Geist bringt ja aus seinen vorigen Verkörperungen sein Schicksal mit. Und dieses Schicksal bestimmt das Leben. Welche Eindrücke die Seele wird haben können, welche Wünsche ihr werden befriedigt werden können, welche Freuden und Leiden ihr erwachsen, mit welchen Menschen sie zusammenkommen wird: das hängt davon ab, wie die Taten in den vorhergehenden Verkörperungen des Geistes waren.»

GA 4, Die Philosophie der Freiheit, Kapitel XIV:
«Individualität und Gattung»:

«Das Glied eines Ganzen wird seinen Eigenschaften und Funktionen nach durch das Ganze bestimmt. Ein Volksstamm ist ein Ganzes, und alle zu ihm gehörigen Menschen tragen die Eigentümlichkeiten an sich, die im Wesen des Stammes bedingt sind. Wie der einzelne beschaffen ist und wie er sich betätigt, ist durch den Stammescharakter bedingt. Dadurch erhält die Physiognomie und das Tun des einzelnen etwas Gattungsmäßiges. Wenn wir nach dem Grunde fragen, warum dies und jenes an dem Menschen so oder so ist, so werden wir aus dem Einzelwesen hinaus auf die Gattung verwiesen. Diese erklärt es uns, warum etwas an ihm in der von uns beobachteten Form auftritt.

Von diesem Gattungsmäßigen machte sich aber der Mensch frei. Denn das Menschlich-Gattungsmäßige ist, vom Menschen richtig erlebt, nichts seine Freiheit Einschränkendes, und soll es auch nicht durch künstliche Veranstaltungen sein. Der Mensch entwickelt Eigenschaften und Funktionen an sich, deren Bestimmungsgrund wir nur in ihm selbst suchen können. Das Gattungsmäßige dient ihm dabei nur als Mittel, um seine besondere Wesenheit in ihm auszudrücken. Er gebraucht die ihm von der Natur mitgegebenen Eigentümlichkeiten als Grundlage und gibt ihnen die seinem eigenen Wesen gemäße Form. Wir suchen nun vergebens den Grund für eine Äußerung dieses Wesens in den Gesetzen der Gattung. Wir haben es mit einem Individuum zu tun, das nur durch sich selbst erklärt werden kann.»

Anmerkungen

1 Norbert Bischofberger: Werden wir wiederkommen? 326 S.; Rüdiger Sachau: Westliche Reinkarnationsvorstellungen, 339 S.; Klaus Bannach: Anthroposophie und Christentum, 591 S. (Genaue Angaben zu allen benutzten Büchern in der Literaturliste im Anhang.)

2 Reinkarnation und Karma im Lichte der Auferstehung Jesu Christi, Vortrag, gehalten am 30. März 1997 während der Goetheanum-Tage Ostern 1997 in Berlin.

3 Reinhart Hummel: Reinkarnation, S. 125.

4 In: Zeitschrift für Religions- und Geistesgeschichte, IX. Jahrgang, Heft 2/1957, aus der Zusammenfassung des Artikels «Die Reinkarnationslehre in Dichtung und Philosophie der Deutschen Klassik und Romantik», S. 173.

5 Alle im Verlag Urachhaus, Stuttgart, erschienen. Das Buch von Rittelmeyer ist seit langer Zeit vergriffen.

6 Sachau, S. 282f., vollständiger Text in Anhang 1.

7 In: Meine Lebensbegegnung mit Rudolf Steiner, S. 32. – Rittelmeyer verbürgt sich in diesem aus der Erinnerung geschriebenen Buch für die Richtigkeit des Inhaltes der wiedergegebenen Gespräche mit Rudolf Steiner, nicht für den Wortlaut.

8 A.a.O., S. 45.

9 Dazu: 1. Kor 13; 9, 10, 12. Die Kennzeichnung der Zitate aus der Bibel folgt den Abkürzungen in gebräuchlichen Bibelausgaben. Wenn nichts anderes vermerkt ist, wird nach der Luther-Bibel zitiert.

10 Zitiert bei Bischofberger, S. 14.

11 Michael von Brück: Einheit der Wirklichkeit (Gott, Gotteserfahrung und Meditation im christlich-hinduistischen Dialog), S. 312f.

12 Interrelationalität: gegenseitige Beziehung und Abhängigkeit aller Teile vom und zum Ganzen. (J. M.)

13 Der Satz von der Erhaltung der Energie in geschlossenen mechanischen Systemen, von J. R. Mayer 1842 veröffentlicht, ist zu einer wesentlichen Grundlage der materialistischen Weltanschauung geworden. Man kann ihn auch spirituell interpretieren als Satz von der göttlichen Ökonomie: Alles, was es gibt, ist nur durch Gottes Willen. Nichts geht verloren.

14 Mt 10; 29, 30.
15 Nach Psalm 104, 27–30.
16 1. Mose 4; 6, 7.
17 Dazu Anhang 2. Wilhelm Kelber: Die Logoslehre von Heraklit bis Origines. Aus dem Abschnitt über Philo von Alexandrien.
18 In: Ich und Du, in: Werke, 1. Band, München 1962, S. 169.
19 5. Mose 32, 35.
20 Heb 9, 27. Diese Stelle muß uns später wegen des «einmal» noch beschäftigen. Eine neue Umfrage, veröffentlicht in: Die neuen Gesichter Gottes – was die Menschen heute wirklich glauben, von Klaus-Peter Jörns zeigt, daß heute nur noch wenige an ein Gericht nach dem Tode glauben, nach der Umfrage nur 35% von 237 befragten evangelischen Pfarrer/Innen, bei den Gläubigen waren es wesentlich weniger. – Aber ich frage nicht nach der Schwäche oder dem Verschwinden des religiösen Lebensgefühls, sondern nach seinen charakteristischen Inhalten.
21 Die Stelle gilt als im Urtext verdorben. Luther übersetzte: «Ich weiß, daß mein Erlöser lebt und er wird mich hernach aus der Erden aufwecken und werde darnach mit dieser meiner Haut umgeben werden und werde in meinem Fleische Gott sehen.» 19; 25, 26.
22 Antwort auf Hiob.
23 Großer Brockhaus von 1957.
24 GA 96: Ursprungsimpuls der Geisteswissenschaft, Vortrag vom 15.10.1906 (in der Ausgabe von 1974 auf Seite 114).
25 Über die Entwicklung des Gewissens: Das christliche Gewissen, J. Meier, in: «Die Christengemeinschaft», Stuttgart, Mai 1996.
26 Alle Äußerungen über Jesus, die diese grundlegende Tatsachen-Dimension nicht enthalten und statt dessen von dem Glauben der Gemeinde an Jesus sprechen, verfehlen ihr Thema, bleiben unter dem Niveau, das ihm allein angemessen ist.
27 Heb 4, 15.
28 1. Joh 4, 9.
29 Martin Buber: Ich und Du; S. 123. Natürlich kann Buber als Jude der Aussage «Ich und der Vater sind eins» nicht zustimmen.
30 Gnade ist ethymologisch urverwandt mit dem Wort «nahe».
31 An diese Grundtatsache ist zu erinnern, wenn nach der Gnade gefragt wird (Sachau, 2. Frage).
32 Christentum und Wiederverkörperung, S. 15, das folgende Zitat Seite 40f. (Es ist lang, aber für die weitere Darstellung grundlegend wichtig.) Die Übersetzung der neutestamentlichen Texte in diesem Zitat ist von Rudolf Frieling.
33 (Anm. J. M.:) Dieses Paulus-Wort wird von Rudolf Steiner immer wieder zitiert. Auch im weiteren anthroposophischen Schrifttum begegnet es häufig. Man sollte nie den Zusammenhang übersehen, in dem das «Nicht ich, sondern Christus in mir» bei Paulus steht. Bedingung und Voraussetzung dafür ist: «Ich bin mit Christus gekreuzigt.»
34 Nach dem Gleichnis von den anvertrauten Talenten, Mt 25.

35 1. Mose 11.
36 Zu dieser Frage: Text in Anhang 2, S. 207.
37 In: Wir fanden einen Pfad. Späte Gedichte.
38 Friedrich Rittelmeyer: Wiederverkörperung, S. 65.
39 Als ich vor vielen Jahren in der Universität Hamburg eine (evangelische) Vorlesung über Exegese des Matthäus-Evangeliums hörte, überging der Professor diese Stelle (11, 14) so ausdrücklich, daß ich ihn später danach fragte. Er sagte, er halte den Hinweis auf Elias für einen Zusatz der «Redaktion», um Jesus besser als den Messias legitimieren zu können. – Wer aus dem Neuen Testament Wahrheit entnehmen möchte, kann ein solches Argument nicht ernst nehmen.
40 Rittelmeyer: Wiederverkörperung S. 66f.
41 R. Sachau hat mit seiner ersten Frage recht – man muß erst lernen, Fragen nach dem Karma angemessen und sachgerecht zu stellen.
42 Besonders oft von evangelischen Religionslehrern an Waldorfschulen.
43 Materialdienst der EZW 5/97, S. 140, in den Anmerkungen zum Artikel: Reinkarnation – Unerlöstheit oder Chance von Ulrich Dehn.
44 Novalis: Werke, Bd. I, S. 16.
45 Zum Beispiel 1. Kor 11, 23.
46 Religionskritiker, die diesen Unterschied nicht positiv werten wollen, haben Paulus zum eigentlichen Begründer des Christentums erklärt, ein folgenreicher Irrtum.
47 Offb 22, 18 und 19: «... Wer von den prophetischen Worten dieser Schrift etwas hinwegnimmt ... oder hinzufügt ...» sprechen nur von dieser Schrift und nicht vom Kanon des Neuen Testaments!
48 Fragment 1783 in der Enzyklopädie IX, 3 Religion; S. 479 der Werke / Briefe / Dokumente, Heidelberg 1957.
49 So ist der berühmte Satz aus Harnacks «Wesen des Christentums»: «Nur der Vater, nicht der Sohn gehört in das Evangelium, wie es Jesus verkündet hat, hinein.» – Steiner zitiert ihn sehr oft, aber immer ohne den Nebensatz – nur möglich, nachdem fast alle Reden Jesu Christi aus dem Johannesevangelium eliminiert wurden. Für mich hat die folgende Aussage aus einem Gespräch Rittelmeyers mit Steiner größeres Gewicht: Rittelmeyer: «Und die Abschiedsreden, sind sie so gesprochen worden?» Steiner: «Gewiß, sie sind so gesprochen worden. Nur sind dazwischen noch viele andere Worte gesprochen worden, die nicht aufgeschrieben sind.» Lebensbegegnung, S. 128.
50 2. Samuel, Kapitel 11–18; das zweite Beispiel: Kapitel 24.
51 Psalm 32, 1–5, die Verse aus Psalm 51 sind in der Übersetzung von Rudolf Frieling wiedergegeben.
52 Übersetzung von Rudolf Frieling.
53 Es ist bekannt, daß diese Erzählung in den ältesten Handschriften des Johannesevangeliums fehlt. Christoph Rau hat aber in seiner Untersuchung: Struktur und Rhythmus im Johannesevangelium nachgewiesen, daß sie mit Notwendigkeit in den Gesamtbestand des Evangeliums gehört.
54 Das Verb, das hier mit «behalten» wiedergegeben wird, heißt «kratein». Im Lexi-

kon (Menge-Güthling) steht dafür (mit Akk.) die Sünden «bezwingen, besiegen, überwinden; innehaben, besitzen, behaupten, über etwas entscheiden; ergreifen, festhalten, behalten».

55 Im Kapitel: Wiederverkörperung des Geistes und Schicksal.

56 Seite 77f. in der Lizenzausgabe Stuttgart 1955.

57 Valentin Wember hat ein Buch herausgebracht, in dem in sieben Gesprächen dieses Thema entwickelt wird: Wiederverkörperung – Erkennen und Schauen.

58 GA 235–240: «Esoterische Betrachtungen karmischer Zusammenhänge» und verwandte frühere Vorträge.

59 Jedenfalls dann, wenn der Mensch betrachtet wird von dem Standpunkt aus, der durch Luthers Schrift «Vom unfreien Willen» bestimmt ist.

60 Siehe Literaturverzeichnis.

61 Goethe: West-östlicher Divan, VIII. Buch, Nr. 21, Zürich 1952.

62 Friedrich Rückert.

63 Zu Faust in der zweiten Studierzimmer-Szene.

64 Von 1956 bis 1986 Erzoberlenker der Christengemeinschaft.

65 Ich nenne in diesem Zusammenhang besonders: Aus der Welt der Psalmen und: Christologische Aufsätze, Werke, Band II und III.

66 Über die ästhetische Erziehung des Menschen in einer Reihe von Briefen, 4. Brief, Herford 1948, S. 29.

67 Zitiert nach Rudolf Meyer: Goethe, der Heide und Christ, S. 170.

68 «Über die Bestimmung des Gelehrten», Ende der dritten Vorlesung, Stuttgart 1959, S. 41.

69 Monade: von Leibniz (Philosoph, 1646–1716) entwickelter Begriff für Einheit, Wesen, Individuum.

70 Zitiert bei Emil Bock: Wiederholte Erdenleben, Stuttgart 1952, S. 55.

71 Zitiert nach Rudolf Meyer: Goethe, der Heide und Christ, Stuttgart 1965, S. 325f.

72 1922–1971. Er erblindete durch einen Unfall mit sieben Jahren und wurde danach hellsichtig. Später gründete er eine Widerstandsgruppe, wurde verhaftet, überlebte das Ende des zweiten Weltkrieges in Buchenwald. Er wurde Professor für französische Literatur. Siehe die autobiographischen Schriften: Das wiedergefundene Licht und: Das Leben beginnt heute. Seine Eltern waren Anthroposophen, er selbst war es nicht.

73 Jetzt in: Ein neues Sehen der Welt, Stuttgart 1993, S. 64f.

74 Sie wurde zuerst von Martin Luther herausgegeben. Als Autor ist «Der Frankfurter» genannt. Verlag H. Rinn, München, ohne Jahr, S. 132f.

75 Mephisto in Faust I, Prolog im Himmel.

76 Dazu: Wesen und Bedeutung der Zehn Gebote, Vortrag von Rudolf Steiner am 16. 11. 1908; in: GA 107: Geisteswissenschaftliche Menschenkunde. Darin werden die Zehn Gebote als Begründung einer bewußten Persönlichkeitskultur interpretiert.

77 Siehe Zitat Lusseyran (Kapitel: Einige Zeugen).

78 In: Das Christentum als mystische Tatsache, Stuttgart 1949, S. 128; GA 8, Kapitel: Augustinus und die Kirche.

79 Rittelmeyer: Ich Bin, sieben Predigten.
80 Ders.: Meditation.
81 Rudolf Frieling: Christentum und Wiederverkörperung, S. 19.
82 Erich Fromm: Haben oder Sein, München [22]1993, S. 62.
83 A.a.O., S. 120ff.
84 Hier und an anderen Stellen fällt es mir schwer, Quellen im Gesamtwerk Steiners anzugeben, wenn es sich um kurze, prägnante Wortlaute handeln soll. Für diesen Zusammenhang kann hingewiesen werden auf: Die Geheimwissenschaft im Umriß (GA 13), Kapitel: Die Weltentwickelung und der Mensch.
85 Ich folge damit einer Darstellung von Friedrich Husemann in: Das Bild des Menschen als Grundlage der Heilkunst, Bd. 1, Stuttgart 1951, S. 56.
86 Die Kraft der «Leichte» ist der gängigen Naturwissenschaft unbekannt; sie ist nicht quantifizierbar. In der anthroposophischen Naturbetrachtung ist sie eingeführt worden als eine den Lebensvorgängen zugrunde liegende Kraft.
87 Die im zweiten Abschnitt unter Karma angeführte Definition des Begriffes von M. von Brück hat eine ähnliche Dimension.
88 Die grundlegenden Veränderungen im Menschen durch den Sündenfall werden von Steiner am deutlichsten beschrieben in GA 134, Die Welt der Sinne und die Welt des Geistes, Vortrag vom 29.12.1911, ergänzend dazu: Vortrag vom 10.8.1908, in: GA 104, Welt, Erde und Mensch.
89 Hierzu die ausführliche Untersuchung von Hans-Werner Schroeder: Der Mensch und das Böse, 530 Seiten, Verlag Urachhaus, Stuttgart 1984.
90 In anderen Traditionen hat Ahriman den Namen Satan. Die Bibel kennt die Namen Diabolos (von dem das Wort Teufel abgeleitet ist) und Satan. Eine exakte Differenzierung von Diabolos = Luzifer und Satan = Ahriman ist in der Bibel nicht durchgeführt, klingt aber an vielen Stellen an. Goethes Mephistopheles trägt vorwiegend ahrimanische Züge. – Zu den Eigenarten Ahrimans gehören auch Haß auf alles, was nicht von seiner Art ist. Daran knüpfen die heutigen Satanisten an.
91 Dazu besonders: Steiner, Vortrag vom 18.10.1915; in: GA 254, Die okkulten Bewegungen im neunzehnten Jahrhundert.
92 Manche Darstellungen der «science fiction»-Literatur scheinen direkt aus dieser Sphäre inspiriert zu sein.
93 In: Der Christus-Impuls und die Entwickelung des Ich-Bewußtseins, GA 116, 3. Vortrag, Berlin 2.2.1910, S. 68 der dritten Auflage (1961), hier teilweise referiert.
94 In: GA 107, Geisteswissenschaftliche Menschenkunde; Steiner zitiert einen eigenen Vortrag.
95 Dieser Gesichtspunkt wird in der Anthroposophie stärker beachtet als in der allgemeinen Theologie. Im Evangelium ist der Beginn des Wirkens Jesu deutlich mit der Taufe im Jordan gekennzeichnet. Von da an gilt: «Dieser ist Gottes Sohn.» Joh 1, 34.
96 In: Aus meinem Leben, Kapitel: Lebenswende; 2. Aufl., S. 429.
97 Siehe Anhang 1. Dazu auch Anhang 3, S. 209.

98 Angeführte Ausgabe, Seite 294; Kapitel: Die Weltentwickelung und der Mensch.

99 Nach GA 141: Das Leben zwischen dem Tode und der neuen Geburt im Verhältnis zu den kosmischen Tatsachen, Vortrag vom 20.11.1912 in Ausführung des Wortes: «Ihr seid Götter» (Joh 10,34).

100 Untertitel: Ideen der Menschheit vom ägyptischen Totenbuch bis zur Anthroposophie Rudolf Steiners.

101 Die Geheimwissenschaft im Umriß, Kapitel: Die Weltentwickelung und der Mensch.

102 Meine Lebensbegegnung, S. 38.

103 Untertitel: Gespräch mit der Anthroposophie, 277 Seiten.

104 Friedrich Doldinger in: Die ewige Stadt, S. 172.

105 Dazu: Carl Wickland: Dreißig Jahre unter den Toten.

106 Mat 11,5.

107 George Ritchie: Rückkehr von Morgen, ab S. 36. (Wie viele amerikanische Veröffentlichungen ist es teilweise «auf Wirkung» geschrieben, der Inhalt hätte das nicht nötig.) Der Bericht von G. Ritchie veranlaßte Raymond Moody zu Untersuchungen, die zu dem verbreiteten Buch «Leben nach dem Tod» führten.

108 So E. Kübler-Ross in Vorträgen, veröffentlicht unter dem Titel: Über den Tod und das Leben danach.

109 In dem genannten Buch, S. 76f.

110 Vortrag vom 22.2.1916 in Leipzig: «Das Ereignis des Todes und Tatsachen der nachtodlichen Zeit», in GA 168, Die Verbindung zwischen Lebenden und Toten, 1984, S. 71.

111 Im einzelnen geschildert in: GA 141, Das Leben zwischen Tod und neuer Geburt im Verhältnis zu den kosmischen Tatsachen.

112 Rudolf Steiner, Vortrag vom 10.2.1924; in: GA 234, Anthroposophie, eine Einführung. – Auch die folgenden Zitate stammen aus diesem Vortrag.

113 Siehe Hemleben: Jenseits.

114 Der Name wird ausgesprochen : «<u>U</u>law <u>Oo</u>steß<u>o</u>n»; Übertragung von Dan Lindholm, Stuttgart; zitiert bei Hemleben, Jenseits, und in Vorträgen von Steiner kommentiert, in GA 158, Der Zusammenhang des Menschen mit der elementarischen Welt.

115 1. Kor 13.

116 Vortrag in Zürich vom 17.12.1912: Die Liebe und ihre Bedeutung in der Welt, in GA 143, Erfahrungen des Übersinnlichen. Die drei Wege der Seele zu Christus.

117 Die Geheimwissenschaft im Umriß, Kapitel: Gegenwart und Zukunft der Menschheits- und Weltentwickelung.

118 Mt 13, 24f.

119 Geschildert zum Beispiel im Vortrag vom 13.4.1914; in: GA 153, Inneres Wesen des Menschen und Leben zwischen Tod und neuer Geburt (1959, S. 149).

120 Und dieses Wort hat sich verbreitet. Es ist ein freundlich verharmlosendes Wort.

121 So in: GA 215, Die Philosophie, Kosmologie und Religion in der Anthroposophie, Vortrag vom 15.9.1922 (S. 175/1965).

122 Ebenda, S. 178.

123 Ruth Ewertowski in: Judas, Verräter und Märtyrer, S. 78.

124 Wie an vielen anderen Stellen spricht Steiner hier von dem, was der Mensch tut oder tun muß. Es ist notwendig, dabei zu ergänzen, daß es sich auch um Geschenke, um Begnadungen handelt. Man muß daran erinnern, daß die Beziehung zu Christus auch den Sinn für das Individuelle, die Achtung vor dem Menschen einschließt. – Was in früheren Zeiten als göttliche Gnade allen Menschen zugute kam, wird im Laufe der Entwicklung abhängig vom Verhalten der Menschen auf der Erde. – Die Schilderung Steiners bezieht sich auf gegenwärtige Verhältnisse. Sie läßt an dieser Stelle offen, ob er der Ansicht ist, daß dieser Weg zwischen zwei Inkarnationen nur in regulärer, vollständiger Weise absolviert werden kann, wenn eine innere Verwandtschaft zu dem Wesen Christi in der Seele vorhanden ist. Wenn ja, wäre das jetzt schon ein Element von «Jüngstem Gericht».

125 Dietrich Bauer, Max Hoffmeister, Hartmut Görg: Gespräche mit Ungeborenen, Kinder kündigen sich an, Stuttgart 1986, S. 74.

126 Zum Beispiel: Helen Wambach: Leben vor dem Leben; ich betrachte Auskünfte aus Hypnose oder ähnlichen Zuständen grundlegend skeptisch. *Diesen* Aussagen billige ich wegen der Übereinstimmung einer nicht-anthroposophischen Quelle mit Darstellungen Steiners einige Glaubwürdigkeit zu.

127 GA 135, Wiederverkörperung und Karma, Vortrag vom 21.2.1912 (Dornach 1978, S. 74f.).

128 A.a.O., Vortrag vom 5.3.1912 (S. 89).

129 Wiedergegeben in Anhang 4, S. 211. – Der ganze Vortrag ist ein ausgezeichneter Gesprächsbeitrag. K. von Stieglitz betont entschieden die Vergebung der Sünden durch Jesus Christus. Er beachtet nicht, daß es in der Bibel gleichermaßen auch Worte und Motive des Behaltens, des Bewahrens der Sünden gibt.

130 GA 135, Wiederverkörperung und Karma, im 1. Vortrag, Berlin, 23.1.1912 (1978, S. 11f.). Dazu: Woitinas, S. 46f.!

131 A.a.O., 4. Vortrag vom 21.2.1912 (1978, S. 74f.), das anschließende Zitat aus dem gleichen Vortrag.

132 Aus: Offenbarungen des Karma, GA 120, Vortrag vom 18.5.1910 (1968, S. 73).

133 Aus: GA 235, Esoterische Betrachtungen karmischer Zusammenhänge I, Vortrag vom 24.2.1924 (1958, S. 94f.).

134 Siehe Seite 19.

135 Karmavorträge von 1924, 6 Bände, GA 235–240: Esoterische Betrachtungen karmischer Zusammenhänge.

136 1877–1945, gesprochen: käißi; Cerminara: Erregende Zeugnisse von Karma und Wiedergeburt, S. 33; ergänzt durch Angaben von amerikanischen Kollegen aus dortigen Veröffentlichungen.

137 Von diesem universellen Weltgedächtnis, das auch im Hinduismus bekannt ist, hat Steiner gesprochen. (Evangelische) Theologen sparen nicht mit kritischen Bemerkungen über dieses Phänomen und die – sehr schwierige – Möglichkeit, sich daraus über vergangene Tatsachen zu unterrichten. – In: Siegfried Woitinas:

Von Leben zu Leben, Stuttgart 1997, findet sich in dem Abschnitt: Das Weltgedächtnis (S. 83f.) eine sehr gut einsehbare Beschreibung.

138 Dieser überraschende Zusammenhang klärt sich nach anthroposophischem Verständnis dadurch auf, daß es sich sowohl bei materiellem Eigennutz wie in der Bewußtseinsschwäche gegenüber geistigen Wirklichkeiten (Trance) um ahrimanische Wirkungen handelt.

139 Es gehört zu den beklemmendsten Eindrücken, die man in der Literatur über karmische Phänomene haben kann, zu sehen, wie Barbro Karlen (in «Mit den Wölfen heulen», Basel 1997) ihr Leben als unmittelbare Fortsetzung des Lebens von Anne Frank erlebt – ohne Verwandlung der Probleme und Motive. Man muß fragen, ob es bei so kurzer Zeit in der geistigen Welt zwischen zwei Inkarnationen nicht anders sein kann oder ob es sich aus anderen Gründen um ein gleichförmiges Schicksal handelt, gleichförmig bis zu tiefster Identifikation.

140 Nr. 56, Frühjahr 1997: Über Reinkarnation und Karma, Zitat aus GA 34, Lucifer-Gnosis, 1903–1908, Grundlegende Aufsätze zur Anthroposophie (1987, S. 361f.).

141 In einem zweiteiligen Aufsatz in der Zeitschrift «Die Christengemeinschaft» habe ich dies ausführlich dargestellt: 67. Jahrgang 1995, Heft 2, S. 64; Heft 3, S. 106.

142 München [3]1979, S. 107.

143 Psalm 7, 10.

144 Bern, 25. Januar 1924; in: GA 240, Esoterische Betrachtungen karmischer Zusammenhänge, VI. Band (früher in Band I, GA 235).

145 Im Brief an Karoline Just vom 5.2.1798; Werke, IV. Band, S. 382.

146 Die scheinanthroposophische Ausrede nach dem Scheitern einer Ehe: «Das Karma war eben abgelaufen», ist mindestens ein schlimmer Irrtum. Es war schon abgelaufen, als die erste Begegnung zustande gekommen war. Eigentlich bedeutet so eine Ausrede einen Akt der Selbstentmündigung. Sich bei ungelösten Problemen aus dem Wege zu gehen ist ein sicheres Mittel dafür, einander unter verwandelten, wahrscheinlich erschwerten Bedingungen mit weniger persönlicher Freiheit wieder zu begegnen.

147 GA 143, Erfahrungen des Übersinnlichen. Die drei Wege der Seele zu Christus, Vortrag vom 17.12.1912 (1983, S. 207f.). – Dieser Vortrag ist, wie am Stil zu bemerken und nach einem Hinweis der Herausgeber, nicht in wörtlicher Nachschrift, sondern nur in Notizen erhalten.

148 Die Erziehung des Menschengeschlechts.

149 In der Charakterisierung von Eigenschaften, die an die Rasse gebunden sind, sind bei Steiner Formulierungen zu finden (für alle Rassen, auch die weiße), die zu seiner Zeit nicht Anstoß erregten, die durch die jetzt gewachsene Sensibilität als diffamierend empfunden werden. Daraus kann aber nicht auf rassistische Gesinnung bei Steiner geschlossen werden, weil in der Anthroposophie die Bedeutung der Individualität betont wird, die mit der Rasse so wenig oder so viel zu tun hat wie die Milch mit der Flasche.

150 Der Einwand gegen die Idee der Reinkarnation, daß die Menschheit auf der Erde sich vermehre, ist banal und schwach begründet. Wenn man sich von nachts um vier Uhr bis morgens um zehn Uhr in der Fußgängerzone einer Großstadt aufhielte und die Menschen zählte, die man gleichzeitig sieht, könnte man auch Berechnungen darüber aufstellen, wie schnell sich die Bevölkerung der Stadt vermehrt habe und wie das in den nächsten zehn Jahren weitergehen würde. – Richtig ist, daß wahrscheinlich noch nie so viele Menschen gleichzeitig auf der Erde gelebt haben. Die sachgerechte Frage lautet deshalb: Was macht die Gegenwart so interessant und wichtig, daß jetzt so viele hier sein wollen (oder müssen)? Um den Einwand überhaupt diskutieren zu können, müßte man wissen, wie viele Menschen-Individualitäten es denn überhaupt gibt und wie viel Zeit zwischen zwei Inkarnationen in der Regel vergeht. Steiner ist mit solchen Auskünften vielschichtig. Von einer absoluten Zahl von Menschen ist mir aus Steiners Darstellungen nichts bekannt, und von der Zeit zwischen zwei Inkarnationen heißt es: In der Regel etwa tausend Jahre, es gibt aber auch Zwischeninkarnationen und Beschleunigungen und Menschen, die sich in der Regel rasch, etwa nach hundert Jahren, wieder verkörpern. Viele verschiedene Faktoren individueller und überpersönlicher Art wirken zusammen und bestimmen die Zeit zwischen zwei Inkarnationen.

151 Das wird in dem Abschnitt: Christus und das Karma der Menschen weiter ausgeführt.

152 Ein rein diesseitiger Humanismus, der allein das natürliche Wohlergehen der Menschen zum Ideal erhebt und folglich körperlich schwer behinderte Menschen nicht als Menschen anerkennt (Peter Singer), ist mit dem Christentum eindeutig nicht zu vereinbaren.

153 Rudolf Frieling hat in «Christentum und Wiederverkörperung» einen kurzen Überblick über den Humanismus gegeben; dort auch das Seneca-Zitat (Anhang 5, S. 213).

154 In: Die Geheimwissenschaft im Umriß und in GA 105: «Welt, Erde, Mensch», insbesondere im 6. Vortrag.

155 Zitiert aus: Kelber, Logoslehre, S. 70.

156 Gedichte, dritte Periode: «Aufgabe»; in: Schillers sämtliche Werke, Stuttgart 1883, Bd. 1, S. 242.

157 Titel des Vortrages von Steiner vom 9.1.1916 in Bern, jetzt auch Titel von GA 165.

158 Auch dieses wird von modernen Theologen in Frage gestellt; aber wenn man schon leugnet, daß der Mensch eine Seele habe, muß auch diese Reduktion des Christentums dazugehören.

159 In: «Die Christengemeinschaft», 3. Jahrg., Nr. 3, Juni 1926, S. 94.

160 GA 114, Das Lukas-Evangelium, Vortrag vom 25.9.1909 (1955, S. 194f.).

161 Röm 8, 18f.

162 In diesem Zusammenhang haben Theologen die unsinnige Bezeichnung geprägt, daß der Christus der Anthroposophie ein anderer als der der Bibel sei. Das hat schwerwiegende Folgen bis in die Diskussion um die Christlichkeit der

Anthroposophie und der Waldorfschulen. In der Anthroposophie sind Tatbestände differenzierter ausgeführt, die, wie angeführt, im Neuen Testament enthalten sind. Darüber hinaus gibt es in der Anthroposophie auch Darstellungen von allgemein-geistigen und christologischen Sachverhalten, die nicht in der Bibel stehen. Der Kern des Christentums, die Bedeutung Christi für die Menschen und für die Erlösung, wird dadurch nicht geschmälert, tritt eher noch deutlicher hervor.

163 Christian Morgenstern, in: Wir fanden einen Pfad.

164 Mat 24 und 25, Luk 21, Mark 13 und die Offenbarung des Johannes.

165 In: Christentum und Wiederverkörperung; Kapitel: Zwischen Tod und jüngstem Tag und Menschheitliche Entwicklungen in der Johannes-Apokalypse. Die Ausführungen sind zu lang, um sie hier zu zitieren. Ich nenne nur das Ergebnis.

166 Freiburg 1981.

167 Mein Richter, von Georg Dreißig, erschienen in: «Die Christengemeinschaft», 58. Jg., Juli 1986, S. 299.

168 Vortrag vom 15.7.1914, in: GA 155, Christus und die menschliche Seele (1960, S. 189). – Zusammen mit dem folgenden Zitat aus GA 127 ein Beispiel dafür, wie verschiedene Aussagen Steiners als Widersprüche oder als gegenseitige Ergänzung behandelt werden können.

169 1. Kor 15.

170 «Erbsünde und Gnade», Vortrag vom 3.5.1911, in: GA 127, Die Mission der neuen Geistesoffenbarung. – Auch diesen Band führt K. von Stieglitz an, ohne den Vortrag im Zusammenhang mit dem Problem Karma und Erlösung zu benutzen.

171 In: GA 114, Das Lukas-Evangelium, Vortrag vom 25.9.1909 (1955, S. 199). – Das Folgende ist freies Referat aus dem Vortrag vom 20.2.1912, in: GA 135, Wiederverkörperung und Karma.

172 Diese Überzeugung ist als «Angabe Steiners» bei anthroposophischen Heilpädagogen verbreitet. Die Herkunft dieser Überzeugung ist unklar. Es gibt nur einen Hinweis Steiners, der dem nahe kommt, aber nicht genau dieses aussagt (GA 218, Geistige Zusammenhänge in der Gestaltung des menschlichen Organismus, Vortrag vom 19.11.1922; 1976, S. 176f.).

173 Zum Beispiel in den Vorträgen vom 15. und 16.7.1914; in: GA 155, Christus und die menschliche Seele.

174 GA 135, Wiederverkörperung und Karma, Vortrag 21.2.1912 (1978, S. 74f.).

175 Weil das Wort Wiedergeburt an dieser Stelle zum ersten Mal verwendet wird, wie es in den Texten in diesem Zusammenhang gebräuchlich ist, sei angemerkt, daß im Abendland der Begriff Wiedergeburt einen anderen Inhalt hat, entsprechend Joh 1,12 und 3,5: im Leben auf der Erde angerührt und verwandelt zu werden von lebendigem, sinntragendem Geist, der nicht aus der Erdenwelt stammt. So sind Wiederverkörperung (Reinkarnation) und Wiedergeburt trotz der Ähnlichkeit der Worte völlig unterschiedliche Begriffe.

176 Novalis, Geistliche Lieder, aus: «Ich weiß nicht, was ich suchen könnte», Werke, Bd. 1, Heidelberg 1953, S. 431.

177 Auch Lukas, der in der Geburtsgeschichte das Wort des Engels hat: Heute ist euch der Heiland geboren, Christus der Herr, betont nach der Taufe: Jesus war, da er anfing, dreißig Jahre alt.

178 Die Textkritik bestreitet die Grundlage dieser Dogmen, da das entscheidende Wort aus Jesaja 7,14, das bei Matthäus zitiert wird: «Siehe, die Jungfrau wird einst schwanger werden», die junge Frau und nicht nur die unberührte Jungfrau bezeichnet. Außerdem nennt der Engel in der Verkündigung an Maria David als den Stammvater des Kindes: «Gott wird ihm den Thron seines Vaters David geben» (Luk 1,32). Da Joseph von David abstammt, nicht aber Maria, ist hier eine Vaterschaft Josephs angedeutet, aber eben nur angedeutet.

179 Zu dieser Szene äußert sich Steiner in: Christus und die menschliche Seele, GA 155, Vorträge vom 15. und 16.7.1914.

180 Insbesondere: Apk die Kapitel 7, 14 und 21. Siehe auch: Menschheitliche Entwicklungen in der Apokalypse, in: Rudolf Frieling, Christentum und Wiederverkörperung.

181 Rückkehr von morgen, S. 45.

182 Aus: Elisabeth Wellendorf, Man kann alles auch anders sehen. Schicksalsgeschichten, Stuttgart/Berlin 1997, S. 11f.

183 Aus: «Flensburger Hefte», 56: Über Reinkarnation und Karma, Frühjahr 1997, S. 114f., aus einem Interview von Wolfgang Weirauch mit der Therapeutin Petra Angelika Peick.

184 Verlag Urachhaus, Stuttgart 1999, in der Reihe «Schritte», in der «exemplarische Arbeiten mit experimentellem anthroposophischem Charakter» erscheinen.

185 Erich Fried: Was es ist. Gedichte, München 1995, S. 98.

186 So steht er im Buch Tobias in der Luther-Übersetzung (Apokryphen zum Alten Testament), 4,14.

187 Vortrag vom 15.7.1914; in: GA 155, Christus und die menschliche Seele, Norrköping (1960, S. 189).

188 Die Zukunft einer Illusion.

189 Angelus Silesius: Der Cherubinische Wandersmann, 1. Buch, Nr. 182, München 1960, S. 47.

190 Das Matthäus-Evangelium, GA 123, Vortrag vom 11.9.1910 (1959, S. 222).

191 GA 10, Wie erlangt man Erkenntnisse der höheren Welten? (Lizenzausgabe Stuttgart 1955, S. 21f.), Kap. 2: Bedingungen.

192 Die nicht selten zu hörende Redewendung: «Das nehme ich auf mein Karma», verdeutlicht das.

193 Eigentlich Hippolyte Denizard Rivail, Franzose, der mit Medien arbeitete und auf diesem Wege von einer früheren Verkörperung als druidischer Priester mit dem Namen Allan Kardec erfuhr. Seither verwendete er diesen Namen als Pseudonym. Sein «Buch der Geister» erschien 1857. Zitiert bei Bischofberger (S. 50f.) und Hummel (S. 78f.). Seine Werke bilden die Grundlage des jetzigen brasilianischen Spiritismus und wurden auch in Deutschland wieder aufgelegt.

194 Texte im Anhang 6; dazu: Hans Werner Schroeder, Wiederkunft Christi heute.

195 Klassisch dazu das Kapitel: Christuslicht im Totenreich; in Rudolf Meyer: Vom Schicksal der Toten, Stuttgart [6]1969, S. 120.

196 Betty Eadie mit Chris Taylor: Licht am Ende des Lebens, München 1994, Zitate von S. 58 und 128f. Das Folgende erscheint in mancher Hinsicht dem Gehalt, nicht den Bildern nach wie eine Zusammenfassung von vielem, was ich bisher entwickelt habe. Alles Vorhergehende war geschrieben, als ich das Buch kennenlernte. – Es ist vielfach mit der erkennbaren Absicht auf Wirkung formuliert, daß vor allem an die Empfindung des Lesers appelliert wird.

197 Texte dazu in Anhang 6, S. 216.

198 Zum Beispiel: Reinhart Hummel: Reinkarnation, Mainz und Stuttgart, [2]1989, S. 99.

199 Bei Emil Bock, Wiederholte Erdenleben, Stuttgart 1952, S. 26f., sind weitere Zeugen der Idee vor 1800 genannt.

200 Nicht, daß sie sich nicht so verstehen, aber eine Verschiebung des Akzentes ist deutlich.

201 Ich verdanke diesen wichtigen Hinweis Dr. Wilhelm Maas, Stuttgart, von dem auch die Übersetzung hier und in Anhang 7 stammt. Maas: «Die ‹internationale Theologenkommission› ist ein vom Papst persönlich handverlesenes Kollegium von international renommierten katholischen Theologen aus allen Fachdisziplinen, die jährlich einmal in Rom zu einer Vollversammlung zusammenkommen, um, nach sorgfältigster, langer Vorbereitung durch Fach-Unterkommissionen, Dokumente zu heute zentral wichtigen Fragen zu verabschieden. Ihr Präsident ist Josef Kardinal Ratzinger ... Das neueste Dokument wurde veröffentlicht in der italienischen Jesuitenzeitschrift ‹La Civiltà Cattolica› vom 7. 3. 1992 zu ‹Fragen der Eschatologie›.»

202 Ich habe die Möglichkeit, daß Menschen das Ziel der Entwicklung verfehlen, nur angedeutet, nicht ausgeführt. Sie ist natürlich der reale Hintergrund der Freiheit und der Tatsache, daß wir für unseren Fortschritt selbst verantwortlich sind. Aus diesem Zusammenhang ergibt sich, daß Seelen, welche die Freiheit nicht ergreifen, in zwanghafte Zustände zurückfallen müssen. Der Vorwurf: Leugnung der Hölle, ist unbegründet.

203 Weiteres zu diesem Dokument in Anhang 7, S. 222.

204 So auch Helmut Zander in: Reinkarnation und Christentum. Rudolf Steiners Theorie der Wiederverkörperung im Dialog mit der Theologie. – Das Buch wurde 1993 geschrieben, erschien 1995. Im Vergleich zu Bischofberger und Sachau enthält es kaum Neues.

205 Werden wir wiederkommen? S. 229f.

206 So Hummel in: Reinkarnation, S. 122. (Zitat von Greshake: Gottes Heil – Glück der Menschen, Freiburg/Br. 1983, S. 226.)

207 Einladung zur Freiheit, S. 96f. Zu Klaus von Stieglitz möchte ich ein Wort anfügen: Es geht zu Herzen, daß er einundvierzig Jahre nach seiner «Christosophie Rudolf Steiners» ein neues Buch in Auseinandersetzung mit der Anthroposophie vorlegte, die er ihrem Inhalt nach sehr gut kennt und ihrem Geiste nach ablehnt. Ich kann mich nur schwer mit seinem Denken vertraut machen, das

kaum entwickelt, sondern gegeneinanderstellt, und auch viele seiner Argumente kann ich mir nicht zu eigen machen. Man muß die Anthroposophie nicht verlassen, um «Freiheit in Christus» zu finden.

208 Siehe Literaturverzeichnis; ein Abschnitt ist in Anhang 4 wiedergegeben, S. 211.

209 Aus: Reinhart Hummel: Reinkarnation, S. 115.

210 Anthroposophie und Christentum, Habilitationsschrift, 591 S., Göttingen 1998.

211 Bannach wird aber der Aufgabe, die er sich gestellt hat, nicht gerecht, weil er das Problem umgeht, vor das das Prinzip der Geistesforschung die Theologie stellt. Die Behauptung, daß übersinnliche Tatsachen durch geistige Schulung erfahrbar gemacht, daß diese Erfahrungen systematisch geprüft werden können, bedeutet für die Theologie eine enorme Herausforderung. Ich habe das Problem in der Zwischenbemerkung zum Prinzip «sola scriptura» diskutiert. Steiner kannte dieses Problem und wies immer wieder darauf hin, daß die Ergebnisse der Geistesforschung durch den gesunden Menschenverstand zu prüfen seien, wobei die Gesundheit darin gesehen wird, daß er das Geistige nicht prinzipiell leugnet.

212 Zitate dazu in Anhang 8, S. 225.

213 Bannach, S. 242f.

214 Anmerkung J. M.: Kontingenz: Fragwürdigkeit; Theodizee: Rechtfertigung Gottes angesichts der Macht des Bösen.

215 Anmerkung Sachau: Eine neue ernsthafte Debatte über den Sinn des Synergismus wird sicherlich in den nächsten Jahren eine zentrale Aufgabe der Theologie werden, wenn das Gespräch mit den Menschen in der Moderne nicht weiter abreißen soll.

216 Anmerkung Sachau: Auch in der Neuformulierung eines Gottesverständnisses ohne personalistische Begrifflichkeiten ist die Theologie für die nächste Zukunft dringend herausgefordert, den heutigen Menschen angemessene Bilder und Begriffe zu erarbeiten.

217 Logoslehre, Stuttgart [2]1976, S. 99f.

218 Anmerkung J. M.: Hegemonikon ist von Hegemonie abgeleitet: Herrschaft des Einen; «Hegemonikon» ist eine Prägung der stoischen Philosophie.

219 Anmerkung J. M.: «Das Numinose»: von dem Theologen Rudolf Otto geprägter Begriff für das Heilige, das erschreckt und fasziniert.

220 Ergänzung J. M.: Off 1,16.

221 Es war, wie der Titel von Steiners Aufsatz zeigt, erklärte Absicht, an die Vorstellungs- und Denkart der Naturwissenschaft anzuschließen. Dem entspricht auch die am Anfang dieser Arbeit zitierte Aussage gegenüber Fr. Rittelmeyer, daß Reinkarnation keine Lehre des Christentums war.

222 Werden und Wesen der Humanität im Altertum, Straßburg 1907.

223 Zusatz J. M.: Ebenso muß man Entstehen und Entwicklung des Begriffes Logos im griechischen Geistesleben deuten – siehe Kelber, Logoslehre.

224 Anmerkung J. M.: Zitiert ohne Quellenangabe.

225 Anmerkung J. M.: Widmung in dem Exemplar der «Iphigenie», das Goethe Frau von Stein schenkte.

226 Anmerkung J. M.: Wenn man bedenkt, wie weit verbreitet es in christlichen Landen ist, nur von Gott und Jesus zu sprechen, kann man sich vorstellen, daß es viele solcher «einsamer Inseln» gibt.

Literaturverzeichnis

Bibelzitate aus: Lutherbibel, revidierte Fassung von 1984; Zitate aus dem Neuen Testament teilweise vom Autor übersetzt.

Angelus Silesius: Der Cherubinische Wandersmann, München 1960.
Bannach, Klaus: Anthroposophie und Christentum. Eine systematische Darstellung ihrer Beziehung im Blick auf neuzeitliche Naturerfahrung, Göttingen 1998.
Bauer, Dietrich und andere: Gespräche mit Ungeborenen, Stuttgart 1996.
Benn, Gottfried: Statische Gedichte, in: Werke I, Wiesbaden 1960.
Benz, Ernst: Die Reinkarnationslehre in Dichtung und Philosophie der deutschen Klassik und Romantik, in: Zeitschrift für Religions- und Geistesgeschichte (ZRGG), IX. Jahrg., Heft 2/1957.
Bischofberger, Norbert: Werden wir wiederkommen? Mainz 1996.
Bock, Emil: Wiederholte Erdenleben. Die Wiederverkörperungsidee in der deutschen Geistesgeschichte, Stuttgart 1952.
Brück, Michael von: Einheit der Wirklichkeit, München 1986.
Buber, Martin: Ich und Du, aus: Werke, Band I, München und Heidelberg 1962.
Cerminara, Gina: Erregende Zeugnisse von Karma und Wiedergeburt, Freiburg/Br. [5]1978.
Doldinger, Friedrich: Die ewige Stadt, Freiburg 1946.
Eadie, Betty: Licht am Ende des Lebens, München 1994.
Ewertowski, Ruth: Judas, Stuttgart 2000.
Fichte, Johann Gottlieb: Über die Bestimmung des Gelehrten, fünf Vorlesungen, Stuttgart 1959.
Flensburger Hefte, Nr. 56; I/1997: Über Reinkarnation und Karma.
Frankfurter, Der: Eine Theologia deutsch, München o. J.
Frankl, Viktor: Trotzdem Ja zum Leben sagen, München 1986.
Frieling, Rudolf: Christentum und Wiederverkörperung, Stuttgart 1974.
– Gesammelte Schriften, Bde II und III, Stuttgart 1982/85.
Fromm, Erich: Haben oder Sein, Stuttgart 1976 (96.–105. Tsd. 1978).
Hemleben, Johannes: Jenseits, Reinbek bei Hamburg 1975.
Hummel, Reinhart: Reinkarnation, Mainz und Stuttgart [2]1989.

Husemann, Friedrich: Das Bild des Menschen als Grundlage der Heilkunst, Bd. 1, Stuttgart 1951.
Jörns, Klaus-Peter: Die neuen Gesichter Gottes, München 1997.
Jung, Carl Gustav: Antwort auf Hiob, Zürich und Stuttgart 1967.
Kelber, Wilhelm: Die Logoslehre von Heraklit bis Origines, Stuttgart 1976.
Kübler-Ross, Elisabeth: Über den Tod und das Leben danach, Melsbach [7]1987.
Lessing, Gotthold Ephraim: Die Erziehung des Menschengeschlechts, Lessings Werke, Reclam, Leipzig o. J.
Lusseyran, Jacques: Das wiedergefundene Licht, Stuttgart 1966
– Das Leben beginnt heute, Stuttgart 1976.
– Wider die Verschmutzung des Ich; in: Ein neues Sehen der Welt, Stuttgart 1993.
Materialdienst der evangelischen Zentralstelle für Weltanschauungsfragen (EZW), Stuttgart, Heft 5/97.
Menge-Güthling: Enzyklopädisches Wörterbuch der griechischen und deutschen Sprache, Berlin-Schöneberg [16]1961.
Meyer, Rudolf: Goethe, der Heide und Christ, Stuttgart [2]1965.
– Vom Schicksal der Toten, Stuttgart, [6]1969.
Moody, Raymond A.: Leben nach dem Tod, Reinbek bei Hamburg 1977.
Morgenstern, Christian: Lyrik 1906–1914, Stuttgart 1992.
Novalis: Die Dichtungen, Werke Bd. 1, Heidelberg 1953.
Oehms, Heide: Karma-Erkenntnis – Warum? Stuttgart 1999.
Ritchie, George: Rückkehr von Morgen, Marburg o. J.
Rittelmeyer, Friedrich: Wiederverkörperung im Lichte des Denkens, der Religion und der Moral, Stuttgart 1931.
– Meine Lebensbegegnung mit Rudolf Steiner, Stuttgart 1928.
– Aus meinem Leben, Stuttgart, [2]1937.
– Meditation, Stuttgart 1948 und Neuauflagen.
– Ich Bin. Sieben Predigten, Stuttgart 1951, Neuaufl. 1986.
Sachau, Rüdiger: Westliche Reinkarnationsvorstellungen, Gütersloh 1996.
Schiller, Friedrich: Über die ästhetische Erziehung des Menschen in einer Reihe von Briefen, Herford 1948.
Schroeder, Hans-Werner: Der Mensch und das Böse, Stuttgart 1984.
– Wiederkunft Christi heute, Stuttgart 1991.
Steiner, Rudolf: GA = Bandnummer der im Rudolf Steiner Verlag, Dornach/Schweiz, erscheinenden Rudolf Steiner Gesamtausgabe; in Klammern die benutzte Ausgabe:
– GA 4: Die Philosophie der Freiheit, 1995.
– GA 8: Das Christentum als mystische Tatsache und die Mysterien des Altertums, 1995.
– GA 9: Theosophie (Lizenzausgabe, Stuttgart 1955), 1987.
– GA 10: Wie erlangt man Erkenntnisse der höheren Welten? (Lizenzausgabe, Stuttgart 1955), 1993.
– GA 13: Die Geheimwissenschaft im Umriß (Lizenzausgabe, Stuttgart 1955), 1989.

– GA 34: Lucifer-Gnosis, 1987.
– GA 94: Kosmogonie, 1979.
– GA 103: Das Johannes-Evangelium, 1995.
– GA 104: Die Apokalypse des Johannes (1962), 1985.
– GA 105: Welt, Erde und Mensch (1974), 1983.
– GA 107: Geisteswissenschaftliche Menschenkunde (1959), 1988.
– GA 114: Das Lukas-Evangelium (1955), 1985.
– GA 116: Der Christus-Impuls und die Entwickelung des Ich-Bewußtseins (1961), 1982.
– GA 120: Die Offenbarungen des Karma (1968), 1992.
– GA 123: Das Matthäus-Evangelium, 1988.
– GA 127: Die Mission der neuen Geistesoffenbarung, 1992.
– GA 134: Die Welt der Sinne und die Welt des Geistes (1979), 1990.
– GA 135: Wiederverkörperung und Karma (1978), 1989.
– GA 141: Das Leben zwischen dem Tode und der neuen Geburt im Verhältnis zu den kosmischen Tatsachen (1964), 1997.
– GA 143: Erfahrungen des Übersinnlichen. Die drei Wege der Seele zu Christus (1983), 1994.
– GA 153: Inneres Wesen des Menschen und Leben zwischen Tod und neuer Geburt (1959), 1997.
– GA 155: Christus und die menschliche Seele (1960), 1994.
– GA 158: Der Zusammenhang des Menschen mit der elementarischen Welt (1980), 1993.
– GA 165: Die geistige Vereinigung der Menschheit durch den Christus-Impuls (Einzelausgabe des Vortrages vom 9. 1. 1916, Freiburg 1953), 1981.
– GA 168: Die Verbindung zwischen Lebenden und Toten (1984), 1995.
– GA 215: Die Philosophie, Kosmologie und Religion in der Anthroposophie (1962), 1980.
– GA 218: Geistige Zusammenhänge in der Gestaltung des menschlichen Organismus (1976), 1992.
– GA 234: Anthroposophie, eine Einführung, 1959. Neue Ausgabe: Anthroposophie – Eine Zusammenfassung nach einundzwanzig Jahren, 1994.
– GA 235–240: Esoterische Betrachtungen karmischer Zusammenhänge, I–VI (1958, 1959, 1959, 1965, 1963, 1986), 1985–1994.
– GA 254: Die Okkulte Bewegung im neunzehnten Jahrhundert und ihre Beziehung zur Weltkultur (1969), 1986.
Stieglitz, Klaus von: Einladung zur Freiheit, Gespräch mit der Anthroposophie, Stuttgart 1996.
– Reinkarnation und Karma im Lichte der Auferstehung Jesu Christi, Vortrag, gehalten am 30. 3. 1997 während der Goetheanum-Tage: Reinkarnation und Karma in Berlin, gedruckt in EZW Texte 151, Berlin 2000: Dialog und Unterscheidung, Festschrift für Reinhart Hummel.
– Das Traumlied des Olav Åsteson, Stuttgart 1967.
Wambach, Helen: Leben vor dem Leben, München 1979.

Wellendorf, Elisabeth: Man kann alles auch anders sehen, Stuttgart/Berlin 1997.
Wember, Valentin: Wiederverkörperung – Erkennen und Schauen, Dornach 1996.
Wickland, Carl: Dreißig Jahre unter den Toten, Remagen [3]1957.
Woitinas: Von Leben zu Leben, Stuttgart 1997.
Zander, Helmut: Reinkarnation und Christentum, Paderborn 1995.

Für einzelne Fragestellungen waren weitere Arbeiten für mich wichtig, die aber nicht zitiert wurden:

Archiati, Pietro: Erneuertes Christentum und Wiederverkörperung, Stuttgart 1996.
MacGregor, Geddes: Reinkarnation und Karma im Christentum, München 1990.
Prokofieff, Sergej O.: Die okkulte Bedeutung des Verzeihens, Stuttgart [3]1995.
Schneider, Johannes W.: Erinnerungen an frühere Erdenleben? Dornach 1996.
Thiede, Werner: Warum ich nicht an Reinkarnation glaube, Texte der evangelischen Zentralstelle für Weltanschauungsfragen 136, Stuttgart 1997.
Veltmann, Willem Frederik: Reinkarnation, Moderne Rückführungspraktiken und anthroposophische Karmaforschung, Stuttgart 1996.
Woitinas, Siegfried: Von Leben zu Leben. Das neue Reinkarnationsgedächtnis – Leben zwischen den Leben – Erinnerungen an die Zukunft, Stuttgart 1997.

Jürgen Meier
Karma und Christentum